Bodo Plachta

Dichterhäuser

Bodo Plachta

Dichterhäuser

Mit Fotografien von Achim Bednorz

THEISS

Die Deutsche Nationalbibliothek verzeichnet diese Publikation
in der Deutschen Nationalbibliografie;
detaillierte bibliografische Daten sind im Internet über
http://dnb.d-nb.de abrufbar.

Der Theiss Verlag ist ein Imprint der WBG.

Die Herausgabe des Werkes wurde durch die Vereinsmitglieder der WBG ermöglicht.
Redaktion: Inke Hoefer, Düsseldorf
Satz: Bachmann Design, Weinheim
Gedruckt auf säurefreiem und alterungsbeständigem Papier
Printed in EU

Besuchen Sie uns im Internet: www.wbg-wissenverbindet.de

ISBN 978-3-8062-3612-5

Elektronisch sind folgende Ausgaben erhältlich:
eBook (PDF): ISBN 978-3-8062-3610-1
eBook (epub): ISBN 978-3-8062-3611-8

Inhalt

Einleitung 8

Ruinen und Spurensuche 18
Literarische Schreibstuben – *Skriptorien* 22
Mittelalter im Museum – *Wolfram von Eschenbach in Wolframs-Eschenbach* 26
Ritterliches Statussymbol – *Oswald von Wolkenstein auf der Burg Hauenstein* 28
Im Dialog mit Simplicissimus – *Grimmelshausen in Renchen* 30

Der Dichter öffnet sein Haus 32
Dienstort Bibliothek – *Lessing in Wolfenbüttel* 36
Im Freundschaftstempel – *Gleim in Halberstadt* 39
Vergangene Sehenswürdigkeit – *Klopstock in Quedlinburg* 42
Buchdruckerei und »herrliche Siedelei« – *Seume und Göschen in Grimma* 45

Bei den klassischen »Weltbewohnern« 48
Landlust – *Wieland in Oßmannstedt* 52
»Salve« – *Goethe in Frankfurt und Weimar* 56
»groß, und verschnitzelt, unbewohnbar« – *Herder in Weimar* 66
Der Wunsch, ein eigenes Haus zu besitzen – *Schiller in Marbach am Neckar und Weimar* 70
»über allen menschlichen Dingen« – *Nietzsche in Sils-Maria und Weimar* 76

Romantische Lebenswelten 80
»fern von den Musen und ihren Tempeln« – *Novalis in Oberwiederstedt und Weißenfels* 84
Zwischen Häuslichkeit und »Trinkunfug« – *Jean Paul in Bayreuth* 88
Im musikalisch-poetischen Laboratorium – *E.T.A. Hoffmann in Bamberg* 92
Poetisiertes Leben – *Achim und Bettina von Arnim in Wiepersdorf* 95
Schwäbische Gastfreundschaft – *Kerner in Weinsberg* 98
Das leere Zimmer eines Verschollenen – *Hölderlin in Tübingen* 102

Rückzüge ins Private, Vertreibung aus der Öffentlichkeit 106
Zwei Heimaten – *Annette von Droste-Hülshoff im Rüschhaus* 110
Dienstort Pfarrhaus – *Mörike in Cleversulzbach* 113
»Der Fluß geht ruhig« – *Stifter in Linz* 116
»zufällig dort geboren« – *Heine in Düsseldorf* 120
Am Anfang eines Lebens als Flüchtling – *Büchner in Goddelau* 122

Zwischen Vertiko, Chaiselongue und Schreibtisch 124
Ein »für die Cultur fast verlorener Winkel« – *Hebbel in Wesselburen* 128
Auf weitem Feld – *Fontane in Neuruppin und Berlin* 132
»Husumerei« im »Poetenstübchen« – *Storm in Husum* 136
»Koulissenbau« der Gründerzeit – *Raabe in Braunschweig* 139
»Ich bin eingerichtet« – *Conrad Ferdinand Meyer in Kilchberg* 142
»Tief in Blau und Gold versponnen« – *Trakl in Salzburg* 145

Hartnäckige Villenbesitzer oder die Kunst, schön zu wohnen 148
Bei Winnetou und Old Shatterhand – *Karl May in Radebeul* 152
Im Schlössel – *Hofmannsthal in Rodaun* 158
»Produktivspaziergänge« – *Hauptmann in Erkner und auf Hiddensee* 160
»Wir Welt« – *Ida und Richard Dehmel in Hamburg* 166
»Neues anfangen« und »Altes verlassen« – *Hesse in Gaienhofen und Montagnola* 171

Literarische Schauplätze 176
»Buchenswert« – *Lotte und Werther in Wetzlar* 180
Das alte Giebelhaus in der Mengstraße – *Heinrich und Thomas Mann in Lübeck* 186
Sommerfrische für Verliebte – *Tucholsky in Rheinsberg* 190

Rückzugsorte und Zufluchten 194
Bedrohte Idylle – *Fallada in Carwitz* 198
Das Frieren lernen – *Marieluise Fleißer in Ingolstadt* 202
Eine Art von Emigrantendasein – *Barlach in Güstrow* 204

Rückkehr und Neuanfang 208
Nach Flucht und Heimatlosigkeit – *Anna Seghers in Berlin-Adlershof* 212
Der Städtebewohner – *Brecht in Berlin* 216
10° 20′ 53″ ö. L. 52° 42′ 20″ n. Br. – *Schmidt in Bargfeld* 220
Subtile Jagden – *Jünger in Wilflingen* 226
»Du, laß dich nicht verhärten« – *Huchel in Wilhelmshorst* 230

Erinnerungsort, Archiv und Museum 234
»der Ort war ungewöhnlich« – *Musil, Bachmann und Lavant in Klagenfurt* 238
Rückkehr zum Beginn eines nicht vollendeten Lebens – *Koeppen in Greifswald* 241
Gesamtkunstwerk Bauernhof – *Bernhard in Ohlsdorf* 244
Schulmeister, Schriftsteller, Archivar – *Kempowski in Nartum* 246
Ein Haus mit eingebauter Bibliothek – *Dürrenmatt in Neuchâtel* 250

Anhang 254
Anmerkungen 254
Hinweise | Anschriften 262
Literaturhinweise 265
Register 268
Bildnachweis 272

Büchergang in Haus Kreienhoop, dem Wohnsitz Walter Kempowskis

Einleitung

Nicht vorüber ist dir das Vergangne
Goethe, *Iphigenie auf Tauris* (1787), V. 545

Rund 150 000 Menschen besuchen jährlich Goethes Wohnhaus in Weimar und das benachbarte Goethe-Nationalmuseum. Das Goethe-Haus ist im Vergleich mit anderen Dichterhäusern ein Publikumsmagnet. Die Besucher lassen sich von der faszinierenden Lebens- und Arbeitswelt Goethes, wie sie sich in seinem ehemaligen Haus mit der fast vollständig erhaltenen Einrichtung spiegelt, gefangen nehmen und gewinnen gleichzeitig einen Einblick in den kulturellen und intellektuellen Kosmos der Epoche um 1800. Aber warum ist das Haus eines Dichters derart populär und warum widmen wir uns Häusern und Lebensorten von Literaten überhaupt mit Aufmerksamkeit und Sorgfalt? Lassen wir uns eine Antwort auf diese Frage von einem Kollegen Goethes geben, auf den Dichterhäuser ebenfalls einen großen Reiz ausübten: Als Heinrich Heine im Mai 1831 nach Paris übergesiedelt war, besuchte er das einstige Wohnhaus von Molière in der Rue de Richelieu. In der *Romantischen Schule* (1835) notiert er: »Es war vor einem Jahre, kurz nach meiner Ankunft in der Hauptstadt. Ich ging eben das Haus zu sehen, worin Molière gewohnt hat; denn ich ehre große Dichter, und suche überall, mit religiöser Andacht, die Spuren ihres irdischen Wandels. Das ist ein Kultus.«[1] Heute erinnert eine Gedenktafel an das Wohnhaus des berühmten Theaterautors, in dem er 1673 gestorben ist. Dem Haus gegenüber wurde außerdem 1844 ein Erinnerungsmonument mit lebensgroßer Bronzeplastik des Dichters errichtet. Heines kurze Notiz zeigt, dass Orte eine suggestive Wirkung haben können und man sie aufsucht, um sich hier ehrfurchtsvoll – in quasi »religiöser Andacht« wie er sagt – an einen Menschen, ein Geschehen oder eine Lebensleistung zu erinnern. An diesen Orten gelingt Erinnerung auch dann noch, wenn Gebäude gar nicht mehr existieren oder nur noch Reste eines einstmals intakten und nun zerstörten Lebenszusammenhangs übrig sind. Orte üben wohl deshalb eine derart große Anziehungskraft aus, weil sie Vergangenheit und Gegenwart miteinander verknüpfen und uns so Kontinuität vermitteln. Sicherlich ist unser schnelllebiger Alltag und die Erfahrung von globaler Vernetzung dafür mitverantwortlich, dass wir private oder öffentliche Orte gern besuchen, um hier innezuhalten oder um historische und kulturelle Ereignisse Revue passieren zu lassen. Orte der Erinnerung markieren wir daher, um sie nicht aus dem Blick zu verlieren. Wir bringen an ihnen Gedenkplaketten an, machen sie zu Gedenkstätten, nehmen sie in Listen schützenswerten nationalen Kulturgutes auf oder deklarieren sie als Teil des Weltkulturerbes. Doch der Besuch dieser Orte allein reicht meistens nicht aus. Wir benötigen Erklärungen, um die oftmals komplexen Spuren deuten zu können und um nicht in bloßer Verehrung zu verharren. Der Ort muss zum Erzählen gebracht werden, damit wir eine genauere Vorstellung davon gewinnen können, was hier einst geschah und was diesen Ort überhaupt auszeichnet und bewahrenswert macht. Das gilt nicht nur für alte Städte, Schlachtfelder oder Kirchen, sondern auch für Häuser, in denen prominente Schriftsteller, Maler, Komponisten, Schauspieler, Wissenschaftler und Politiker geboren wurden, gelebt und gearbeitet haben oder gestorben sind. Das vorliegende Buch widmet sich nur einem Aspekt dieser reichen Überlieferung und wird ausführlich von Dichterhäusern ›erzählen‹.

Die Beschäftigung mit erinnerungsträchtigen Orten reicht weit in unsere Geschichte zurück. In der Antike genossen Bildhauer und Dichter schon zu Lebzeiten große öffentliche Wertschätzung. Man fertigte Bildnisse von ihnen an und zeigte diese an ausgesuchten Orten. Bald bemühte man sich ergänzend darum, ihre Hinterlassenschaft – sowohl die künstlerische als auch die persönliche – aufzuheben und an die folgenden Generationen weiterzugeben. Werkstätten, Ateliers, Wohnungen und Häuser galten aber erst seit der Renaissance als bewahrenswert, weil man erkannte, dass sich hier die künstlerische Schaffenskraft an einem konkreten Punkt, dem legendären ›genius loci‹, fassen ließ. Die Faszination, die vom Künstlerhaus als Arbeits- und Lebensort ausging, erfasste bald auch Dichterhäuser und -wohnungen und machte sie zu interessanten und gern besuchten Gebäuden, die schließlich die Funktion von Gedenkstätten oder Museen erhielten.

Das Haus des griechischen Lyrikers Pindar in Theben gilt als erstes, heute allerdings nicht mehr existierendes Dichter-

Junozimmer in Goethes Wohnhaus mit dem Abguss der römischen Kolossalbüste der Juno Ludovisi

haus, das besondere Aufmerksamkeit erfuhr. Es hatte noch mehr als hundert Jahre nach dem Tod des Dichters (nach 446 v. Chr.) einen derartig großen Bekanntheitsgrad, dass es als einziges Gebäude (neben den Tempeln und der Burg) verschont blieb, als Alexander der Große 335 v. Chr. die Stadt eroberte und sie zerstören ließ. Das Haus eines Dichters hatte damit einen vergleichbaren Rang wie ein Tempel oder ein Palast und stand sogar unter militärischem Schutz! Dieser Prozess setzte sich fort, obwohl sich das Interesse an Dichterhäusern bald aus ganz anderen Motiven speiste: In der Frühen Neuzeit war das Haus des italienischen Dichters Francesco Petrarca in Arquà bei Padua 150 Jahre nach seinem Tod (1374) eine touristische Attraktion. Ein Besuch gehörte zum festen, in zeitgenössischen Reiseführern empfohlenen Programm für die traditionelle Bildungsreise junger Adliger durch Europa, die ›Grand Tour‹. Natürlich konzentrierte sich die Aufmerksamkeit beim Besuch des Petrarca-Hauses auf die vermeintliche Liebesbeziehung des Dichters zu Laura, die Petrarca in vielen Gedichten besungen hatte. Die Biographie des Dichters, die man aus der imaginären Welt seiner Gedichte zu kennen glaubte, wollte man am konkreten Ort zumindest atmosphärisch nacherleben. Es entstand ein regelrechter Kult um Petrarca und Laura, der auch auf Gegenstände aus dem einstigen Besitz des Dichters übertragen wurde, weil gerade sie Authentizität versprachen. Dass dazu ein Nachttopf und die mumifizierte Katze des Dichters gehörten, tat der enthusiastischen Spurensuche keinen Abbruch. Dichterhäuser sind daher nie beliebige Orte, sie sind beeinflusst von Projektionen späterer Generationen, aber mehr noch geprägt von lebensgeschichtlichen Kontexten, von der Architektur der Gebäude, von der »Formung der Landschaft«, von »Licht und Luft« und der »sozialen Sphäre«, in der die Bewohner hier einst lebten.[2]

Bevor 1847 in Deutschland mit der Einrichtung von Schillers Weimarer Wohnhaus als nationale Gedenkstätte die eigentliche Begeisterung für Dichterhäuser einsetzte, wurde schon in der Mitte des 17. Jahrhunderts Martin Luthers Wohnhaus in Wittenberg ausdrücklich als »museum lutheri« bezeichnet und von vielen Menschen besucht. An Decke und Tür der Lutherstube haben sich sogar Unterschriften prominenter Besucher erhalten, unter ihnen die von Zar Peter dem Großen. Im 18. Jahrhundert begann man, auch Dichtern Denkmäler zu errichten, und die Dichterverehrung wurde mehr und mehr fester Bestandteil im öffentli-

Die Walhalla bei Regensburg, Nationaldenkmal zur Erinnerung an bedeutende Herrscher, Feldherren, Wissenschaftler und Künstler

TOTILA
DER
DICHTER

chen Leben: 1842 entstand mit der Walhalla bei Regensburg eine Ruhmes- und Ehrenhalle für deutsche Geistes- und Geschichtsgrößen, nachdem die Befreiungskriege das Nationalbewusstsein angefacht hatten. Diese Begeisterung machte auch vor der Literatur und ihren Entstehungsorten nicht Halt. Die Musealisierung der Schiller-Häuser in Leipzig-Gohlis (1848) und Marbach (1859), des Gleimhauses in Halberstadt (1862), von Goethes Geburtshaus in Frankfurt (1863) sowie des Lotte-Hauses in Wetzlar (1863), aber auch die Eröffnung des Goethe-Nationalmuseums (1885/86) und Goethe- und Schiller-Archivs (1889) in Weimar sind als Leuchttürme dieser neuen Erinnerungskultur auszumachen. Dichterverehrung und mit ihr die Bewahrung der literarischen Überlieferung im Archiv oder Museum waren nun eine patriotische Pflicht.

Allein im deutschen Sprachraum wurden seitdem über 200 Häuser oder Wohnungen von Schriftstellern durch private oder öffentliche Initiativen zu Gedenkstätten und/oder Museen gestaltet. Viele dieser Dichterhäuser haben sich zu Besuchermagneten entwickelt und übernahmen gerade in kleineren Städten oder ländlichen Regionen eine wichtige Funktion im kulturellen und literarischen Leben. Die kulturpolitische Bedeutung dieser Dichterhäuser lässt sich vielfach allein schon daran ablesen, dass sie um Museen, Archive, Bibliotheken und Forschungseinrichtungen, inzwischen auch um Literaturzentren oder nationale Literaturmuseen wie in Weimar (Goethe-Nationalmuseum), Frankfurt/Main (Deutsches Romantik-Museum, ab 2019), Marbach/Neckar (Schiller-Nationalmuseum, Literaturmuseum der Moderne) oder in Wien (Literaturmuseum der Österreichischen Nationalbibliothek im Grillparzerhaus) ergänzt worden sind. An diesen Orten findet auf vielfältige Weise eine Vermittlung zwischen dem Haus, seinem früheren Bewohner, seiner Biographie, seinem Werk und dem Besucher statt, der entweder als interessierter Tourist neugierig die Begegnung mit einer Welt wünscht, die er bereits aus den Texten des Autors zu kennen glaubt, oder als Wissenschaftler authentische Objekte oder spezifisches Forschungsmaterial sucht. Viele dieser Institutionen fungieren heute ausdrücklich als ›Schaufenster‹, die Blicke in Archive oder Magazine ermöglichen, indem sie dem Besucher in Ausstellungen ausgewählte Exponate ihrer wertvollen Bestände zeigen, die sonst aus konservatorischen Gründen kaum für die Allgemeinheit zugänglich sind.

Die Lebensumstände, Gewohnheiten und das Schaffen eines literarisch tätigen Menschen erschließt sich freilich nicht automatisch durch das Betrachten von Wohn-, Arbeits- und Schlafzimmern oder von Porträts, Büchern, Manuskripten, Schreibutensilien, Brillen, Musikinstrumenten, Kleidern, Haarlocken, Möbeln oder Geschirr. Dennoch haben Räume und »abgelebte Dinge«[3] eine Anziehungskraft, die wir mit dem Auf und Ab eines Lebenslaufes verknüpfen und die uns den Dichter »als Menschen zeigen«.[4] Gleichzeitig wollen wir die Entstehung von (Kunst-)Werken in eben diesen Räumen verorten und das Umfeld des kreativen Prozesses kennenlernen und verstehen. Arbeitszimmer sind naturgemäß das Zentrum eines Dichterhauses. Besucher schenkten ihnen schon immer eine gesteigerte Aufmerksamkeit, weil Schreiborte mit einer beinahe mystischen Aura von Kreativität umgeben zu sein scheinen. Ausstellungen, Führungen oder multimediale Präsentationen versuchen uns genau diese Aspekte zu vermitteln, um »einen Hauch« der »einstigen Vitalität«[5] aufscheinen zu lassen, die hier geherrscht hat. Das Dichterhaus ist ein geeignetes Medium, das zwischen dem Autor, seinem literarischen Schaffen und dem Leser eine Brücke baut und damit unser Interesse an Literatur aufs Neue weckt.

Grillparzers Arbeitsplatz im ehemaligen Hofkammerarchiv ist heute Teil des österreichischen Literaturmuseums

Dichterhäuser übernahmen häufig die Aufgabe, die Hinterlassenschaft eines Autors dauerhaft zu sichern und das gegenständliche Andenken an Person und Werk zu pflegen. Nicht selten haben Autoren – berühmtes Vorbild ist Goethe – testamentarisch bestimmt, was mit ihrem Nachlass und ihrer letzten Wohnung geschehen soll. Dabei haben sie die Öffentlichkeit in die Pflicht genommen, indem sie ihr die wertvolle Hinterlassenschaft mit der Auflage vererbten oder verkauften, diese zu betreuen. Auch Günter Grass hat schon zu Lebzeiten Vorsorge für die Pflege seines bildnerischen Nachlasses getroffen – der literarische Nachlass befindet sich u. a. in der Berliner Akademie der Künste – und konzipierte dafür in Lübeck eigens ein literarisches Forum, das Günter-Grass-Haus, das in unmittelbarer Nähe zum Buddenbrook-Haus und zur Gedenkstätte für Willy Brandt liegt und das nebenbei das Image Lübecks als Stadt der Nobelpreisträger schärfen soll.

Wenn das Dichterhaus als Raum bewahrt wird, dann ist eine einzigartige Atmosphäre erlebbar, die die Person umgab, die hier gelebt und gearbeitet hat. Wie in einer Momentaufnahme sehen wir einen Ausschnitt aus der alltäglichen Lebens- und Arbeitswelt eines Autors. Zwar ist diese einstige Wirklichkeit wie in einer Zeitkapsel »eingefroren«,[6] doch das Dichterhaus hilft uns, das noch Sichtbare mit der einstmals lebendigen Vergangenheit zu verbinden. Sogar Wohnungen oder Häuser, die nicht komplett oder gar nicht

Arno Schmidts Lederjacke an der Garderobe seines Hauses in Bargfeld

mehr überliefert sind, können über das frühere Lebensmilieu Auskunft geben. Wenn die Wohnungen Georg Büchners – mit Ausnahme des Geburtshauses – nicht mehr existieren oder überhaupt unbekannt sind, dann ist das ein deutlicher Hinweis auf das Leben eines »Flüchtlings«,[7] der wegen seines politischen Engagements steckbrieflich gesucht wurde, seine Wohnungen aus Angst vor der Polizei ständig wechselte und aus Selbstschutz seine Adressen geheim hielt. Dass es noch viele Jahrzehnte nach Büchners Tod kaum Interesse an den Aufenthaltsorten eines ›Kriminellen‹ gab, entsprach der allgemeine Rezeption, die Büchner erst mit großer Verzögerung als Autor wegweisender Theaterstücke wahrnahm. Büchner ist keineswegs eine Ausnahme, denn auch die erhaltenen Dichterhäuser sagen etwas darüber aus, wie wir mit Literatur und ihren Produzenten umgehen und erhellen vielleicht sogar, welche Autoren den Kern des literarischen Kanons bilden. Es ist auffällig, dass nur noch sehr wenige Häuser oder Wohnungen von Autorinnen existieren. Zwar zählen die Häuser, in denen Bettina von Arnim, Annette von Droste-Hülshoff, Marieluise Fleißer oder Anna Seghers gelebt und geschrieben haben, zu den sehenswerten Beispielen. Sie sind jedoch insofern Ausnahmen, als viele Biographien schreibender Frauen vielfach marginalisiert oder schlichtweg ganz vergessen wurden. Das hatte dann negative Folgen für die Bewahrung von Nachlässen und eben auch von Häusern und Wohnungen. Sicherlich muss man bei dieser Bestandsaufnahme in Rechnung stellen, dass ungünstige Umstände, komplizierte Familien- und Erbschaftsverhältnisse, Naturkatastrophen, Kriegsereignisse oder eine ideologisierte Kulturpolitik, eine verfehlte Stadtplanung und machtlose Denkmalpflege dafür verantwortlich sein können, dass Dichterhäuser wie auch andere, eigentlich schützenswerte Gebäude verschwunden sind. Inzwischen engagieren sich daher zahlreiche Organisationen und Institutionen auf nationaler oder internationaler Ebene für den Erhalt und die Pflege von Dichterhäusern.[8]

Dichterhäuser sind nicht wie die Häuser bildender Künstler architekturgeschichtliche Solitäre.[9] In den überwiegenden Fällen treten Autoren nicht als Bauherren von Neubauten auf, sondern gestalten lieber bereits existierende Häuser nach ihren Vorstellungen neu oder bauen sie komplett um. Unser Blick konzentriert sich daher heute weniger auf die architektonische Substanz und mehr auf biographische Kontexte sowie die literarische Topografie, die die Häuser umgaben und beeinflussten. Dichterhäuser sind sowohl in der Stadt als auch auf dem Land zu finden und sind oftmals typische Zeugnisse einer Epoche, einer Region oder eines Ortes. Obwohl man erwarten sollte, dass Autoren sich dort niederlassen, wo es Verlage, Theater, Bibliotheken und ein anregendes kulturelles Leben gibt, sieht der tatsächliche Befund anders aus. Viele Dichter suchten ihre Wohnorte sehr wohl nach einer passenden städtischen Infrastruktur aus, aber ebenso viele mieden die Zentren und zogen den Stadtrand oder die ländliche Abgeschiedenheit vor. Meistens war die Wohnungswahl aber von der Suche nach einem adäquaten Lebensbereich und nach einer ruhigen Schreibumgebung bestimmt, die vor lästigen Alltagseinflüssen geschützt ist. Natürlich kam der Zufall auch bei der Wahl eines Wohnortes zu Hilfe. Dichter entschieden sich nicht selten spontan für ein Haus, weil sie sich in das Gebäude und seine Lage ›verliebten‹. Umgekehrt diente der Hauskauf einer gezielten Geldanlage, um Honorare aus literarischer Tätigkeit zu investieren.

Über solche, alltägliche Erwägungen hinaus ist das Dichterhaus immer dann ein bemerkenswertes Phänomen, wenn es zu einem eigenständigen Kunstwerk geworden ist. Bewohner haben in solchen Häusern nicht selten Leben und Lebensumfeld in einer sehenswerten Form effektvoll inszeniert. Raum und Mobiliar, Tapeten und Ausblicke, Gärten, Sammlungen und Bilder addieren sich dann zu einer Demonstration von Künstlertum und betonen mannigfach das kreative Potenzial, den gebildeten und kunstsinnigen Habitus sowie – nicht zu unterschätzen – den sozialen Status des Bewohners. Das gilt für das Gleimhaus in Halberstadt, das sein Bewohner im Geist der Empfindsamkeit als »Freundschaftstempel« konzipiert und gestaltet hat. Das trifft ebenso für Goethes Weimarer Wohnhaus zu, wo sich die ›öffentliche‹ Person Goethe inmitten ihrer reichen kunst- und kulturhistorischen Sammlungen ein sehenswertes Ambiente geschaffen hat, das als klassisches ›Bildungsprogramm‹ zu deuten ist, während sich der private Bereich – Bibliothek, Arbeits- und Schlafzimmer – durch ins Auge springende Schlichtheit hervortut. Christoph Martin Wieland war auf seinem Gut in Oßmannstedt begeisterter Landwirt. Thomas Bernhard verwirklichte in seinem Ohlsdorfer Bauernhof ein architektonisch wohldurchdachtes und perfekt eingerichtetes Anwesen, das auf den Besucher ein wenig fremd wie ein Museum zu Lebzeiten wirkt, vermutlich auch als solches von Bernhard geplant war. Gleichzeitig rät der Autor von einem Besuch ab: »Hüten Sie sich,« lässt er den Erzähler im Roman *Auslöschung* (1986) schimpfen: »die Orte der Schriftsteller und Dichter und Philosophen aufzusuchen, Sie verstehen sie nachher überhaupt nicht, Sie haben sie in Ihrem Kopfe tatsächlich unmöglich gemacht dadurch, daß Sie ihre Orte aufgesucht haben, ihre Geburtsorte, ihre Existenzorte, ihre Sterbeorte. Meiden Sie wie nichts sonst die Geburts- und Existenz- und Sterbensorte unserer Geistesgrößen«.[10]

Karl May wiederum hatte andere Motive. Er nutzte die »Villa Shatterhand« dazu, seiner Wildwest-Legende, in die er sich als Person immer mehr verstrickt hatte und die ihn irgendwann als »notorischen Betrüger«[11] entlarvte, eine stimmungsvolle räumliche Hülle zu geben. Natürlich wollte Karl May, dass man über dieses Haus und seinen Bewohner sprach, denn er war ein Meister der Selbstdarstellung! Die demonstrative Einfachheit von Brechts Wohnung in der Berliner Chausseestraße spiegelt ein Lebens- und Arbeitskonzept wieder, in dem Wohnraum in erster Linie Ort für Gespräch und Teamwork war. Andere Dichterhäuser, etwa das Rüschhaus Annette von Droste-Hülshoffs, dienten als idyllische Refugien und förderten Inspiration und Schreiben. Das Dichterhaus konnte aber auch ein unfreiwilliger Rückzugsort sein, wo Autoren Schutz vor politischer Diffamierung, Berufsverbot und Verfolgung suchten. Wieder andere Häuser zeigen uns den Autor als Mittelpunkt einer vielköpfigen Familie oder in Ausübung seiner Amtsgeschäfte als Pfarrer, Bibliothekar oder Verwaltungsbeamter. Und nicht zuletzt dokumentieren Wohnungen das soziale Abseits, in dem ein Autor aufwuchs, und sind Ausdruck dafür, dass ein später gutsituierter Schriftsteller Not und Elend kannte.

Die Funktion von Dichterhäusern ist zweifellos richtig beschrieben, wenn man sie nicht nur als »Propagandisten« der Literatur versteht, sondern vielmehr als weit geöffnetes »Eingangsportal, durch das man die Welt der Literatur betritt«.[12] Dichterhäuser »regen mit ihren Präsentationen von Werk und Leben zur Lektüre an, bahnen den Weg zum Buch.«[13] Sie machen »das Vergangene wieder lebendig, holen die Literaturgeschichte in die Gegenwart zurück.«[14] Insofern bewahrheiten sich Goethes Verse aus dem *West-östlichen Divan*, die häufig zur Werbung für den Besuch von Dichterhäusern zitiert werden: »Wer den Dichter will verstehen | Muß in Dichters Lande gehen«.[15]

Dieses Buch versteht das Dichterhaus ebenfalls als »Eingangsportal« in die Welt der Literatur. Es stellt in Text und Bild Häuser oder Wohnungen deutschsprachiger Schriftsteller vom Mittelalter bis zur Gegenwart vor und kann sich trotzdem nur selektiv der überreichen Fülle an Dichterhäusern im deutschsprachigen Raum widmen. Alle hier vorgestellten Dichterhäuser werden heute als Gedenkstätten und Museen gepflegt und können besichtigt werden. Unsere Auswahl versucht zumindest ein wenig repräsentativ zu sein: Zunächst einmal sollten sämtliche literaturgeschichtlichen Epochen vertreten sein, was insofern schwierig ist, als kaum originale Häuser für Autoren vor dem 18. Jahrhundert, dem Jahrhundert, in dem der Schriftsteller erstmals ausdrücklich als Individuum und Genie wahrgenommen wurde, existieren. Daher stehen die Häuser, die Wolfram von Eschenbach und Grimmelshausen gewidmet sind, exemplarisch für eine Zeit, in der der Autor als Person eine untergeordnete Rolle spielte und deshalb auch nur spärlich Material – geschweige denn ein Haus – überliefert ist, das sein Lebensumfeld illustrieren könnte. In beiden Häusern wurden daher neue und sehenswerte Wege beschritten, Werk und Zeit ihrer Autoren ›auszustellen‹. Vielfach begegnen wir in diesem Buch Dichterhäusern, die inzwischen anders genutzt werden, so dass die Erinnerung an den ehemaligen Bewohner abseits in einem gesonderten Museum oder Archiv wachgehalten wird. In vielen anderen Fällen vermissen wir überhaupt Häuser und Wohnungen, über mögliche Gründe wurde bereits gesprochen. Dagegen gibt es eine Reihe von Häusern, die Vorbild für literarische Schauplätze waren und zugleich mit dem Autor und seiner Biographie eng in Beziehung stehen. Stellvertretend für diese Häuser widmen wir uns dem Lotte- und Jerusalemhaus in Wetzlar, die beide durch Goethes Roman *Die Leiden des jungen Werthers* weltliterarischen Ruhm erlangt haben. Auch Schloss Rheinsberg, das durch Tucholskys »Bilderbuch für Verliebte« zum viel besuchten literarischen Schauplatz geworden ist, gehört zu diesen prominenten Orten. Ebenso nachdrücklich sei das Buddenbrook-Haus in Lübeck genannt, denn es erinnert gleichermaßen an einen Roman der Weltliteratur wie an eine Ausnahme-Schriftstellerfamilie. Im Zweiten Weltkrieg wurde das Buddenbrook-Haus schwer beschädigt, nur die Fassade blieb erhalten und machte das Haus zu einem »symbolischen Ort«[16] deutscher Geschichte.

Viele Dichterhäuser wird der Leser dennoch in diesem Buch vermissen; vielleicht kann er sich mit Friedrich Nietzsche trösten: Nachdem ein Erdbeben im Februar 1887 eine seiner Unterkünfte in Nizza zerstört hatte, wo Teile von *Also sprach Zarathustra* entstanden waren, schrieb der Philosoph amüsiert, dies habe »den Vortheil für die Nachwelt, daß sie eine Wallfahrtsstätte weniger zu besuchen hat«.[17]

Das Italienische Zimmer im Rüschhaus der Droste ist mit einer handgefertigten Tapete aus einer Pariser Manufaktur geschmückt

Skriptorien · Wolfram von Eschenbach · Oswald von Wolkenstein · Grimmelshausen

RUINEN UND SPURENSUCHE

Gelehrte, alltagspraktische und literarische Texte geben uns zwar gute Einblicke in das Leben und Denken im Mittelalter und in der Frühen Neuzeit, aber wo und wie Dichter bis zum Barockzeitalter gewohnt und gearbeitet haben, bleibt uns vielfach verborgen. Trotz systematischer Suche von Archäologen und Historikern gibt es kaum greifbare Lebensspuren von Dichtern aus diesen Epochen. Häuser – in welcher Form auch immer – waren zwar damals schon Fixpunkte des Alltagslebens, aber in den überwiegenden Fällen lassen sie sich nur vage einem Autor zuordnen oder haben sich – wenn überhaupt – nur fragmentarisch erhalten. Wir wissen zwar viel über den Literaturbetrieb des Mittelalters und der Zeit unmittelbar nach der Erfindung des Buchdrucks. Wir kennen die Akteure in diesem Betrieb, haben genaue Kenntnisse darüber, wie Literatur verbreitet wurde und wer die Leser waren, aber über Informationen zu authentischen Orten, wo Literatur entstanden ist oder wo Autoren zu Hause waren, verfügen wir nur im Einzelfall. Das einzige Beispiel eines mittelalterlichen Dichterhauses ist die Wohnburg Oswalds von Wolkenstein, die wir allerdings nur noch als Ruine auf der Seiseralm in Südtirol besichtigen können. Diese Situation hat zweifellos auch damit zu tun, dass die Rolle des mittelalterlichen Autors eine andere war als die in späteren Jahrhunderten. Literatur wurde damals überwiegend mündlich vorgetragen, weil nur ein Bruchteil der Bevölkerung lesen konnte. Autoren zogen von Ort zu Ort, um einem jeweils neuen Publikum ihre Texte vorzustellen. Auf diese Weise machten sie sich sowie ihre Texte bekannt und sicherten gleichzeitig ihren Lebensunterhalt, weil sie für eine gewisse Zeit ein Unterkommen fanden und entlohnt wurden. Die Auftritte vor einem meistens adligen Publikum dienten auch dazu, finanzkräftige Mäzene zu gewinnen, die einen Autor eine Zeit lang beherbergten und dadurch das Verfassen neuer Texte unterstützten. Es liegt auf der Hand, dass sich die Spuren, die viele Autoren auf ihrer literarischen Wanderschaft hinterließen, schnell verloren haben. Wir erfahren nur etwas über die Lebensumstände prominenter Autoren, weil deren Mäzene dafür sorgten, dass die wirklich populären Werke aufgezeichnet und damit auch dann noch verfügbar waren, als der Autor schon längst weitergezogen war. Von dieser Form der Literaturförderung profitierten nicht nur Autoren, sondern auch diejenigen, die sich auf das Abschreiben von Texten spezialisiert hatten, nämlich die schreib- und lesekundigen Mönche in den Klöstern. Diese Mönche (später auch Nonnen) arbeiteten in Skriptorien, die hoch professionelle Werkstätten waren und sich im Laufe der Zeit mit den Klosterbibliotheken zu Hütern der Schriftkultur entwickelten. Skriptorien – so könnte man sagen – waren die Dichterhäuser des Mittelalters.

Obwohl sich für die europäische Literatur der Frühen Neuzeit, also der Epochen nach der Erfindung des Buchdrucks bedeutende Schreib- und Lebensorte existieren, werden wir immer wieder mit einer Frage konfrontiert: Haben wir es hier wirklich mit authentischen Orten zu tun, besichtigten wir wirklich den Geburts- oder Sterbeort oder sind diese Häuser nur Inszenierungen eines verständlichen Wunsches, dem prominenten Autor an einem genau bezeichneten Ort seiner Biographie begegnen zu können? Solche Zweifel werden sich wohl nie ganz ausräumen lassen. Doch anders als frühere Generationen setzen wir uns heute mit diesen Zweifeln im Museum oder in der Gedenkstätte kritisch auseinander und versuchen weniger, die Authentizität eines Ortes zu behaupten, als vielmehr einen Dialog zu führen, der uns Biographie, Zeitgeschehen, Werk und Aufnahme beim damaligen Publikum näherbringen will. Moderne Literaturmuseen, wie sie für Wolfram von Eschenbach oder Grimmelshausen konzipiert wurden, übernehmen stellvertretend für ein nicht existentes Dichterhaus oder einen vermuteten Lebensort diese Funktion, indem sie vom Leben und Schreiben in turbulenten und kriegerischen Zeiten erzählen, in denen Literatur und ihre Produzenten erst ganz allmählich die gesellschaftliche und kulturelle Bedeutung erlangt haben, die für uns heute selbstverständlich ist.

Installation im Wolfram von Eschenbach-Museum

Darstellung eines Skriptoriums im Evangelistar von Kaiser Heinrich III.

OREXISTETVVSLOCVS EFTERNACAVOCA TS
EXPECTATVENIA NOCTEDIEQTVA

Literarische Schreibstuben

Skriptorien

Klöster waren nicht nur Zentren des religiösen und spirituellen Lebens, sondern auch Orte, wo handwerkliche Fertigkeiten oder landwirtschaftliche Praktiken entwickelt und weitergegeben wurden. Klöster spielten in der abendländischen Kunst und Kultur eine herausragende Rolle, indem sie altes, teilweise vergessenes Wissen systematisch sammelten und wieder erschlossen, traditionelle Rechtspraktiken bewahrten und sich für die Verbreitung von Literatur, Musik, Medizin, Pflanzen- und Arzneikunde sowie von religiösen und philosophischen Denkweisen einsetzten. Klöster waren während des gesamten Mittelalters die wichtigsten und meistens auch größten Produzenten geschriebener Werke.

Das Beherrschen von Lesen und Schreiben war für solche Aufgaben natürlich eine unabdingbare Voraussetzung und wurde in den Klöstern sorgfältig praktiziert und umsichtig gelehrt. Die Ordensregeln der Benediktiner und der Zisterzienser erwähnen Lesen und Schreiben ausdrücklich als elementare Tätigkeiten des mönchischen Lebens, deren Pflege Ausdruck von religiöser Unterweisung, Erbauung und Besinnung ist. Auch das Studium von Texten – nicht nur religiösen Inhalts – war fester Bestandteil des Klosteralltags. Das Verfassen und Abschreiben gelehrter und religiöser Schriften sowie später auch literarischer Texte erfolgte über eine lange Zeit hinweg fast ausschließlich in Skriptorien, den Schreibstuben der Klöster. Diese Skriptorien machten Klöster zu Schreiborten par excellence. Hier arbeiteten Spezialisten, die nicht nur lesen und schreiben konnten, Latein und die Volkssprache beherrschten, sondern auch in aufwendigen und kostspieligen Vorgängen Pergament oder Papier herzustellen in der Lage waren. Sie beherrschten ebenso die Kunst des Buchbindens und viele kunsthandwerkliche Praktiken, um einen Codex zu einem prachtvollen Kunstwerk zu machen. Außerdem entwickelten die Schreibermönche und -nonnen die Schrift

Das Skriptorium im Kloster des Mont Saint Michel

Die Bibliothek der Walburgiskerk in Zutphen, in der Bücher aus Schutz vor Diebstahl angekettet sind

weiter und legten die Basis für deren Gebrauch als allgemeingültige schriftliche Verkehrsform, wie wir sie heute kennen und praktizieren. Die Überlieferung und Verbreitung mittelalterlicher Texte geschah daher bis zur Erfindung des Buchdrucks um 1450 durch Johannes Gutenberg nicht nur handschriftlich, sondern die Klöster waren auch die Orte, wo diese Handschriften in mühevoller Arbeit entstanden. Erst seit dem 12. Jahrhundert fertigte man Handschriften auch außerhalb von Klöstern an; größere ›weltliche‹ Skriptorien existierten erst im 15. Jahrhundert.

Das Monopol, das Klöster bei der Bewahrung und Weitergabe von Wissen hatten, war zwar gottgefällig und damit ein frommes Werk, rief aber auch viele Neider auf den Plan und weckte unterschiedlichste Begehrlichkeiten, denn Codices waren kostbare Unikate, die oftmals mit außerordentlichen Illustrationen geschmückt sind und von prächtigen Bucheinbänden geschützt werden. Der Besitz solcher Handschriften verlieh nicht nur einem Kloster Prestige, sondern Fürsten, Bischöfe oder Adlige und bald auch vermögende Bürger betonten ihre Bildung und ihren sozialen Rang durch den Besitz von Handschriften. Oftmals gaben sie Handschriften in Auftrag und finanzierten deren kostspielige Herstellung, die für viele Klöster wiederum ein einträglicher Erwerbszweig war. Wenn ein Kloster eine Handschrift kopieren wollte, musste man das Original ausleihen und dafür sogar Leihgebühren bezahlen. Die Geschichte des handschriftlichen Buches kennt daher viele Beispiele, dass Codices nicht immer rechtmäßig ihre Besitzer wechselten. Diebstahl und Plünderung waren an der Tagesordnung und regelmäßig wurden die Bestände von Klosterbibliotheken bei kriegerischen Auseinandersetzungen in Mitleidenschaft gezogen. Nicht selten galt das in

den Handschriften aufgezeichnete und bewahrte Wissen sogar als gefährlich, rief die Inquisition auf den Plan und machte Skriptorium und Bibliothek zu Orten von Verdächtigung und Verfolgung oder Klöster zum Schauplatz von Bücherverbrennungen und Ketzerhinrichtungen.

Die Aufklärung einer Serie von Morden, die im Kloster begangen wurden, steht im Mittelpunkt von Umberto Ecos Bestsellerroman *Der Name der Rose* (1980). Dem ›Detektiv‹ William von Baskerville gelingt zwar die Aufklärung dieser Mordfälle und die Überführung des Mörders, doch am Ende des Romans gehen die mittelalterliche Klosterbibliothek, das Skriptorium und mit ihnen ein einzigartiger Schatz an abendländischem Wissen in Flammen auf. Ein einziger Text, das verschollen geglaubte zweite Buch der *Poetik* des Aristoteles, das die Komödie und das Lachen behandelt, war Auslöser der Mordserie. Dieses Buch vor der Öffentlichkeit zu verbergen und dessen ›verbotene‹ Lektüre zu einem todbringenden Akt zu machen, galt das Sinnen des eifernden Bibliothekars Jorge von Burgos. Dieser fürchtete nämlich, dass Aristoteles' Theorie über das Lachen die weltliche und theologische Ordnung zum Einsturz bringen würde, weil nun jedermann mit Berufung auf den Philosophen die Geheimnisse des Glaubens lächerlich machen könne und damit der Apokalypse Vorschub leisten würde. Jorge von Burgos ist keineswegs davon überzeugt, dass wir alles wissen dürfen, was wir wissen können, für ihn gilt vielmehr die alte Formel, wonach Wissen Macht bedeutet. Um diese Macht zu verteidigen, vergiftet er die Seiten des Codex. Er tötet so einen seiner Mitbrüder, weil dieser sich nicht an das Lektüreverbot hält und sich beim Umblättern der Seiten mit dem Finger, den er immer wieder zum Mund geführt hatte, um ihn zu befeuchten, nach und nach vergiftet. Dass man auch in der realen Welt der mittelalterlichen Bibliothek Verbrechen ganz anderer Art – nämlich Diebstahl – befürchtete, lässt sich im niederländischen Zutphen besichtigen, wo die wertvollen Codices durch Ketten an den Lesepulten befestigt sind – man nennt sie daher Kettenbücher –, um die Leser gar nicht erst auf abwegige Gedanken kommen zu lassen.

So bedeutsam das Skriptorium für das Klosterleben auch war, Räume, die ausschließlich als Skriptorien gedient haben, waren die Ausnahme und gab es nur in großen Klöstern. Nur wenige Skriptorien sind in ihrer ursprünglichen Form erhalten geblieben, etwa in Fontenay, Cîteau oder auf dem Mont St. Michel. In den meisten Fällen ist sogar nur wenig oder gar nichts über deren Lage bekannt, obwohl in Aufzeichnungen, die das Klosterleben regeln, Räume, die man als Skriptorien nutzte, oft erwähnt wurden. Meistens handelte es sich dabei um Räume, die ruhig, gut durchlichtet, nicht zu feucht und vor allem nicht zu kalt, ja sogar beheizbar waren. Daher konnte eigentlich jeder Raum, der diese Bedingungen erfüllte, für das Schreiben genutzt werden. Häufig war dies das Kalefaktorium (Wärmeraum) oder ein Raum, der sich in dessen Nähe befand. Bei den Kartäusern war es sogar erlaubt, dass die Mönche in ihren Zellen schrieben. Das benötigte Mobiliar, etwa die Schreibpulte, war sowieso nicht an einen speziellen Raum gebunden und konnte ebenso leicht transportiert werden wie Schränke oder Truhen, in denen man Arbeitsmaterialien oder gerade in Arbeit befindliche Handschriften aufbewahrte. Die Arbeit im Skriptorium war mühsam und entbehrungsreich. In Handschriften finden sich daher verschiedentlich am Rand notierte Stoßseufzer über Kälte, feuchte Räume, klamme Finger und Rückenschmerzen; manchmal sind sie sogar geschickt in den Text eingeflochten worden.

Mittelalter im Museum

Wolfram von Eschenbach in Wolframs-Eschenbach

Viele mittelalterliche Texte wie das *Nibelungenlied* sind anonym überliefert, von anderen Verfassern kennen wir nur den (Vor-)Namen, ohne Genaueres über ihre Autorschaft in Erfahrung bringen zu können. Manchmal nennen sich Autoren in ihren Texten und stellen sich zumindest vor. Dann erfahren wir bestenfalls etwas über Herkunft oder Bildung, vielleicht auch etwas über die soziale Stellung, die Mäzene oder das Publikum, vor dem die Dichter auftraten. Eine Biographie lässt sich aus diesen Informationssplittern kaum rekonstruieren. Der mittelalterliche Autor bleibt so gut wie unsichtbar, denn er sah seine Aufgabe in der Weitergabe von Wissen und Tradition an das Publikum einer höfischen Gesellschaft. Dichten meinte noch nicht den kreativen Akt. Die Taten der in den Texten auftretenden Helden waren wichtig, nicht die Autoren, die diese besangen. Die Individualität eines Autors war daher unerheblich, denn er begriff sich als Teil einer großen Autorengemeinschaft. Dennoch hat sich der mittelalterliche Autor mit seinen individuellen poetischen oder sozialen Vorstellungen in die Texte eingeschrieben, so dass sie zu unverwechselbaren literarischen Kunstwerken wurden, deren Themen, Lebendigkeit des Erzählens oder Unmittelbarkeit des lyrischen Tons wir noch heute schätzen.

Es gibt mittelalterliche Autoren, über die wir Genaueres wissen, und für die wir sogar einen Geburts- oder Sterbeort ausmachen können. Zu diesen Autoren gehört Wolfram von Eschenbach (um 1160/80–um/nach 1220), der Verfasser der großen epischen Dichtungen *Parzival*, *Willehalm* und *Titurel*. Von Wolfram von Eschenbach kennen wir Selbstaussagen, die er in seine Texte eingeflochten hat und aus denen man mehr oder weniger authentische Stationen einer Lebensgeschichte rekonstruiert hat. Anhand seiner Werke lässt sich zweifellos feststellen, dass er eine gute Bildung genossen haben muss, denn anders wäre sein enormes Wissen über Astronomie, Medizin und Theologie nicht erklärbar. Im *Parzival* stellt Wolfram sich selbst als Dichter vor: »ich bin Wolfram von Eschenbach, | unt kan ein teil mit sange«.[1] Wolfram enthüllt nicht nur seine Autorschaft, sondern bemüht sich auch um ein standesgemäßes ritterliches Erscheinungsbild. Er betont, dass er sowohl wegen seiner literarischen Kunstfertigkeit als auch wegen seines ritterlichen Auftretens anerkannt werden möchte. In der Großen Heidelberger Liederhandschrift aus dem frühen 14. Jahrhundert wird Wolfram in voller Rüstung mit Pferd und Knappe abgebildet und im *Parzival* heißt es mit Bezug

Installation im Wolfram von Eschenbach-Museum zur Illustration des Kampfes zwischen Christen und Heiden in Wolframs Epos *Willehalm*

auf seine ritterliche Abstammung bzw. die Beherrschung des Waffenhandwerks: »schildes ambet ist mîn art«.[2] Ob Wolfram wirklich dem Ritterstand angehörte, bleibt fraglich. Was jedoch gesichert ist, ist sein Name, seine umfassende Bildung und seine Herkunft aus dem fränkischen, südlich von Ansbach gelegenen Ort Eschenbach. In seinem Werk erwähnt Wolfram verschiedene Orte, die sich sämtlich im Umkreis der kleinen fränkischen Stadt lokalisieren lassen. Dies sind neben anderen historischen Quellen Indizien dafür, dass Wolfram aus einer Familie von Eschenbacher Lehnsleuten stammte. Wahrscheinlich waren es Mitglieder dieser Familie, die im 14. Jahrhundert im Liebfrauenmünster von Eschenbach ein Grabmal für den Dichter errichteten. Aber dieses Grabmal ist nicht die tatsächliche Grabstätte Wolframs von Eschenbach, sondern nur ein Hinweis darauf, dass der Dichter in Eschenbach begraben sein könnte.

Nachdem bereits 1861 auf dem Marktplatz von Eschenbach ein Wolfram-Denkmal enthüllt worden war, benannte sich die Stadt 1917 mit Zustimmung des bayerischen Königs Ludwig III. offiziell in Wolframs-Eschenbach um. Jahrzehnte später diskutierte man, wie man für den mittelalterlichen Dichter ein Museum einrichten könnte, das ohne authentische biographische Zeugnisse auskommt. 1995 wurde im Alten Rathaus der Stadt, einem Fachwerkhaus aus der Barockzeit (1684/85), das Museum Wolfram von Eschenbach eröffnet. Aus Architektur, Licht, Farbe, Form, Schrift und Text wurde eine Inszenierung geschaffen, die dem Besucher Leben, Werk und Rezeption eines mittelalterlichen Autors näherzubringen versucht und das sich als »Brücke zum Mittelalter«[3] versteht. Das Museum Wolfram von Eschenbach ist ein außergewöhnliches Literaturmuseum, weil es neue Wege der Vermittlung beschreitet, um die Welt der mittelalterlichen Literatur und ihrer Verfasser wieder aufleben zu lassen.

Wolfram-Denkmal von Konrad Knoll auf dem Marktplatz von Wolframs-Eschenbach

Ritterliches Statussymbol

Oswald von Wolkenstein auf der Burg Hauenstein

Unter den zahlreichen Burgen Tirols, auf denen Oswald von Wolkenstein (ca. 1376/77–1445) gelebt hat, ist die Burgruine Hauenstein unterhalb des Schlernmassivs bei Seis am engsten mit dem Namen dieses weit gereisten Dichters, Sängers, Ritters sowie kaiserlichen Diplomaten und Lehnsmannes verbunden. Die Burg Hauenstein, die im 17. Jahrhundert verfiel und von der heute nur noch Mauerreste erhalten sind, stammt aus dem 12. Jahrhundert. Urkundlich erwähnt wurde sie erstmals im Jahr 1186, und Oswald hat zwischen 1421 und 1427 erbittert um ihren Besitz gestritten. Durch Erbschaft war ihm ein Drittel am Besitz der Burg zugefallen, während die beiden anderen Drittel einem Ritter namens Martin Jäger gehörten. Dass Oswald vermutlich mit der Tochter des Bürgermeisters von Brixen, Anna Hausmann, gerade in dieser Zeit eine Liebesbeziehung hatte und diese sich später aufgrund eigener Ansprüche auf Hauenstein mit Jäger verbündete, fachte den Streit extra an. Entscheidender für die Heftigkeit der Auseinandersetzung dürfte jedoch gewesen sein, dass Jäger sich in einer Fehde mit dem Landesherrn befand, in der es um die Rechte des Tiroler Landadels ging und in die auch Oswald verwickelt war. Oswald wurde zeitweise von seinen Gegnern gefangen genommen und schwer misshandelt. Am Ende von Fehde und Erbstreit erhielt Oswald wohl als Entschädigung den alleinigen Besitz der Burg zugesprochen, musste sich allerdings im Gegenzug der Macht des Landesherrn, Herzog Friedrich IV., unterwerfen.

Die Burg Hauenstein war trotz ihrer bescheidenen Ausmaße ein ritterliches Statussymbol und standesgemäßer Wohnsitz für Oswald und seine Ehefrau Margarete von Schwangau. Der Streit um die Burg lässt den Durchsetzungswillen eines Mannes erkennen, dem als Zweitgeborenen eines Tiroler Adligen im Verlauf eines abenteuerlichen, nicht selten gewalttätigen Lebens ein politischer und sozialer Aufstieg gelang. Das berühmte und lebensechte

Porträt Oswalds (wohl aus der Schule von Antonio Pisanello) zeigt ihn mit den erlittenen Verletzungen (Narben, fehlendes rechtes Auge) und in prächtiger Kleidung mit zahlreichen Orden. Damit legt es Zeugnis ab über eine respektable Ritterkarriere.

Burg Hauenstein spielt auch in den Gedichten und Liedern Oswalds von Wolkenstein eine wichtige Rolle. Ihr ist ein Lied gewidmet, in dem das harte Leben im Winter beschrieben wird. Entstanden ist das Lied wohl im Winter 1426/27, also noch zur Zeit des Besitzstreits, und Oswald verfolgte mit dem Schreiben dieses Liedes ganz nebenbei die Absicht, dem Landesherrn und den Tiroler Adelskollegen seine prekäre Lage vor Augen zu führen. Oswald kontrastiert sein früheres glanzvolles Leben als reisender Ritter und Diplomat mit der aktuellen Isolation auf Hauenstein. Keine »Ehren« werden ihm mehr erwiesen, klagt er und auch die »frühere Gesellschaft« meide ihn. Dagegen: »nur Kälber, Geißen, Böcke, Rinder | und knorrige Leute, schwarz und häßlich | und voller Rotz im Winter«.[4] Trotz aller Selbstinszenierung, die Oswald perfekt beherrschte, war dieser Text das »S.O.S.«[5] eines Mannes, der als »armer Wolkensteiner« unter die »Wölfe« geraten war und damit die Auswirkungen der Fehde auf sein Leben anschaulich schildert.[6] In einem anderen Lied beschreibt Oswald, der inzwischen wieder optimistischer gestimmt ist, das Ende des Winters und die erwachende Natur. Er blickt von der Burg Hauenstein auf die Seiser Alm und hinab in das Eisacktal: »Die Dämpfe der Erde sind erwacht, | die Wasserbäche schwellen an | von Kastelruth hinunter in den Eisack. | So laß ich mir's gefallen.«[7]

Das Leben auf einer mittelalterlichen Burg, besonders einer kleineren wie Burg Hauenstein, war keineswegs komfortabel. Aus einer Urkunde, mit der Margarete von Schwangau wahrscheinlich 1447 nach dem Tod ihres Mannes dem Sohn Oswald jr. den Besitz von Hauenstein »sampt dem zeug vnd hausgerecht«[8] übertrug, geht hervor, dass man zwar auskömmlich, aber bescheiden lebte und Mobiliar und Hausrat nur aus dem Nötigsten bestanden. Einige wohlhabendere Mitglieder der Familie Wolkenstein dagegen besaßen ansehnliche Burgen in Südtirol. Oswald von Wolkenstein schien das nicht zu stören, er legte Wert auf seine eigene Lebensweise: »Mein Singen laß ich mir nicht nehmen. | Wem's nicht gefällt, der lasse mich in Ruhe, | der ist für mich passé.«[9]

Burgruine Hauenstein bei Seis in Südtirol

Im Dialog mit Simplicissimus

Grimmelshausen in Renchen

Johann Jakob Christoph von Grimmelshausen (1621–1676) ist noch immer einer der bekanntesten Autoren der deutschen Barockliteratur. Seinen Namen verbinden viele Leser mit dem Roman *Der Abentheuerliche Simplicissimus Teutsch* (1668/69), der wiederum als erster neuhochdeutscher Roman von weltliterarischem Rang gilt. Die Popularität von Grimmelshausens Abenteuerroman, der eindrucksvoll die Zeit des Dreißigjährigen Krieges mit seinen konfessionellen Konflikten, Gewaltexzessen, Zerstörungen und sozialer Verelendung der Bevölkerung schildert, ist wohl auch darauf zurückzuführen, dass er immer wieder von bildenden Künstlern, Buchillustratoren und Filmregisseuren aktualisiert worden ist. Lange galt Grimmelshausen als ›Bauernpoet‹, doch wir haben es vielmehr mit einem hochgebildeten und belesenen Autor zu tun, der mit dem *Simplicissimus* einen komplexen, anspielungsreichen und vielfach verschlüsselten, aber auch humorvollen Roman geschaffen hat.

Grimmelshausen wurde im hessischen Gelnhausen (Spessart) geboren. Seine Kindheit und Jugend liegen im Dunkeln, doch hat er offenkundig eine gute Schulbildung genossen. Die Familie wurde wie viele andere Familien Opfer des Dreißigjährigen Krieges. Flucht und Verschleppung waren damals an der Tagesordnung und bestimmten auch das Leben des jungen Grimmelshausen, der zu soldatischen Hilfsdiensten als Trossjunge, Pferdeknecht oder Schreiber gezwungen wurde, später eine militärische ›Karriere‹ als Musketier und Dragoner machte. Grimmelshausen nahm an den Kriegszügen quer durch Deutschland teil, und wir finden ihn auf vielen Schlachtfeldern. Seit 1638 hielt er sich im Gebiet des Oberrheins auf, wo er wiederum Dienst als Soldat tat. Nach Kriegsende blieb Grimmelshausen in der Region, quittierte den Militärdienst und war nun für die Grafen von Schauenburg – seine ehemaligen Kriegsherren – tätig, die seine literarischen Neigungen förderten. 1649 heiratete Grimmelshausen, gründete eine Familie und ließ sich in Oberkirch nieder. Hier begegnet er uns als Schaffner, also als Verwaltungsbeamter mit vielfältigen und oftmals schwierigen Aufgaben beim Wiederaufbau des kriegszerstörten Landes. Das Amt machte ihn zu einem wohlhabenden Mann, Immobilienbesitzer und zum Wirt des Gasthofs »Zum Silbernen Stern«, der noch heute existiert. Sein letztes Lebensjahrzehnt verbrachte Grimmelshausen in Renchen, wo er das Amt des Schultheißen bekleidete, also für die Gerichtsbarkeit zuständig war, und als Bürgermeister agierte. Dieses Amt hatte er bis zu seinem Tod im Jahr 1676 inne, obwohl er nochmals in den wieder aufgeflammten Krieg gegen Frankreich ziehen musste.

Obwohl in Grimmelshausens letztem Wohnort mit der Enthüllung eines Denkmals (1879) neben der Stadtkirche an die vermutete Grabstelle des Dichters erinnert wurde, richtete die Stadt Renchen erst 1998 ein Grimmelshausen-Museum ein. Allerdings hatte man schon 1977 eine Bronzeskulptur des italienischen Bildhauers Giacomo Manzù aufgestellt, die den Simplicissimus als Jäger von Soest darstellt. Als Heimstatt für ein Grimmelshausen-Museum wählte man ein Bürgerhaus aus der Mitte des 18. Jahrhunderts, das zu den ältesten Gebäuden der Stadt zählt und dessen denkmalgeschützte Substanz durch eine vorsichtig moderne Neugestaltung bewahrt blieb. Das Simplicissimus-Haus ist kein Personalmuseum. Vielmehr hat man sich für ein Konzept entschieden, bei dem die künstlerische Auseinandersetzung mit Grimmelshausen und seinem Werk im Mittelpunkt steht. Gerade diese künstlerische Auseinandersetzung war stets ein Garant für das Weiterleben von Grimmelshausens Romanen. Das Museum versteht sich als »rezeptionsgeschichtliches Literaturmuseum«[10] und schlägt eine Brücke von der bildenden Kunst zum interpretativen Verständnis von Grimmelshausens Romanen. Gezeigt werden künstlerische Annäherungen an die Werke Grimmelshausens von Max Klinger über Ernst Barlach bis zu zahlreichen Gegenwartskünstlern. Grafische Blätter, Buchillustrationen und Skulpturen bilden den Schwerpunkt der Sammlung, die ständig erweitert und aktualisiert wird und damit anschaulich macht, welche Rolle Grimmelshausens *Simplicissimus*, aber auch seine anderen Werke in der künstlerischen Rezeption nach wie vor spielen.

Grimmelshausen-Museum in Renchen mit der Simplicissimus-Skulptur von Giacomo Manzù

SIMPLICISSIMUS-HAUS

Lessing · Gleim · Klopstock · Seume · Göschen

DER DICHTER
ÖFFNET SEIN HAUS

Seit der Erfindung des Buchdrucks veränderten sich die Rolle des Autors und das Bild, das sich die Gesellschaft von ihm machte, rasant und tiefgreifend. Mit der neuen, effizienten und bald auch erschwinglichen Vervielfältigung von Texten durch den Buchdruck entstand ein Markt, der den Autor unabhängiger von Mäzenen und Auftraggebern machte, so dass er freier im Literaturbetrieb agieren konnte. Die Professionalisierung des Autors und die Individualisierung literarischen Schreibens fanden einen ersten Höhepunkt im 18. Jahrhundert, der Epoche der Aufklärung. In dieser Zeit bildete sich nicht nur das neue Bild vom Autor als Genie heraus, sondern es entstand auch ein Dichtungsideal, das sich der Verbreitung von aufgeklärtem Wissen und profunder Bildung verschrieben hatte. Zwar war das literarische Geschäft für viele Autoren nach wie vor eine Beschäftigung neben dem eigentlichen Brotberuf als Pfarrer, Beamter, Gelehrter oder Lehrer, aber im 18. Jahrhundert waren erste Ansätze erkennbar, dass Autoren sich als ›freie‹ Schriftsteller begriffen. Sie suchten und fanden ihre Rolle auf einem expandierenden Buchmarkt, der wiederum von einem stetig wachsenden Publikum profitierte, das mit großer Ernsthaftigkeit Lesen und Schreiben lernte und mit neugieriger Begeisterung Romane, Theaterstücke und Gedichte las, in der Leihbibliothek abonniert war oder in Zeitungen blätterte, die im Kaffeehaus oder in Lesekabinetten auslagen. Autor und Literatur waren Teil dieser neuen Öffentlichkeit, die immer nachdrücklicher eine Teilhabe am politischen, sozialen und kulturellen Leben forderte, sich mit solchen Forderungen aber auch politisch verdächtig machte und Polizei oder Zensur auf den Plan rief. Der Autor war zusehends zum Repräsentanten einer sich emanzipierenden bürgerlichen Gesellschaft geworden, zu deren Entwicklung er nicht unerheblich beitrug, indem er ihre moralischen, ethischen und sozialen Wertvorstellungen in seinen Texten kritisch erörterte.

Das neu gewonnene soziale Prestige zeigt sich auch in den Häusern und Wohnungen, die Autoren bewohnten. Zwar lebte man im Vergleich zum Adel bescheiden und gönnte sich kaum Luxus, aber man praktizierte Lebensformen, die sich von den zeremoniellen Tagesabläufen einer höfischen Gesellschaft radikal unterschieden. Freundschaft etwa wird als Inbegriff von neuen Formen des Zusammenlebens verstanden. Das Individuum entdeckte im wechselseitigen persönlichen Austausch seine Persönlichkeit und befreite sich aus traditionellen Rollenmustern. Zwanglose gesellige Treffen, gemeinschaftliche Lektüre, das Schreiben von Briefen oder das Verschenken und Sammeln von Porträts galten als Ausweis sozialer Kompetenz und ästhetischer Bildung. Und der geeignete Ort für diese Lebenspraxis war immer öfter das Haus eines Dichters, das ohne Rücksicht auf die Standeszugehörigkeit allen Gleichgesinnten und am Gespräch Interessierten offen stand. Im Dichterhaus gab es nicht nur Freiräume für jede Form von Diskussion oder gelehrtem Disput, sondern es war auch ein Ort praktisch gelebter Aufklärung, Toleranz, Emanzipation und natürlich ein Ort reicher literarischer Produktion.

Freundschaftstempel im englischen Landschaftsgarten des Göschenhauses

Salon im Sommerhaus des Verlegers Georg Joachim Göschen

AMICITIAE

Dienstort Bibliothek

Lessing in Wolfenbüttel

Gotthold Ephraim Lessing (1729–1781) kam im Mai 1770 als Bibliothekar an die herzogliche Bibliothek nach Wolfenbüttel und verbrachte hier sein letztes Lebensjahrzehnt. Die Verhandlungen über die Anstellung hatten sich hingezogen, denn Lessing selbst hatte eine Entscheidung mehrmals herausgezögert. Er war sich bewusst, dass der Umzug nach Wolfenbüttel einen Einschnitt in seinem Leben bedeuten würde, in gewisser Hinsicht den Rückzug aus dem bisherigen, zwar unruhigen und materiell unsicheren, doch unabhängigen Leben als freier Schriftsteller und Kritiker. Schließlich hatte Lessing eingewilligt, nachdem er ein Gehalt von 600 Talern bei freier Wohnung, was ein solides Auskommen bedeutete, und viele Freiheiten ausgehandelt hatte: »Ich darf mich rühmen«, schreibt er am 27. Juli 1770 seinem Vater, »daß der Erbprintz mehr darauf gesehen, daß ich die Bibliothek, als daß die Bibliothek mich nutzen soll.«[1] Lessing nutzte die Bibliothek, die er als das »allerbeste«[2] von Wolfenbüttel bezeichnete, in der Tat ausgiebig. Er vermehrte trotz begrenzter Mittel ihren Bestand und gründete 1773 eigens die Zeitschrift *Zur Geschichte und Litteratur. Aus den Schätzen der Herzoglichen Bibliothek Wolfenbüttel*, in der er Funde aus der Bibliothek mitteilte und unbekannte Texte veröffentlichte.

Häufig – manchmal monatelang – war Lessing nicht in Wolfenbüttel; 1775 begleitete er den Braunschweiger Prinzen Maximilian Julius Leopold fast acht Monate lang auf einer Italienreise. Trotzdem fühlte sich Lessing im abgeschiedenen Wolfenbüttel isoliert, ja sogar eingesperrt, was sich negativ auf seine Gesundheit und literarische Produktivität auswirkte. Mehrfach hatte er erwogen, Wolfenbüttel wieder zu verlassen, doch die Alternativen waren nicht überzeugend, so dass das Wolfenbütteler Jahrzehnt das längste und stabilste aller seiner Lebensstadien wurde. Auch Eva König, Lessings zukünftige Ehefrau, hatte ihn am 9. Januar 1776 beschworen, in Wolfenbüttel zu bleiben: »Es ist von allen den Orten, wohin Sie denken, der einzige, an dem wir leben können, wie wir wollen.«[3] Dennoch klagte

Lessing: »Ich wohne in einem großen verlaßenen Schloße ganz allein: und der Abfall von dem Zirkel, in welchem ich in Hamburg herumschwärmte, auf meine gegenwärtige Einsamkeit ist groß«.[4] Der herzogliche Hof und mit ihm der größte Teil der Hofbeamten war nämlich 1761 nach Braunschweig umgezogen und hatte eine verwaiste Residenzstadt zurückgelassen. Das Konsistorium und die Bibliothek waren als einzige namhafte Einrichtungen in der Stadt geblieben. Doch allein die Bibliothek war Garant dafür, dass Wolfenbüttel nicht in der Bedeutungslosigkeit

versank und seit den 1770er-Jahren wieder zu einem beachteten Ort aufsteigen konnte, der mit dem Namen Lessing dauerhaft verbunden blieb. Die Wolfenbütteler Bibliothek war zudem der Ausgangspunkt für den epochalen Streit (1778/80) zwischen Lessing und dem Hamburger Hauptpastor Johann Melchior Goeze nach der Veröffentlichung der sogenannten Reimarus-Fragmente aus dem Bibliotheksbestand. Ernüchternd wirkte dabei auf Lessing, dass ihm der Herzog die Rückendeckung versagte und sogar seine Zensurfreiheit widerrief, als die Kontroverse über theologische Grundsatzfragen überregionale Beachtung fand. Mit *Nathan der Weise* antwortete Lessing 1779 literarisch auf diesen Konflikt, wobei es ihm gelang, ein breites Publikum mit seiner Forderung nach religiöser Toleranz und gelebter Humanität aufzurütteln.

Ein spätbarockes Parkschlösschen war Lessings Dienstwohnung in Wolfenbüttel

Lessing bewohnte anfangs eine Wohnung im dritten Stock des Schlosses, in der er fast sechs Jahre blieb. Hier schrieb er 1771/72 das Trauerspiel *Emilia Galotti*. Nach mehrfachem Drängen erhielt er eine Gehaltsaufbesserung und wurde zum Hofrat ernannt, Voraussetzung dafür, dass er nach Jah-

Historischer Büchersaal der Herzog August Bibliothek

ren des Abwartens im Oktober 1776 die verwitwete Eva König heiraten konnte. Das Paar zog nun mit den vier Kindern aus Eva Königs erster Ehe in das am Schlossplatz gelegene Haus des Buchhändlers Johann Christoph Meißner, bevor ein Jahr später endlich ein genügend großes Haus in der Nachbarschaft der Bibliothek zur Verfügung stand. Dieses dreiflügelige, eingeschossige Haus mit Mansarddach, das Lessing mit seiner Familie eine Woche vor Weihnachten 1777 bezog, war 1735 oder 1736 von dem aus Hildesheim stammenden Architekten Johann Heinrich Ludwig Meyer im Rokokostil gebaut worden. Das ansehnliche Gebäude mit den elegant proportionierten Seitenflügeln, die einen kleinen ›cour d'honneur‹ umschließen, war ursprünglich für den Oberkammerdiener des Herzogs errichtet worden. Für Lessing wurde das Haus – es war ja seine Dienstwohnung – renoviert. Man erweiterte den Garten um einen Nutzgarten und pflanzte zahlreiche Apfel- und Aprikosenbäume. Gegenüber seinem Bruder lobte Lessing das neue Domizil als »eben so geräumig wie angenehm«.[5] Doch das Haus spiegelt nicht nur die Licht- sondern auch die Schattenseiten von Lessings Zeit in Wolfenbüttel wider. Neben einem harmonischen Familienleben, der schriftstellerischen Tätigkeit und der Begegnung mit Freunden, anderen Schriftstellern und Gelehrten sind mit dem Haus auch Schicksalsschläge verbunden. Der Tod seiner Frau Eva am 10. Januar 1778 war, nachdem sie Weihnachten 1777 mit einem Jungen niedergekommen war, der allerdings schon einen Tag später verstarb, ein tiefer Lebenseinschnitt. Die Briefe, mit denen Lessing den Freund Johann Joachim Eschenburg über diese Todesfälle informierte, lassen die Erschütterung erkennen, die seine letzten Lebensjahre überschatten werden: »Ich wollte es auch einmal so gut haben, wie andere Menschen. Aber es ist mir schlecht bekommen.«[6] Um die tragischen Verluste zu verwinden, stürzte er sich in Arbeit: Es entstanden neben *Nathan* die philosophische Schrift *Die Erziehung des Menschengeschlechts* (1780) und der Freimaurer-Dialog *Ernst und Falk* (1778); sie zeugen trotz aller Lebenswidrigkeiten von Lessings ungebrochenem Elan als Schriftsteller.

Unmittelbar neben Lessings Wohnhaus befand sich die alte, zwischen 1706 und 1710 erbaute Bibliotheksrotunde, die 1887 dem gründerzeitlich-historischen Nachfolgebau, wie er noch heute besteht, weichen musste. Das Lessinghaus war bis zum Ende des 19. Jahrhunderts Wohnhaus des jeweiligen Leiters der Wolfenbütteler Bibliothek. In Laufe der Zeit war das Haus allerdings baufällig geworden. Dem Abriss entging es nur knapp und es dauerte Jahre, bis das Haus als Lessing-Museum wiedereröffnet wurde. Die Wolfenbütteler Bibliothek – die Bibliotheca Augusta und Lessings einstiger Dienstort – entwickelte sich derweil zu einem internationalen Zentrum der Erforschung der Literatur und Kultur der Frühen Neuzeit und beherbergt einen wertvollen Handschriften- und Buchbestand. Und noch immer gilt, was Lessing 1773 in der »Vorrede« zum ersten Band der Zeitschrift *Zur Geschichte und Litteratur* über die Beziehung zwischen Bibliothek und Benutzern geschrieben hatte: Es komme darauf an, »daß man zeigt, wozu es denn nun auch der Gelehrsamkeit und den Gelehrten genutzt habe, daß so viele Bücher mit so vielen Kosten hier zu Haufe gebracht worden. Das allein sind die Thaten der Bibliothek: und ohne Thaten giebt es keine Geschichte.«[7]

Im Freundschaftstempel

Gleim in Halberstadt

Als Goethe zwei Jahre nach dem Tod von Johann Wilhelm Ludwig Gleim (1719–1803) dessen Haus in Halberstadt besuchte, beeindruckte ihn besonders der »Freundschaftstempel, eine Sammlung von Bildnissen älterer und neuerer Angehörigen«. Diese Porträtgalerie, so notiert er in den *Tag- und Jahresheften*, »gab ein schönes Zeugniß wie er [Gleim] die Mitlebenden geschätzt, und uns eine angenehme Recapitulation so vieler ausgezeichneter Gestalten, eine Erinnerung an die bedeutenden einwohnenden Geister, an die Bezüge dieser Personen unter einander, und zu dem werthen Manne, der sie meistens eine Zeitlang um sich versammelte, und die Scheidenden, die Abwesenden wenigstens im Bilde festzuhalten Sorge trug.«[8] Noch heute setzt diese Sammlung von über hundert Gemälden, die nahezu alle bedeutenden Schriftsteller, Gelehrten und Künstler des 18. Jahrhunderts in Porträts zeigt, den Betrachter in Erstaunen.

Gleim, viel gelesener Verfasser von anakreontischen (*Versuch in Scherzhaften Liedern*, 1744/45) und patriotischen Gedichten (*Preußische Kriegslieder von einem Grenadier*, 1757/58), war im Herbst 1747 nach Halberstadt gekommen, um hier das Amt des Domsekretärs zu übernehmen. Bis 1797 verwaltete Gleim die Finanzen und Ländereien des Domstiftes. Diese berufliche Tätigkeit verschaffte ihm die Unabhängigkeit, seine literarischen Interessen verfolgen zu können, ohne sich um den Lebensunterhalt sorgen zu müssen. Gleim bezog ein um 1600 erbautes Fachwerkhaus am Domplatz, das gegenüber dem Ostchor des hochgotischen Domes St. Stephanus liegt, als Amtssitz. In diesem Haus lebte er über fünfzig Jahre bis zu seinem Tod. Hier trug er eine enorme Sammlung von Bildern, Büchern, Manuskripten und Briefen zusammen, initiierte und unterhielt ein weitverzweigtes Netzwerk mit den wichtigsten Intellektuellen der Aufklärungsepoche und engagierte sich als Mäzen für junge Autorinnen und Autoren. Gleims Haus war bald eine bekannte Adresse sowohl in der ›Gelehrtenrepublik‹ als auch im Literatur- und Kulturbetrieb.

Wenige Wochen nach seiner Ankunft in Halberstadt schreibt Gleim am 24. November 1747 dem Freund Hans Caspar Hirzel: »Es ist schon ein Zimmer bereit, welches ich mit den Bildern meiner Freunde um und um hängen will«.[9] Freundschaft war für Gleim die Basis für eine neue Geselligkeitskultur, mit der das Bürgertum ein Gegenkonzept zu den formell-steifen Umgangsformen des Adels schuf. Freundschaft wurde sogar bald zum Inbegriff einer völlig neuen Lebensauffassung. Im unmittelbaren und stets toleranten Miteinander sollte das Individuum seine Persönlichkeit entdecken. Gesellige Treffen, gemeinschaftliche Lektüre, das Schreiben von Briefen und der Austausch von Porträts waren nicht nur sichtbarer Ausdruck dieses Lebenskonzepts, sondern ebenso Ausweis von Bildung und sozialer Kompetenz. Obwohl Gleim in seinem Halberstädter Haus regelmäßig Freunde und Gleichgesinnte um sich versammelte, wollte er sich auch nach deren Abreise ihrer Freundschaft bewusst bleiben, nachdem alle Versuche Gleims, in Halberstadt einen festen Dichterkreis zu etablieren, gescheitert waren. So entstand die Idee, Porträts der Freunde malen zu lassen und im Haus aufzuhängen. Zunächst gab Gleim nur Bilder der engeren Freunde in Auftrag, doch im

In einem eigens konstruierten Schreibstuhl korrespondierte Gleim im Angesicht der Porträts seiner Freunde

Laufe der Zeit ließ er auch Persönlichkeiten malen, deren Werke er besonders schätzte. Die Bilder – so betont Gleim – sollen ihn an die Tugenden der Porträtierten erinnern und dadurch seine »Lehrerin« sein.[10] Eines der ersten Porträts, das im Haus aufgehängt wurde, war das Bild Ewald Christian von Kleists, einem populären Dichter und preußischen Offizier, der 1759 in der Schlacht bei Kunersdorf gefallen war. Alle Bilder in Gleims Sammlung haben ähnliche Maße (40 x 50 cm) und sind mit schmalen Leisten gerahmt, um jede Ablenkung von der Betrachtung des Gesichts durch irgendeine Form von Dekoration zu vermeiden. Anders als bei vielen stilisierten Adelsporträts zeigen die Bilder aus Gleims Sammlung – sämtlich Brustbilder in natürlicher Größe – den Porträtierten mit großer Schlichtheit als individuelle Persönlichkeit. Bald war ein »Tempel der Freundschaft und der Musen«[11] entstanden, dekoriert mit Bildern, die von bedeutenden Malern wie Adam Friedrich Oeser, Anton Graff, Gottfried Hempel, Johann Caspar Füßli, Christian Bernhard Rode oder Mitgliedern der Malerfamilie Tischbein geschaffen wurden. Diese Gemäldegalerie zeigt das ›Antlitz‹ der geistigen Elite des 18. Jahrhunderts. Über der Eingangstür zum »Freundschaftstempel« ließ Gleim eine Inschrift anbringen, die den Eintretenden entsprechend vorbereitet: »Ein armer Grenadier hat diesen kleinen Tempel, | Ihr Musen, *Euch* geweiht! | O keinen Tritt hinein, ihr, die ihr nicht Exempel | Zu euren Lehren seyd, | Und brächet ihr ein Werk, gestempelt mit dem Stempel | Der Ewigkeit!«[12]

Zur Kultur der Freundschaft gehörte wesentlich auch das Schreiben von Briefen. Der Brief wurde als Kommunikationsmittel regelrecht wiederentdeckt, denn er machte das

Gleims Wohnhaus hinter dem Halberstädter Dom war auch sein Amtssitz als Domsekretär

Die Galerie mit Porträts von befreundeten Schriftstellern, Gelehrten und Künstlern in Gleims Wohnhaus

Gespräch mit einem abwesenden Partner möglich, wobei es keine Rolle spielte, ob man sich über Alltagsangelegenheiten, Lektüre oder philosophische Themen austauschte. Die Briefschreiber pflegten eine neue – natürliche – Sprache und einen persönlichen, nicht mehr – wie bisher üblich – formellen Stil. Man las sich sogar gegenseitig oder in größerem Kreis Briefe vor und begann Briefe zu veröffentlichen. Gleim selbst gab mehrfach Briefwechsel mit Freunden heraus (allerdings auch gegen deren Willen!). Dem langjährigen Freund Johann Peter Uz erläutert er am 2. Juni 1783: »Briefe sind Spiegel der Seele. Man sieht darinn Abdrükke des Geistes und des Herzens so völlig wie das leibliche Gesicht eines Menschen im Spiegel von Glaß«.[13] Gleim gilt heute als einer der passioniertesten und emsigsten Briefschreiber der Epoche. Manchmal setzte er sich in einen eigens konstruierten Schreibstuhl in den »Freundschaftstempel«, um quasi von Angesicht zu Angesicht einem der Porträtierten zu schreiben. Gleim unterhielt zu mehr als 500 Briefpartnern Kontakt. Daneben bemühte er sich bei vielen Autoren um Handschriften ihrer Texte (meistens Gedichte), um wiederum authentische Zeugnisse ihres dichterischen Schaffens studieren zu können, wann immer er wollte; diese Sammlung nannte er das »Musenarchiv«.

Im Laufe von Gleims Leben ist eine kulturhistorisch wertvolle Sammlung aus Bild, Buch und Brief entstanden. Die Bibliothek, eine der umfangreichsten erhaltenen Privatbibliotheken eines Bürgers des 18. Jahrhunderts, zählte bei Gleims Tod 15 000 Bände. Sie enthält dem enzyklopädischen Denken der Aufklärung entsprechend nicht nur die schöne Literatur, sondern auch Lexika, Atlanten, Kochbücher, Herbarien und Bände aus der Frühdruckzeit. Gleim selbst verstand die Sammlungen als eine »Schule der Humanität«[14] und stellte gegen Ende seines Lebens Überlegungen an, wie er sie als Bildungsmaterial an nachfolgende Generationen weitergeben könne. In seinem Testament wünschte er eine öffentliche Nutzung und Gleims Nachfahren bemühten sich nach Kräften, diesem Wunsch gerecht zu werden. 1862 kauften sie das Haus am Domplatz und richteten es mitsamt den Sammlungen als Museum ein. 1898 erwarb es die Stadt Halberstadt. Das Gleimhaus war nicht nur ein Literaturmuseum, sondern auch eine Stätte zur Erforschung der Kultur und Literatur des 18. Jahrhunderts geworden. Es erinnert an die Idee eines Menschenfreundes mit Bürgersinn, von dem Goethe sagte: »ein leidenschaftliches Wohlwollen lag seinem Charakter zu Grunde, das er durch Wort und That wirksam zu machen suchte.«[15]

Vergangene Sehenswürdigkeit

Klopstock in Quedlinburg

In Theodor Fontanes Roman *Cécile* (1887) macht eine Gruppe von Feriengästen, unter ihnen die Hauptfigur Cécile, ihr Ehemann, der pensionierte Oberst St. Arnaud, ihr Verehrer, der Ingenieur Leslie Gordon und die Malerin Rosa Hexel, einen Ausflug nach Quedlinburg. Auf dem Weg zum Schloss kommen die Ausflügler am Geburtshaus von Friedrich Gottlieb Klopstock (1724–1803) vorbei, eine der Sehenswürdigkeiten der Stadt. Nun heißt es im Roman: »›Das ist das Klopstock-Haus,‹ sagte Gordon und zeigte, seine Führerrolle wieder aufnehmend, auf ein etwas zur Seite gelegenes und beinah grasgrün getünchtes Haus mit Säulenvorbau. | ›Das Klopstock-Haus?‹ wiederholte Cécile. ›Sagten Sie nicht, es stände … Wie hieß es doch?‹ | ›Im Brühl. Ja, meine gnädigste Frau. Aber da läuft eine kleine Verwechslung mit unter. Was im Brühl steht, das ist das Klopstock-Tempelchen mit der Klopstock-Büste. Dies hier ist das eigentliche Klopstock-Haus, das Haus, darin er geboren wurde. Wie gefällt es Ihnen?‹ | ›Es ist so grün.‹ | Rosa lachte lauter und herzlicher, als die Schicklichkeit gestattete, sofort aber wahrnehmend, daß Cécile sich verfärbte, lenkte sie wieder ein und sagte: ›Pardon, aber Sie haben mir so ganz aus der Seele gesprochen, meine gnädigste Frau. Wirklich, es ist zu grün. […]‹«.[16] Diese Szene illustriert, dass es der schönen, noch immer in einer längst nicht mehr tonangebenden aristokratischen Welt lebenden Cécile an Wissen und Bildung mangelt. Von Klopstock, dem herausragenden Vertreter der literarischen Empfindsamkeit und Verfechter aufgeklärter Bürgeremanzipation weiß die ehemalige Fürstenmätresse offenkundig nichts. Sie verwechselt das Geburtshaus mit dem 1831 errichteten Klopstock-Denkmal im Quedlinburger Stadtpark und hat für das Haus nur die Bemerkung übrig, die Fassade sei »so grün«.

Obwohl der 1872 gegründete Klopstock-Verein seine Aufgabe darin sah, die Erinnerung an den Dichter in Quedlinburg wachzuhalten, und im Laufe der Zeit eine beachtliche Sammlung an Klopstockiana zusammengetragen hatte, eine Klopstock-Edition unterstützte und der Stadt mit einem erheblichen Geldbetrag half, 1897 das Geburtshaus zu kaufen, wirft die Romanszene ein bezeichnendes Licht auf die Klopstock-Rezeption im 19. Jahrhundert. Zu dieser Zeit waren der Dichter und sein Werk vielen Zeitgenossen fremd geworden. Im 18. Jahrhundert dagegen wurde Klopstock als Nationaldichter und Inbegriff eines literarischen Genies verehrt und besonders von der jungen Literatengeneration wie ein ›Kultstar‹ gefeiert. Bei seiner Beerdigung am 22. März 1803 in Hamburg-Altona begleiteten Tausende den Trauerzug. Klopstock galt als Wegbereiter für die Literaturepochen des Sturm und Drang und der Klassik, nicht zuletzt durch die Würdigung vonseiten Goethes in *Dichtung und Wahrheit*: »Nun sollte aber die Zeit kommen, wo das Dichtergenie sich selbst gewahr würde, sich seine eignen Verhältnisse selbst schüfe und den Grund zu einer unabhängigen Würde zu legen verstünde. Alles traf in Klopstock zusammen, um eine solche Epoche zu begründen«.[17] Die Klopstockverehrung speiste sich aber vorwiegend aus dem ehemaligen Ruhm und kaum aus der Lektüre seines religiösen Epos *Der Messias* oder der *Oden*. Man wollte in ihm zwar den ältesten unter den deutschen ›Klassikern‹ sehen, aber eben nur einen unter anderen. Diese undifferenzierte Rezeption kritisiert Fontane in der Romanszene.

Friedrich Gottlieb Klopstock wurde am 2. Juli 1724 als ältestes von siebzehn Kindern in Quedlinburg geboren. Das Geburtshaus, ein repräsentatives Bürgerhaus, dessen früheste Teile aus dem späten Mittelalter stammen, steht am Finkenherd, einer historisch bedeutsamen Stelle der Stadt. Der Legende nach soll hier dem Sachsenherzog Heinrich I. beim Vogelfang 919 die deutsche Kaiserkrone angetragen worden sein. Das Geburtshaus in seiner heutigen Form wurde in der zweiten Hälfte des 16. Jahrhunderts im typisch niedersächsischen Fachwerkstil mit reichem Schnitzwerk erbaut. Der von Säulen gestützte Erker ist ein Anbau aus späterer Zeit. Klopstocks Großvater, Karl Otto Klopstock, hatte das in der Nähe des Schlossbergs gelegene Haus 1702 erworben: Die Familie galt als angesehen, bekleidete seit Generationen öffentliche Ämter und verfügte über gute Beziehungen zum einflussreichen Quedlinburger

Das Klopstock-Haus ist ein typisch niedersächsisches Fachwerkhaus mit reichem Schnitzwerk

KLOPSTOCK
MUSEUM

Ausstellungsraum mit dem Klopstock-Porträt von Johann Caspar Füßli an der rückwärtigen Wand links

Damenstift. Der Vater Gottlieb Heinrich Klopstock war Stiftsadvokat. Die Nähe zum Stift gibt auch Aufschluss über die religiöse Verwurzelung der Familie im Protestantismus und Klopstocks Luther-Verehrung. Die Familie bewohnte das Haus bis 1732. In diesem Jahr siedelte man auf das Landgut Friedeburg im Mansfeld über, um die Kinder freier aufwachsen zu lassen. In Friedeburg verlebten Friedrich Gottlieb und seine Geschwister eine unbeschwerte Zeit. Hier begann Klopstocks lebenslange Begeisterung für die Natur und sportliche Betätigung. Die Ode *Der Eislauf* (1764) etwa ist Ausdruck dieser Leidenschaft für Sport, Reiten und Schlittschuhlaufen. Dem Vater gelang es allerdings nicht, das Landgut gewinnbringend zu bewirtschaften. Die Zeit in Friedeburg endete für die Familie 1736 mit einem finanziellen Debakel. Diese Erfahrung prägte Klopstocks lebenslang vorsichtigen Umgang mit Geld, zumal er nach dem Tod des Vaters 1756 seine Mutter und Geschwister finanziell unterstützen musste. Die Familie kehrte nach Quedlinburg zurück, bewohnte allerdings nicht mehr das alte Haus. Klopstock besuchte nun das Gymnasium, bis er durch Vermittlung von Verwandten 1739 eine Freistelle in der sächsischen Fürstenschule Pforta erhielt, Quedlinburg verließ und nur noch sporadisch in seine Heimatstadt zurückkehrte.

Das Elternhaus blieb bis 1809 in Familienbesitz. Zuletzt wurde es von den verwitweten Schwestern des Dichters bewohnt und nach deren Tod verkauft, um Schulden zu tilgen. Danach wechselte das Haus mehrfach den Besitzer, bis es 1897 in öffentlichen Besitz gelangte und nach verschiedenen Umbauten anlässlich der Feierlichkeiten zu Klopstocks 175. Geburtstag als Erinnerungsstätte und Museum eröffnet wurde.

Buchdruckerei und »herrliche Siedelei«

Seume und Göschen in Grimma

Johann Gottfried Seume (1763–1810) gilt trotz eines vielschichtigen Werks aus Gedichten, scharfzüngigen Aphorismen und sozialkritischen Aufsätzen als literarischer ›Einzelgänger‹. Heute ist er nur noch als Autor des Reiseberichts *Spaziergang nach Syrakus im Jahre 1802* (1803) bekannt. Dagegen ist seine Zusammenarbeit mit Georg Joachim Göschen (1752–1828), einem der bedeutendsten Verleger der Zeit, noch immer legendär und illustriert die seinerzeit produktive Zusammenarbeit zwischen Literatur und Buchhandwerk. Nach einem abenteuerlichen und nicht immer freiwilligen Leben als Soldat im amerikanischen Unabhängigkeitskrieg, in Preußen und Polen war Seume 1795 nach Leipzig zurückgekehrt und versuchte nun, sein Leben in geordnete Bahnen zu lenken. Es gelang ihm trotz guter Voraussetzungen weder eine akademische Laufbahn einzuschlagen, noch brachten seine literarischen Projekte den Erfolg, den er sich erhoffte. Der Plan, die Tochter aus einer wohlhabenden Leipziger Familie zu heiraten, schlug ebenfalls fehl, da Seume keine gesicherte Existenz vorweisen konnte. Deshalb bat er im Dezember 1796 den Verleger Göschen um Rat, für den er bereits hin und wieder als Übersetzer tätig gewesen war. Der Brief kam zur rechten Zeit, denn Göschen suchte für seinen expandierenden Verlag einen Mitarbeiter, der nicht nur einzelne Verlagsprojekte betreuen, sondern auch die Druckerei in Grimma beaufsichtigen konnte. Seume akzeptierte und trat seine Stelle im Oktober 1797 an. Aus dem Arbeitsverhältnis entwickelte sich eine lebenslange vertrauensvolle Freundschaft.

Göschen war in der damaligen Verlagslandschaft eine Ausnahmeerscheinung und hatte sich als Verleger

Das Göschenhaus in Hohnstädt, Sommersitz der Familie Göschen, war ein Treffpunkt von Schriftstellern und Künstlern

von Klopstock, Wieland, Iffland, Goethe und Schiller einen Namen gemacht. In die Buchgeschichte ging er ein, weil er bei der Buchgestaltung neue Wege einschlug. Göschen setzte sich für das schön gestaltete Buch mit ansprechendem Layout und künstlerischem Buchschmuck ein und orientierte sich an der typographischen Gestaltung der berühmten Drucker in Italien, England, Frankreich und den Niederlanden. Er gehörte außerdem zu den ersten Verlegern, die für literarische Werke die elegantere Antiquaschrift anstelle der in Deutschland üblichen Fraktur verwendeten. Herausragend sind seine edel gestalteten Prachtausgaben der Werke Klopstocks und Wielands. Diese Modernisierung des Druckhandwerks brachte Göschen jedoch nicht nur Beifall, sondern auch viel Kritik ein. In Leipzig besaß er seit 1785 eine Buchhandlung und einen Verlag und wollte sein Geschäft durch eine eigene Druckerei erweitern. Die restriktive Leipziger Zunft- und Konzessionsordnung gestattete ihm aber nicht, seine ehrgeizigen Pläne in die Praxis umzusetzen, weil man auf der Fraktur als einzig zulässiger Drucktype beharrte. Göschen verlegte daher im Juli 1797 seine Druckerei nach Grimma, eine in der Nähe Leipzigs an der Mulde gelegene Kleinstadt, wo man ihm uneingeschränkte Freiheit bei der Wahl der Drucktypen zugesichert hatte. Göschens Verlag und Druckerei fanden ein neues Unterkommen am Markt von Grimma.

Das Haus am Marktplatz wurde mithin der Arbeitsplatz von Seume (Erkerzimmer im ersten Stock). Eine der wichtigsten Aufgaben Seumes war die Betreuung des Drucks von Klopstocks *Oden* (2 Bde., 1798) und der Prachtausgabe des *Messias* (4 Bde., 1800), doch letztlich war Seume für die gesamte Verlagsproduktion verantwortlich. Seumes literarischer Sinn, sein Anspruch als Philologe und ein ausgeprägtes Stilempfinden führten dabei zu vielen Konflikten mit den Autoren. Sogar bei der Drucklegung von Klopstocks Werken kam es zu lesenswerten Briefgefechten zwischen dem prominenten Dichter und dem Verlagslektor. Klopstock reagierte auf Seumes Korrekturvorschläge, die eine zeitgemäße Orthographie, Interpunktion und Grammatik favorisierten, ausgesprochen gereizt, weil er der Ansicht war, dass seine Druckvorlagen fehlerfrei und allein für den Satz maßgeblich wären. Streitereien zwischen Seume und dem beleidigten Klopstock waren an der Tagesordnung, und bald klagte auch Seume, dass die »Sylben- und Wortstecherey«[18] ein ziemlich hartes Brot sei. Zuletzt warf Seume dem Dichter verärgert vor: »Die ganze Nation hält Sie mit Recht für den größten ihrer Dichter und für eine der ersten Zierden des Jahrhunderts; aber die ganze Nation kann nicht glauben, daß Sie unfehlbar sind.«[19] Der Streit mit Klopstock, der später einsehen musste, dass Seume Recht hatte, wirkte sich nicht auf das gute Verhältnis zwischen Verleger und Lektor aus, bestärkte Seume aber in der Auffassung, dass seine Arbeit bei Göschen nur eine Übergangs- und keine Dauerlösung war.

Göschen hatte 1795 in Hohnstädt bei Grimma ein Gut erworben, das ihm nach verschiedenen Um- und Erweiterungsbauten als Sommersitz diente. »Ich glaube ich habe«, so schreibt er im Dezember 1795 begeistert an Wieland, »mir einen Zuwachs an Gesundheit und Leben erkauft in einem artigen Gebäude und einem Garten in einer der schönsten Gegenden der Welt.«[20] Der idyllische Garten wurde durch Zukauf erweitert und zu einem englischen Landschaftspark mit Terrassen und Laubengängen gestaltet, die einen herrlichen Blick über das Tal der Mulde gestatten. Sogar ein kleiner Weinberg wurde angelegt. Das symbolische Zentrum dieser Gartenlandschaft ist ein der Freundschaft gewidmeter Tempel, hinter dessen klassizistischer Fassade sich ein Pavillon verbirgt. 1812 verlegte Göschen seinen Wohnsitz vollständig nach Hohnstädt. Seume war in diesem Haus – er nannte es »Göschens herrliche Siedelei«[21] – ein gern gesehener Gast und hatte sogar ein eigenes Zimmer. Göschen empfing und beherbergte hier viele prominente Gäste. Das Haus war bekannt für literarisch-kulturelle Zusammenkünfte mit Gesprächen, Festen, Theateraufführungen und Konzerten. Bald erhielt es sogar den Ehrentitel ›Musenhof von Grimma‹.

Trotz dieses anregenden und geselligen Lebens wurde Seume wieder vom Fernweh gepackt und er schmiedete Reisepläne. »Das Muldental«, schreibt er im April 1799 an Gleim, »wird mir immer enger und enger«.[22] Am 9. Dezember 1801 brach Seume zu seinem »Spaziergang« nach Italien auf. Göschen reagierte verständnisvoll und schrieb später in Seumes Biographie: »Die Veranlassung zu dieser Reise war keine andere, als der Wunsch, den klassischen Boden zu durchwandeln, und in den großen Begebenheiten, in dem herrlichen Reiche der Kunst des Altertums, und in der schönen Natur Italiens anschaulich zu leben.«[23] Nach Seumes Aufbruch hatte Göschen im Garten seines Hauses in Hohnstädt zur Erinnerung an den Lieblingsplatz sein Mitarbeiters und Freundes eine Basaltplatte aufstellen lassen, in die an Schillers Epigramm *Der Sämann* angelehnte Verse eingraviert sind: »Eil, in die Furche der Zeit Gedanken und Taten zu streu'n, | Die, von der Weisheit gesät, still für die Ewigkeit blüh'n!«

In der Göschen-Druckerei wurden berühmte Ausgaben der Werke von Klopstock, Wieland, Goethe und Schiller hergestellt

Stephanie März

Wieland · Goethe · Herder · Schiller · Nietzsche

BEI DEN KLASSISCHEN »WELTBEWOHNERN«

Als Goethe die Verse »Warum stehen sie davor? | Ist nicht Thüre da und Thor? | Kämen sie getrost herein, | Würden wohl empfangen sein«[1] unter einen Kupferstich seines Weimarer Wohnhauses schrieb, war er nicht nur eine literarische, sondern auch eine ›touristische‹ Berühmtheit. Für die Besucher Weimars gehörte das Goethe-Haus am Frauenplan inzwischen zum obligatorischen Besichtigungsprogramm. Es fanden sogar regelrechte Wallfahrten nach Weimar statt. Wenn man schon den großen Dichter und »Weltbewohner«[2] nicht persönlich treffen, geschweige denn sprechen konnte, wollte man wenigstens einen Blick auf seine Wirkungsstätte werfen.

Goethes Wohnhaus gehört ebenso wie die Häuser von Wieland, Herder, Schiller und Nietzsche bis heute zu den bedeutendsten literarischen Erinnerungsstätten weltweit. Allerdings war es ein weiter Weg, bis die kleine Residenzstadt Weimar nicht nur Namensgeberin für eine Literaturepoche – die Weimarer Klassik –, sondern auch zum Synonym für Kultur und Bildung schlechthin geworden war. Als Christoph Martin Wieland 1772 nach Weimar kam, fand er keine kulturell blühende Stadt vor. Doch er erkannte schnell die Ambitionen und den Elan der jungen, früh verwitweten Herzogin Anna Amalia, die darniederliegenden Institutionen des Hofes und des Herzogtums zu konsolidieren und nach und nach mit neuem Leben zu erfüllen. Die musik-, literatur- und kunstbegeisterte Anna Amalia fand in Wieland einen ersten prominenten Mitstreiter beim Aufbau des legendären ›Weimarer Musenhofes‹, der bald große Anziehungskraft auf Künstler, Intellektuelle und Gelehrte ausübte. 1775 kam Goethe nach Weimar; ihm folgte 1776 Herder, und schließlich ließ sich auch Schiller 1799 in der Stadt nieder. Weimars ›goldenes Zeitalter‹ entfaltete seine Wirkung: Kunst, Literatur, Musik und Philosophie erlebten eine Blüte. Auch die zahlreichen Kunstsammlungen, Bibliotheken, Theater, Gärten und repräsentativen Gebäude legen Zeugnis von kulturellen Aktivitäten und Lebenskonzepten ab, die es in dieser räumlichen Dichte nirgendwo sonst gegeben hat.

Goethe bilanzierte 1807 im Nachruf auf die Herzogin: »Ein ganz anderer Geist war über Hof und Stadt gekommen. Bedeutende Fremde von Stande, Gelehrte, Künstler, wirkten besuchend oder bleibend.«[3]

Zu Recht wurde das ›Weltdorf‹ Weimar 1998 mit dem Titel Weltkulturerbe ausgezeichnet. Aber es ist ein schwieriges Erbe, das uns hinterlassen wurde, denn es hat wohl außer Weimar keinen Ort in Deutschland gegeben, der die Paradoxie von Weltläufigkeit und Provinzialität derart exemplarisch und vor dem Hintergrund der deutschen Geschichte auch problematisch verkörpert. Weimar ist bis auf den heutigen Tag eine Kleinstadt geblieben, so dass man sich unweigerlich fragt, warum diese Stadt ein geistiges Zentrum Deutschlands, ja sogar eine europäische Kulturmetropole werden konnte? Mit dem Ende des ›goldenen Zeitalters‹ nach Goethes Tod – Heinrich Heine spricht vom Ende der »goethischen Kunstperiode« –[4] versank Weimar aber keineswegs wieder in der Bedeutungslosigkeit. Die Stadt behielt ihre Anziehungskraft. Namen wie Richard Wagner, Franz Liszt, Friedrich Nietzsche, Harry Graf Kessler, Henry van de Velde und Kunstschulen wie das Bauhaus illustrieren die kulturelle Kontinuität in dieser Stadt bis in das 20. Jahrhundert hinein.

Doch an diese Bedeutung richten sich viele Fragen, denn nicht nur das Goethe-Haus und die anderen Dichterhäuser, sondern auch Weimar und selbst Goethe sind »sperrige« Erinnerungsorte.[5] Weimar, so stellte Anna Seghers mit Blick auf das nur acht Kilometer von der Klassikerstadt entfernte KZ Buchenwald fest, sei der »beste und schlechteste« Ort in der deutschen Geschichte.[6] Entsprechend hatte der 1947 aus dem amerikanischen Exil nach Deutschland zurückgekehrte Germanist Richard Alewyn schon im Goethejahr 1949 gemahnt: »Zwischen uns und Weimar liegt Buchenwald.«[7] Diese Mahnung ist mitzudenken, wenn wir uns von dem heiteren »Salve« in Goethes Wohnhaus begrüßen lassen.

Schillers Schreibtisch, sein »wichtigstes Meubel«

In diesem Haus verbrachte Nietzsche seine letzten Lebensjahre, danach wurde es in ein »Nietzsche-Archiv« umgewidmet

NIETZSCHE-ARCHIV

Landlust

Wieland in Oßmannstedt

Sechs Jahre – von 1797 bis 1803 – lebte Christoph Martin Wieland (1733–1813) mit seiner Familie in Oßmannstedt. Nach längerem Suchen hatte der inzwischen 64-jährige Dichter im März 1797 ein altes Landgut in dem etwa fünfzehn Kilometer von Weimar entfernten, idyllisch an der Ilm gelegenen Dorf zum stolzen Preis von 22 000 Reichstalern gekauft. Der Kauf war nur möglich, weil Wielands Verleger Georg Joachim Göschen eine günstige Hypothek vermittelt hatte. Zum Gut gehörten nicht nur die 1757 erbauten barocken Gebäude mit soliden und bequemen Wohnräumen, sondern auch ein Schlossgarten mit einem Ehrenhof und großem Wasserbassin, ein Obstgarten und weitläufige Acker-, Wiesen- und Waldflächen. Sophie von La Roche, Wielands einstige Verlobte, notierte nach einem Besuch im Juli 1799: »die tiefe Ruhe, und auch die einsame Lage dieses Wohnsitzes rührte mich, als ich dachte: ›Dieses Ganze ist ein Sinnbild von Wielands Geist [...]‹«.[8] Ebenso begeistert schreibt Wieland an Göschen: »Im ganzen Land hätte ich kein Gut finden können, das in allen wesentlichen Stücken so ganz für mich getaugt hätte wie Oßmannstädt.«[9]

In Weimar hatte man die Pläne Wielands, sich mit diesem Landgut einen lang gehegten Traum zu verwirklichen, skeptisch zur Kenntnis genommen, obwohl es damals auch manch anderen aufs Land zog. Goethe kommentierte 1797: »Eine unwiderstehliche Lust nach dem Land- und Gartenleben hatte damals die Menschen ergriffen. Schiller kaufte einen Garten bei Jena, und zog hinaus; Wieland hatte sich in Oßmannstedt angesiedelt.«[10] Offenbar konnte man sich den populären, einflussreichen und angesehenen Autor der *Geschichte des Agathon*, den Librettisten, Literaturkritiker, Zeitschriftenherausgeber, Philosophieprofessor, Prinzenerzieher und Wegbereiter des klassischen Weimar nur schwer als Gutsbesitzer und aktiven Landmann vorstellen. Wieland erneuerte in Oßmannstedt einen alten Plan: Schon in den Jahren seines Aufenthaltes in Biberach (1760–1769) war er auf der Suche nach einem ländlichen »Tuskulanum« gewesen, musste aber mit einem »artigen« Gartenhaus (ursprünglich ein Vorrats- und Geräteraum) vorliebnehmen, das zwar in der Nähe seiner Wohnung, aber doch schon vor den Toren der Stadt lag. In diesem Gartenhaus verbrachte Wieland viele Mußestunden, in denen er sich der Lektüre und literarischen Arbeit widmen konnte: »Hier bringe ich des Sommers meine meisten müssigen Stunden zu, SOLUS CUM SOLA, aber ganz allein mit den Musen, Faunen und Grasnymphen«.[11] Daher verteidigte Wieland energisch seine »Oßmannstättische Retraite« gegen alle Kritik: »Mir

ist als ob gar keine andere Art zu existieren für mich möglich sey, und die Weimarischen Profeten, die als etwas ganz unfehlbares voraussahen, daß ich mich gar jämmerlich auf dem Lande und vis à vis de moimême *belangweiligen* würde, bestehen mit Schande. Auch sperren sie die Augen mächtig darüber auf, daß ich (wie sie gestehen oder vielmehr ungefragt versichern) so heiter u vergnügt aussehe, und können sich dieses Fänomen gar nicht erklären.«[12] Für dieses Stimmungshoch machte er die »Landluft, unverkünstelte Natur, viel Grün und schöne Bäume, äussere Ruhe und freye Disposizion über mich selbst und meine Zeit«[13] verantwortlich. In Anlehnung an das Landgut »Sabinium« des römischen Dichters Horaz nannte Wieland sein neues Domizil »Osmantinum«.[14] Offenbar war ihm in den vierundzwanzig Jahren, die er inzwischen in Weimar zugebracht

In dem barocken Gutshaus lebte Wieland zwischen 1797 bis 1803

Salon mit dahinterliegender Bibliothek und Homer-Büste

hatte, dieser Mangel an Lebensqualität erst allmählich, dann aber abrupt aufgefallen. Er sei gewiss, schreibt er im Januar 1797 an Heinrich Geßner, »durch das Landleben für meine u der *lieben* Mama Gesundheit viel zu gewinnen. und mich bey dem Patriarchalischen Leben an Seel u Leib sehr wohl, wenigstens ungleich besser als in dem leidigen Städtchen Weimar zu befinden, dessen Luft u Lage mir schlechterdings nicht länger conveniert.«[15] Aber auch in Oßmannstedt konnte Wieland nicht über Einsamkeit klagen. Die Besucher gaben sich die Klinke in die Hand, um den prominenten Autor zu sehen und zu sprechen, aber auch um die ungezwungene, beinah heitere Atmosphäre des idyllischen Ortes zu genießen. Dafür nahm man die etwa eineinhalb Stunden dauernde Kutschfahrt von Weimar aufs Land gern in Kauf. Oßmannstedt erhielt so ganz nebenbei »weltliterarische Bedeutung«.[16]

In den ersten Jahren lebte Wieland sorglos in Oßmannstedt und konnte sich nicht vorstellen, dauerhaft nach Weimar zurückzukehren. Das Schreiben – umgeben von einer Bibliothek mit schätzungsweise 6000 Bänden – ging ihm leicht von der Hand. Diese Arbeit galt in erster Linie der seit 1794 von Göschen verlegten *Sämmtlichen Werke*, eine der ambitioniertesten Verlagsunternehmungen der Zeit. In Oßmannstedt entstanden zahlreiche Bände dieser Ausgabe. Wieland übersetzte aus dem Griechischen (Aristophanes, Euripides, Xenophon) und betreute den *Teutschen Merkur* (seit 1790 hieß er *Neuer Teutscher Merkur*), die erste literarische und kulturpolitische Zeitung Deutschlands von Rang. Eine weitere Zeitschrift, das *Attische Museum*, ergänzte seine publizistischen Aktivitäten um ein Organ, das der Übersetzung antiker Texte gewidmet war. Kernstück der Oßmannstedter Jahre aber sind die beiden historischen Romane *Agathodämon* und *Aristipp und einige seiner Zeitgenossen*, in denen Wieland den Wurzeln der abendländischen Kultur nachgeht.

Wielands landwirtschaftliche Pläne endeten dagegen in einem Desaster. Die Hoffnung, mit der Landwirtschaft eine neue Einnahmequelle zu erschließen, erfüllte sich nicht, obwohl Wieland in neue Scheunen und Ställe investierte und viele Obstbäume gepflanzt hatte. Die Ernteerträge blieben trotz Anwendung neuester landwirtschaftlicher Methoden nach verregneten Sommern hinter den Erwartungen zurück, und Wieland musste Schulden machen. Das Gut fraß die Honorare seiner literarischen Produktion zusehends auf. »Ich mußte mehr schreiben«, klagt er dem Freund Karl August Böttiger am 11. April 1803, »als gut war, bloß um diese Ausfälle zu decken.«[17] Zwangsläufig mehrten sich Bitten um Vorschüsse beim Verleger Göschen. Strenge Winter erschwerten das Leben und beeinträchtigten die Gesundheit der Familie. Nachdem im September 1800 Sophie Brentano, Schwester von Clemens Brentano und Bettina von Arnim sowie Enkelin Sophie La Roches, während eines Besuchs in Oßmannstedt und im November 1801 auch Wielands Ehefrau gestorben waren, beschloss der Dichter Gut und Landleben aufzugeben. Seinem Schwiegersohn Karl Leonhard Reinhold schreibt er: »Mein Osmantinum hat durch den Verlust meiner unwiederbringlichen Alceste, wie ein Zauberschloss durch die Zerbrechung eines Talismans, allen seinen ehmahligen Zauber für mich verloren; ich lebe nur noch durch schmerzlich süße Erinnerungen dahin, und das Grab meiner bessern Hälfte ist das Einzige, was mich noch an diesem Boden fest hält.«[18] Es gelang Wieland, das Gut profitabel zu verkaufen, und er kam ohne Verlust aus diesem sechs Jahre andauernden ländlichen Abenteuer heraus. Trotz der wirtschaftlichen Rückschläge und persönlichen Einschnitte bilanziert Wieland die Zeit in Oßmannstedt alles in allem positiv: »Indeß verdanke ich diesem Besitz doch auch sehr herrliche Stunden. Die ersten 2 Jahre 1797 [und 1798] waren sehr genußreich.«[19]

Im Mai 1803 zog Wieland nach Weimar zurück. Obwohl er nun – noch immer literarisch produktiv – miterleben musste, wie alte Freunde und Weggefährten nach und nach starben, war er doch weiterhin ein anerkanntes und oft aufgesuchtes Mitglied des klassischen Weimar. 1808 kam es im Weimarer Schloss zur Begegnung mit Napoleon. Ein Unfall mit der Kutsche und Altersgebrechlichkeit waren die Vorboten von Wielands Tod am 20. Januar 1813. Beerdigt wurde er unter großer Anteilnahme in der am Ilm-Ufer gelegenen Grabstätte in Oßmannstedt, wo bereits Sophie Brentano und seine Ehefrau ihre letzte Ruhe gefunden hatten. Die von einer gusseisernen Umzäunung eingefasste Grabstätte schmückt ein Obelisk, den der Weimarer Hofbildhauer Karl Gottlieb Weiser entworfen hat, und in den ein Distichon Wielands eingraviert ist: »Liebe und Freundschaft umschlang die verwandten Seelen im Leben – Und ihr Sterbliches deckt dieser gemeinsame Stein.« Arno Schmidt, ein begeisterter Wieland-Leser, hatte 1956 nach Besuchen am Wieland-Grab in Oßmannstedt festgehalten: »Ich habe manche Stunde dort gesessen, ganz im Grünen, im schlichten eisernen Gitterkreis […] – es *ist* schon eines unserer Nationalheiligtümer, nach dem Jeder einmal im Leben wallfahrten sollte«.[20]

Grabstätte von Wieland, seiner Ehefrau Anna Dorothea und von Sophie Brentano

»Salve«

Goethe in Frankfurt und Weimar

Als Johann Peter Eckermann erstmals nach Weimar kam, versuchte Johann Wolfgang Goethe (1749–1832) ihm die Stadt mit folgenden emphatischen Worten ans Herz zu legen: »Wo finden Sie […] auf einem so engen Fleck noch so viel Gutes! […] bleiben Sie bey uns, […] wählen Sie Weimar zu Ihrem Wohnort. Es gehen von dort die Thore und Straßen nach allen Enden der Welt.«[21] Die Werbung war erfolgreich. Am 10. Juni 1823 betrat Eckermann zum ersten Mal das Haus am Frauenplan und erinnert sich: »Das Innere des Hauses machte auf mich einen sehr angenehmen Eindruck; ohne glänzend zu seyn war alles höchst edel und einfach; auch deuteten verschiedene an der Treppe stehende Abgüsse antiker Statuen auf Goethe's besondere Neigung zur bildenden Kunst und dem griechischen Alterthum. […] Nachdem ich mich ein wenig umgesehen, ging ich sodann mit dem sehr gesprächigen Bedienten die Treppe hinauf zur ersten Etage. Er öffnete ein Zimmer, vor dessen Schwelle man die Zeichen SALVE als gute Vorbedeutung eines freundlichen Willkommenseyns überschritt. Er führte mich durch dieses Zimmer hindurch und öffnete ein zweytes, etwas geräumigeres, wo er mich zu verweilen bat, indem er ging mich seinem Herrn zu melden. Hier war die kühlste erquicklichste Luft, auf dem Boden lag ein Teppich gebreitet, auch war es durch ein rothes Kanapee und Stühle von gleicher Farbe überaus heiter meublirt; gleich zur Seite stand ein Flügel, und an den Wänden sah man Handzeichnungen und Gemälde verschiedener Art und Größe. | Durch eine offene Thür gegenüber blickte man sodann in ein ferneres Zimmer, gleichfalls mit Gemälden verziert, durch welches der Bediente gegangen war mich zu melden. | Es währte nicht lange so kam *Goethe*, in einem blauen Oberrock und in Schuhen; eine erhabene Gestalt!«[22]

Noch heute wird jeder Besucher des Goethe-Hauses diese Entrée-Situation ähnlich erleben. Obwohl uns der Hausherr nicht mehr zur Begrüßung entgegenkommt, sind Treppenaufgang und Empfangszimmer als Teil einer spektakulären Selbstinszenierung erfahrbar, die der Dichter in diesem Haus verwirklicht hat.

Goethe hatte lange nach einem passenden Domizil in Weimar gesucht. Als er im November 1775 in die Stadt gekommen war, wohnte er zunächst in Unterkünften, die seiner Funktion als hoher Staatsbeamter und Mitglied des »Geheimen Consiliums« nicht angemessen waren. Herzog Carl August bemühte sich persönlich um Abhilfe und schenkte Goethe im April 1776 das Gartenhaus im Park an der Ilm, um ihn dauerhaft an Weimar zu binden. Bis 1782 war es Goethes Hauptwohnung, nachdem er das aus dem späten 16. Jahrhundert stammende und stark renovierungsbedürftige Haus sowie den Garten instandgesetzt hatte. Das Gartenhaus wurde jedoch im Laufe der Jahre zu

klein und entsprach nicht mehr Goethes Ansprüchen. Es blieb jedoch stets ein Rückzugsort, den der Dichter besonders im Alter wieder schätzen lernte. Nach der Rückkehr aus Italien im Mai 1788 ging Goethe erneut auf Wohnungssuche. Nachdem er zunächst wieder in verschiedenen Provisorien gewohnt hatte, wurde das Haus am Frauenplan 1792 zu seinem ständigen Wohnsitz. 1794 erwarb der Herzog das Haus und machte es quasi als ›Dienstwohnung‹ Goethe zum Geschenk. Nach dieser Übereignung ließ Goethe das Haus umbauen. Das Haus war 1709 im barocken Stil erbaut worden und war eines der wenigen großen Bürgerhäuser in der Stadt. Streng genommen besteht das Haus aus zwei Häusern, die Goethes Umbaumaßnahmen zu einem zusammenfassten. Dabei wurde die Gliederung des Hauses in einen repräsentativen und in einen privaten Teil betont. Im Hinterhaus lebte und arbeitete der private Goethe, im Vorderhaus der offizielle. Auch der rückseitige Garten, Goethe bezeichnete ihn als seinen Klostergarten, war der privaten Sphäre vorbehalten; seine Anlage war an Goethes Studien zur Morphologie der Pflanzen orientiert. Trotz aller harmonisierenden Gliederungsversuche zeigt ein Blick auf den Grundriss der Wohn- und Arbeitsräume, dass der gesamte Gebäudekomplex ziemlich verwinkelt ist. Das schien Goethe aber nicht zu stören. Er habe, schreibt er im Dezember 1806 an den Herzog, das Haus »nicht zum Wohlleben,

Goethes Wohnhaus am Frauenplan

Das Gartenhaus im Park an der Ilm war Goethes erster eigener Weimarer Wohnsitz

sondern zu möglicher Verbreitung von Kunst und Wissenschaft«[23] eingerichtet.

Das Haus diente eben auch der Aufbewahrung von Goethes umfangreichen Sammlungen. Die Kunstsammlung etwa umfasste bei seinem Tode mehr als 26 000 Objekte. Sie ist das Ergebnis der während der italienischen Reise gewonnenen Einsicht, die Geschichte der Kunst müsse man an ihren Zeugnissen studieren, um dadurch die Gesetze der ästhetischen Weltaneignung durch den Menschen zu erkennen. Dem intellektuellen Kosmos, in dem sich das Denken Goethes bewegte, entsprachen weiterhin die naturwissenschaftlichen Sammlungen, die etwa 18 000 mineralogische Stücke und etwa 5000 Gegenstände aus unterschiedlichen Gebieten von der Botanik, über die Anatomie bis zur Physik enthalten. Das Haus war schließlich auch ein literarisches Archiv, das eine unverzichtbare Voraussetzung für Goethes literarische, kunstkritische und gelehrte Arbeit war. Sicherlich ist noch heute jeder Besucher von der schlichten Ausstattung der Privaträume mit dem Arbeitszimmer, der Bibliothek mit ihren etwa 6500 Bänden und dem Schlafzimmer überrascht. Diese Einfachheit sollte die Arbeitsatmosphäre und die Kreativität positiv beeinflussen, sie war aber auch genau auf Goethes Arbeitsweise – er diktierte seine Texte im Stehen und Gehen – zugeschnitten.

Der Umbau des Hauses betraf besonders das Vorderhaus. Hier ließ Goethe helle repräsentative Räume gestalten, die eine heitere Atmosphäre verbreiten sollten. Gleichzeitig waren sie die Bühne für eine effektvolle Präsentation ausgewählter Kunstwerke. Dieses Konzept ist deutlich an der Neugestaltung des Treppenaufgangs erkennbar. Die ursprüngliche schmale Treppe wurde entfernt, und Goethe entwarf einen neuen breiten Treppenaufgang, wie er ihn aus italienischen Renaissance-Palazzi kannte. Bei dem Entwurf stand der von Goethe verehrte Architekt Andrea Palladio Pate. Die geringe Stufenhöhe verhindert ein hastiges Gehen: Gegenüber Eckermann betont Goethe, die Idee der »schönen Treppen« habe einen pädagogischen Effekt, denn »man lerne sich selbst zu beherrschen«.[24] Der Besucher konnte beim langsamen Hinaufschreiten in aller Ruhe die Kunstwerke auf den Treppenabsätzen betrachten. Die Auswahl dieser Kunstwerke, durchweg Kopien berühmter antiker Skulpturen, war Programm und verweist auf die Rolle, die die antike Kunst in Goethes Kunstauffassung spielte. Auch die mit dem Wort »Salve« geschmückte Schwelle, über die man die Wohnräume betritt, stimmen den Besucher auf ein Haus ein, das der klassischen Kunst und Kultur gewidmet ist. Die großen Repräsentationsräume sollen nicht das soziale Prestige des Hausherrn abbilden, sondern vielmehr seine individuelle Persönlichkeit zum Ausdruck bringen. Deshalb wirken sie weniger durch ihr ausgesucht elegantes Mobiliar als durch die gezeigten Kunstgegenstände. Abgüsse antiker Plastiken und Originale oder Kopien von Renaissance-Gemälden setzen ebenso wie zeitgenössische Gemälde die Akzente. Komplettiert wird dieses

Goethes Schlafzimmer, im Sessel sitzend verstarb er am 22. März 1832

Goethes Arbeitszimmer orientierte sich in seiner Zweckmäßigkeit an der Arbeitsweise des Dichters

Ausstattungsprogramm durch Rückgriffe auf die antike Mythologie und Kultur, wie sie in den Deckengemälden oder Supraporten zu sehen sind, und von Johann Heinrich Meyer, einem Freund Goethes seit seinem Aufenthalt in Italien, stammen. Auch die Farben der Wände wählte Goethe umsichtig aus, um eine perfekte Raumatmosphäre herzustellen. Die Wandbemalung folgt nicht nur der eigenen Farbenlehre, sondern enthält auch Dekorationselemente, die Goethe in Pompeji gesehen hatte. Die Empfangszimmer sind in kühlem Blaugrün gehalten und vermitteln Distanz. Grüntöne bestimmen die Zimmer mit den Sammlungen, weil die Farbe nach Goethes Auffassung Befriedigung schafft. Das Speisezimmer leuchtet in heiterem Gelb und die Räume, die in Rotgelb oder Rot gestrichen sind, sollen Wärme, Huld und Anmut vermitteln.

Nach Goethes Tod im Jahr 1832 war das Haus für die Öffentlichkeit so gut wie unzugänglich. Goethes Enkelkinder schotteten das Erbe des Großvaters ängstlich ab. Sie reagierten skeptisch sowohl auf Vorschläge, das Goethe-Erbe in eine Nationalstiftung zu überführen, als auch auf Pläne der herzoglichen Familie, eine Reihe von Gedächtniszimmern zu Goethe, Schiller, Wieland und Herder im Weimarer Schloss einzurichten. Erst das Testament des 1885 verstorbenen letzten Enkels, Walther Wolfgang von Goethe, brachte Klarheit. Das Goethe-Haus, sein Mobiliar und die Sammlungen gingen in den Besitz des Großherzogtums Sachsen-Weimar-Eisenach über, den handschriftlichen Nachlass des Dichters erbte die damalige Großherzogin Sophie. Die Eröffnung des Testaments fiel in eine Zeit öffentlicher Heroisierung und Monumentalisierung Goethes und entsprechend verfolgte man mit der Pflege von Goethes Weimarer Hinterlassenschaft das Ziel, Weimar zu einem »allgemein anerkannten Zentrum Deutschlands zu machen«.[25] 1886 wurde Goethes Wohnhaus als Memorialstätte eröffnet, nachdem bereits 1885 ein Goethe-Na-

tionalmuseum gegründet worden war, das die Betreuung der Kunstobjekte und naturwissenschaftlichen Sammlungen aus Goethes Besitz übernahm. Im Juni 1885 wurde die Goethe-Gesellschaft gegründet, und 1896, nachdem der Nachlass Schillers ebenfalls in öffentlichen Besitz übergegangen war, wurde das Goethe- und Schiller-Archiv eingeweiht. Damit war das Ensemble von Institutionen komplett, mit denen man die »Wiedergeburt« des Dichters feierte und die Goethe-Stätten in das Zentrum einer »Gedächtniskultur« rückte, deren »optische Präsenz« den Ruf Weimars als klassisches »Ilm-Athen« begründete.[26]

Das Frankfurter Goethe-Haus, das Geburts- und Elternhaus des Dichters, stand dagegen lange im Schatten seines Weimarer Pendants. Mit dem Erscheinen des ersten Teils von Goethes Autobiographie *Dichtung und Wahrheit* (1811), in der er seine Frankfurter Jugendzeit behandelt, begann auch die Geburtsstadt sich ihres berühmten Sohnes zu erinnern. Vor allem erinnerte man sich an die Werke aus der Frühzeit des Dichters, die im Elternhaus entstanden waren: *Götz von Berlichingen* (1773), *Die Leiden des jungen Werthers* (1774), *Clavigo* (1774), *Stella* (1775) und der *Urfaust*. Die entscheidende Anregung, sich für Goethes Geburtshaus zu interessieren, ging aber 1835 von Bettina von Arnims Buch *Goethes Briefwechsel mit einem Kinde* aus, das in großen Teilen Goethes Jugend gewidmet war.

Der Gelbe Saal diente nicht nur der Aufbewahrung von Goethes Sammlungen, sondern wurde auch als Esszimmer genutzt

Goethes Großmutter Cornelia Goethe hatte 1733 das um 1618 am Großen Hirschgraben erbaute Haus als Witwensitz gekauft. Ursprünglich bestand es aus zwei Fachwerkhäusern. Goethes Vater ließ 1755/56 beide Häuser zu einem großen Gebäude mit einheitlich repräsentativer Fassade zusammenfassen, womit er demonstrierte, dass die Familie zu Besitz und Ansehen gekommen war. Im Haus am Großen Hirschgraben wurde der Dichter 1749 geboren, hier verbrachte er seine Kindheit und Ju-

gend. 1765 verließ er Frankfurt, um in Leipzig und Straßburg Jura zu studieren. 1774 kehrte Goethe noch einmal in das Elternhaus zurück, arbeitete als Jurist, um dann 1775 dem ›Ruf‹ nach Weimar zu folgen. Goethes Mutter verkaufte 1795 das Haus und den größten Teil des Mobiliars, des Hausrats und der Sammlungen, um sich nach dem Tod des Ehemanns und dem Wegzug der Kinder kleiner zu setzen. Das Frankfurter Goethe-Haus steht somit für den ›jungen‹ Goethe, seine Erziehung, Ausbildung sowie für die Lebenshaltung des vermögenden und gebildeten Bürgertums in der zweiten Hälfte des 18. Jahrhunderts. Goethes Vater hatte beim Umbau des Hauses weniger auf das Äußere des Hauses als vielmehr auf die Innenausstattung Wert gelegt. Wichtig war ihm eine Bibliothek, ein Gemäldekabinett mit Werken zeitgenössischer Künstler und Platz für die Ausstellung von Andenken und Kunstwerken, die er von seinen Reisen, etwa nach Italien, mit nach Frankfurt gebracht hatte. Großen Wert legte er auf eine noble Gestaltung des Treppenhauses. Dieses orientierte sich an der berühmten Kaisertreppe im Frankfurter Römer, über die die deutschen Kaiser in den Krönungssaal einzogen. Das kulturell aufgeschlossene häusliche Umfeld wirkte in vielfältiger Weise auf den jungen Johann Wolfgang; in seiner Autobiographie *Dichtung und Wahrheit* gibt er ausführlich darüber Auskunft. Das Frankfurter Goethe-Haus bewahrt noch heute die Erinnerung an diesen Lebensabschnitt Goethes und den Kontext, in dem er sich vollzog.

Goethe Geburtshaus am Großen Hirschgraben ist ein stattliches Frankfurter Bürgerhaus

Im Gemäldekabinett präsentierte Goethes Vater Johann Caspar Goethe seine Kunstsammlung

Nachdem Goethes Mutter das Haus 1795 verkauft hatte, wechselte es mehrfach den Besitzer. 1863 erwarb es das »Freie Deutsche Hochstift«. Eigentlich war es das Gedenken an Schillers 100. Geburtstag 1859, dem sich die Gründung

Goethes Zimmer, das Dichterzimmer, befindet sich im Mansardgeschoss mit Blick auf den Großen Hirschgraben und über die Stadt

des »Freien Deutschen Hochstifts für Wissenschaften, Künste und allgemeine Bildung« verdankte. Angeregt von Frankfurter Bürgern sowie Künstlern und Intellektuellen aus dem gesamten deutschen Sprachraum sollte diese Institution die politischen Ideale der gescheiterten Revolution von 1848, nun allerdings ins Geistig-Kulturelle gewendet, bewahren. Das »Hochstift« sollte ein geistiger Mittel- und Sammelpunkt für die deutsche Nation sein. Mit dem Kauf von Goethes Geburtshaus stand der Verein jedoch vor einer neuen Herausforderung, denn es ging darum, Goethes Elternhaus als nationalem Denkmal gerecht zu werden. 1897 wurde unmittelbar neben dem Goethe-Haus das »Frankfurter Goethe-Museum« gebaut, das nicht nur die inzwischen umfangreichen Sammlungen aufnahm, sondern auch Konzepte entwickelte, diese Sammlungen forschend zu erschließen. Die Gestaltung der Museumsräume, eine typische Rokoko-Rekonstruktion der Gründerzeit, konzentrierte sich wiederum auf die Epoche des jungen Goethe, wobei ein Schwerpunkt auf der bildenden Kunst lag. Goethe-Haus und Goethe-Museum wurden am 22. März 1944 durch Bomben bis auf die Grundmauern zerstört. Inventar und Sammlungen waren jedoch rechtzeitig ausgelagert worden. Auch hatte man von allen Teilen des Goethe-Hauses Zeichnungen und Fotografien angefertigt, mit deren Hilfe das Haus zwischen 1947 und 1951 rekonstruiert werden konnte. 1954 wurde das Goethe-Museum wiedereröffnet und im Laufe der Zeit zu einem modernen Forschungsinstitut erweitert.

Das wegen seiner Seidentapete »Das Peking« genannte Zimmer gehörte zu den Repräsentationsräumen der Familie Goethe

Das dritte, dem Andenken Goethes gewidmete Dichterhaus ist die »Casa di Goethe« in Rom. Dabei handelt es sich um eine ehemalige Pension in der Via del Corso 18, gegenüber dem Palazzo Rondanini, in der der Dichter zwischen Ende Oktober 1786 und April 1788 während seiner Italienreise gewohnt hat. Bei der »Casa di Goethe« handelt es sich um eine nur bedingt authentische Dichterwohnung, denn erst nach intensiven Archivstudien konnte überhaupt festgestellt werden, in welchem Stockwerk Goethe unter dem Pseudonym Filippo Möller gewohnt hat. Durch den befreundeten Maler Johann Heinrich Wilhelm Tischbein war Goethe auf diese Unterkunft in unmittelbarer Nähe von Piazza del Popolo und Spanischer Treppe aufmerksam gemacht worden. Tischbein hatte drei Zimmer gemietet und überließ Goethe das Gästezimmer, das auf den Corso hinausging; später hat er ihn gezeichnet, wie er aus dem Fenster auf den Corso schaut. Am 1. November 1786 schreibt Goethe nach Weimar: »Für mich ist es ein Glück daß Tischbein ein schönes Quartier hat, wo er mit noch einigen Malern lebt. Ich wohne bey ihm und bin in ihre eingerichtete Haushaltung mit eingetreten, wodurch ich Ruh und Häuslichen Frieden in einem fremden Lande genieße.«[27] Goethe wohnte mitten in einem typischen Künstlerviertel, was seiner Begeisterung für Rom, die bildenden Künste und das Künstlerleben sehr entgegenkam. Die Wohnung am Corso war der Ausgangspunkt für die Erkundung der Stadt und ihrer Sehenswürdigkeiten, die Goethes Sicht auf die Kunst grundlegend verändern sollte.

»groß, und verschnitzelt, unbewohnbar«

Herder in Weimar

Als Johann Gottfried Herder (1744–1803) am 1. Oktober 1776 abends um zehn Uhr in Weimar eintraf, um als Generalsuperintendent und Oberhofprediger die höchsten geistlichen Ämter im Herzogtum anzutreten, wurde er nicht nur willkommen geheißen, sondern sah sich auch mit Vorbehalten konfrontiert. Wieland hatte ihn beim Herzog empfohlen, und auch Goethe, der Herder während seiner Straßburger Studienzeit (1770/71) kennen und schätzen gelernt hatte, betrieb mit Nachdruck und Geschick Herders Berufung nach Weimar. Doch Herder zögerte zunächst eine Zusage hinaus. Er hatte sich eigentlich Hoffnungen auf eine akademische Karriere als Theologieprofessor an der Universität Göttingen gemacht; einer Berufung wurden aber von vielen Seiten Steine in den Weg gelegt. Herder galt zwar als brillanter Theologe, geschätzter Philosoph und Philologe, musste sich aber wegen seiner intellektuellen Unabhängigkeit, seinem konsequent aufgeklärten Denken und seinen demokratischen Gesinnungen regelmäßig mit dem Vorurteil herumschlagen, er sei ein »Atheist, Freigeist« und »Schwärmer«,[28] dessen theologische Positionen dem Geist Luthers nicht entsprechen.

So überrascht es kaum, dass Herders gewissenhafter Elan, die im Weimarer Herzogtum darniederliegenden Gemeinden, Schulen und die Pfarrerausbildung zu reformieren, bald stockte. Ein mühsamer Alltag mit Aktenstudium, Sitzungen und Visitationen setzte ihm zunehmend zu und das Amt ließ nur wenig Zeit für die literarische Arbeit. Herders Weimarer Freunde nahmen diese Probleme wahr, versuchten aber zu beschwichtigen, so auch Wieland schon wenige Tage nach Herders Ankunft: »Weimar ist seiner nicht werth; aber wenn ihm nur leidlich wohl bey uns seyn kan, so ist Weimar so gut als ein andrer Ort.«[29] Herders Urteile über Weimar wurden kritischer, bald sprach er frustriert vom »wüsten Weimar, dem unseligen Mitteldinge zwischen Hofstadt u. Dorf«.[30] Auch seine Wohnung unmittelbar gegenüber der Stadtkirche St. Peter und Paul kam ihm wie eine »wahre Bastille« vor.[31] Trotz aller Selbstzweifel und Zerwürfnisse, die sich Herder oftmals selbst zuzu-

schreiben hatte, blieb er mit seiner vielköpfigen Familie in Weimar und beteiligte sich nach Kräften am kulturellen Leben. Er nahm regelmäßig an den Abendgesellschaften der Herzogin Anna Amalia teil und pflegte einen intensiven Austausch mit Wieland, während das Verhältnis zu Goethe und Schiller im Laufe der Zeit immer gespannter und distanzierter wurde. Herder wurde von der Weimarer Prominenz als beliebter Gesprächspartner geschätzt, und in den ersten Jahren seines Aufenthaltes in Weimar gehörte es zum guten Ton, seine Sonntagspredigten nicht zu verpassen. Auch im

Herders Wohnhaus, sein Amtssitz als Oberpfarrer und Generalsuperintendent, liegt unmittelbar hinter der Stadtkirche St. Peter und Paul

Hinblick auf die literarische und philosophische Arbeit waren die Weimarer Jahre ausgesprochen produktive Jahre, geprägt von einem Denken, das im Kern auf Humanitäts- und Freiheitsideen beruht.

Als Herder in Weimar eintraf, hatte Goethe dafür gesorgt, dass seine zukünftige Wohnung im Haus der Superintendentur zumindest im oberen Stockwerk provisorisch hergerichtet war. Vorsorglich warnte er den Freund: »Du kommst in ein leer Haus. Es ist noch ganz gut gebaut, hat einen großen Garten, in dem aber die Igel brüten. Mit dem Detail der Reparatur schinden sie mich noch was ehrlichs. Es hat der Gotteskasten kein Geld, da sollen die alten Fenster bleiben, da ist der ein Schlingel und jener ein Matz. Und so geht's durch.«[32] Das Haus war zwischen 1726 und 1727 unter Verwendung früherer Gebäudeteile in barocker Manier umgestaltet worden und lag etwas versteckt im Schatten der spätgotischen Stadtkirche St. Peter und Paul, die zu Herders wichtigster Wirkungsstätte wurde und daher heute den Beinamen Herderkirche trägt. Hinter dem Haus erstreckte sich ein großer Obst- und Gemüsegarten mit Brunnen, den Herder im Laufe der Zeit zu einem idyllischen Refugium gestaltete. Der Garten lag ihm sehr am Herzen, weil er im Sommer beliebter Schauplatz des Familienlebens und der Zusammenkunft mit Freunden oder Gästen war. Die Wohnung dagegen war ganz auf Herders Arbeit ausgerichtet. Er besaß eine große Bibliothek mit über 8000 Bänden und auf allen Tischen lagen Bücher; als die Kinder noch klein waren, dienten Lexika, Folianten oder andere voluminöse Bücher dazu, ihre Sitzplätze zu erhöhen, damit sie an den Esstisch heranreichten. Obwohl Herder und seine Frau ein gastfreies Haus mit vielen Besuchern führten, die stets die freundlich-harmonische Atmosphäre lobten, war es in Herders Wahrnehmung nur eine Dienstwohnung, die ihm ständig den ungeliebten, zudem schlecht bezahlten Berufsalltag vor Augen führte: »ich habe von jeher mein Haus«, klagt er, »groß, und verschnitzelt, unbewohnbar u. wo es bewohnt wird eingeklemmt und drückend, als das wahre Symbol meines Amtes angesehen.«[33]

Das Interieur der Herder'schen Wohnung hat sich mit Ausnahme einiger weniger Möbelstücke (Arbeitspult, Kommode) nicht erhalten. Wir wissen aber, dass sie geschmackvoll eingerichtet und auch mit vielen Bildern, vornehmlich Porträts, von bekannten zeitgenössischen Malern geschmückt war. Herder, der wohl nie ein guter Hausvater war und diese Aufgabe seiner Frau Caroline überließ, hat für die Anschaffung von Möbeln und Hausgerät offensichtlich tief in die nie prall gefüllten Taschen greifen müssen; der Unterhalt einer großen Familie, regelmäßige Bücherkäufe, Kuraufenthalte und Erholungsreisen belasteten ständig das Budget und brachten ihn oftmals in finanzielle Schwierigkeiten. Es ist ein ambivalentes Bild vom Leben Herders in Weimar, das man aus seinen Äußerungen gewinnt. Allerdings verfügen wir auch über eine Reihe von Berichten, die Einblick in ein lebhaftes Familienleben mit sieben Kindern und in den Alltag eines konzentriert arbeitenden Gelehrten und Schriftstellers gewähren.

Die ausführlichste Beschreibung lieferte der Theologiestudent Johann Georg Müller, der sich im Herbst 1780 zu Fuß von Göttingen nach Weimar auf den Weg machte, um den von ihm verehrten Herder zu treffen und Rat von ihm zu erbitten. Müller wurde wie viele andere Besucher mit offenen Armen empfangen und reagierte entsprechend enthusiastisch: »Ich ging hinein, linker Hand; ein hübsches Zimmer, fein tapeziert, Kanapee, Kupferstiche, Kleopatra der Angelika Kauffmann u. dgl. Endlich hörte ich jemand gehen. Zum letztenmal der Donner auf alle meine Nerven, die Tür auf – da stand Herder – voll Huld und Milde, lächelnd wie ein Frühlingsmorgen! Weg wie ein Blitz alle Silhouetten, Kupferstiche, Beschreibungen u. dgl. | Das Zimmer gegenüber war geöffnet. Er gab mir, glaub' ich, die Hand und setzte mich aufs Kanapee, nahm einen Sessel und setzte sich hart an mich bei dem kleinen Tischchen. [...] ein geschmackvolles Zimmer. Gleich gegen mir über auf einem Schreibtisch stand eine herrliche Büste der Minerva von schwarzem Stein, die ihm die Herzogin Luise geschenkt und wonach Goethe ein sehnliches, vergebliches Verlangen hat«.[34] Herders eigene Urteile über die Wohnung schwankten dagegen zeitlebens. Einerseits lobte er die »grande simplicité« der Einrichtung, andererseits klagte er über die »gedrückte Dumpfheit« der Wohnung, wo er seine tägliche »Karrenarbeit« zu verrichten habe.[35] Gleichzeitig war Herder sich seiner Rolle als bedeutender Autor bewusst, wenn er seiner Frau gegenüber ein um das andere Mal bekräftigt: »Ich schreibe nicht für Weimar, ich schreibe für Deutschland, für die Welt.«[36]

Der Garten hinter Herders Wohnhaus war ein beliebter Mittelpunkt der Familie

Der Wunsch, ein eigenes Haus zu besitzen

Schiller in Marbach am Neckar und Weimar

Für keinen anderen deutschsprachigen Autor (außer Goethe) haben sich derart viele Häuser erhalten und sind im Laufe der Zeit als Gedenkstätten und Museen eingerichtet worden wie für Friedrich Schiller (1759–1805). Unzählige Straßen, Plätze, Schulen, Universitäten oder Theater tragen seinen Namen und die Errichtung von Schiller-Denkmälern im In- und Ausland zeugt von einer grenzüberschreitenden Popularität. Goethes berühmte Worte »Denn er war unser!«[37] sind noch immer aktuell, denn Schiller zählt nach wie vor zu den vielgespielten Bühnenautoren. Schillers Porträt, insbesondere das von Ludovike Simanowiz, das den Dichter mit offenem Hemdkragen – dem ›Schillerkragen‹ – zeigt, war landauf landab bekannt, und beinahe jeder Leser konnte Schiller-Verse hersagen, die bald den Status von Sprichwörtern erlangten. Diese Schillerverehrung, die im 19. Jahrhundert in großen Schiller-Gedenkfeiern (1839, 1859) gipfelte und zu Demonstrationen für die Ideale von Freiheit, Demokratie, nationale Einheit und Bildung wurden, ist heute zwar Vergangenheit, in den Schiller-Gedenkstätten ist sie jedoch aufbewahrt und wird kritisch hinterfragt. Neben den beiden Häusern, die an Schillers Geburt in Marbach und an seinen letzten Wohnort in Weimar erinnern, finden sich in Mannheim, Ludwigshafen, Bauerbach, Leipzig-Gohlis, Dresden, Rudolstadt und Jena weitere Erinnerungsorte, die beinahe jede Phase im (kurzen) Leben Schillers durch ein Gebäude repräsentieren.

Schillers Geburtshaus ist ein typisches Handwerkerhaus in der Altstadt von Marbach am Neckar

Schillers Geburtshaus

Während Schillers Weimarer Wohn- und Sterbehaus bereits 1847 für die Öffentlichkeit geöffnet und damit zum ersten deutschen Dichtermuseum wurde, musste man in Marbach erst herausfinden, welches Gebäude als Geburtshaus des Dichters infrage kam. Doch schon 1837 präsentierte Gustav Schwab in seinen *Wanderungen durch Schwaben* dem Publikum erstmals einen Stich von Schillers Geburtshaus. Es wurde schnell zu einem der meist abgebildeten Dichterhäuser, wobei man sich immer wieder beeindruckt oder peinlich berührt zeigte von der Schlichtheit des Hauses einerseits und dem großen Geist andererseits, der hier das Licht der Welt erblickt hatte. Marbach, zu Schillers Geburt eine der ärmsten Städte Württembergs, war 1693 von französischen Truppen niedergebrannt worden und hatte danach an seine alte Bedeutung als Amts- und Herrschaftssitz nicht wieder anknüpfen können. Das Haus in der Marbacher Unterstadt, in dem der Dichter geboren wurde, war zu Beginn des 18. Jahrhunderts auf den Fundamenten eines Vorgängerbaus errichtet worden. In der Nachbarschaft lebten vorwiegend Bauern und Handwerker. Schillers Vater, Johann Caspar Schiller, hatte sich nach langjähriger Tätigkeit als Militärarzt 1749 in Marbach niedergelassen und noch

Von dem Wohnhaus an der Esplanade versprach sich Schiller die »Annehmlichkeiten einer bequemen und gesunden Wohnung«

im selben Jahr Elisabetha Dorothea Kodweiß, Tochter eines Marbacher Bäckers und Gastwirts, geheiratet. Allerdings wurde erst nach der Hochzeit offenkundig, dass die Familie der Frau so gut wie bankrott war. Das junge Paar verlor das Mietrecht im Haus der Schwiegereltern, musste ein Zimmer mit angrenzender Küche in der Niklastorgasse mieten, und Johann Caspar Schiller sah sich aus finanziellen Gründen gezwungen, Marbach zu verlassen, um erneut in den Militärdienst einzutreten. Im April 1758 kehrte er im Rang eines Leutnants vorübergehend nach Marbach zurück und eineinhalb Jahre später wurde der Sohn Friedrich geboren. Die ersten vier Lebensjahre verbrachte Schiller in seiner Geburtsstadt. Im Winter 1763 oder Frühjahr 1764 verließ die Familie Schiller Marbach endgültig und wohnte kurzzeitig in Ludwigsburg und dann in Lorch, da der Vater an diese Orte versetzt wurde.

Im Gesellschaftszimmer versammelte Schiller Gäste, Freunde und Bekannte

1857 erwarb der Marbacher Schillerverein das Geburtshaus, ließ es restaurieren und öffnete es anlässlich der Feiern zum 100. Geburtstag Schillers 1859 für das Publikum. Seit dieser Zeit wurden im Haus Bilder, Handschriften, Bücher und Gegenstände ausgestellt, die hier von Nachkommen und Freunden Schillers als ›Reliquien‹ deponiert wurden, so dass sich bald Überlegungen zur Errichtung eines größeren Museums und Archivs aufdrängten. Marbach hatte mit der nationalen Schillerbegeisterung eine neue, überregionale Geltung erlangt. Um der neuen Rolle gerecht zu werden, wurde 1876 ein Schiller-Denkmal (von Ernst Rau) enthüllt. Parallel dazu nahmen Pläne für ein Nationalmuseum, das dem Autor gewidmet sein sollte,

Gestalt an. Im November 1903 wurde das Schiller-Nationalmuseum eröffnet, das sich im Laufe der Zeit zum bedeutendsten Literaturarchiv und -museum Deutschlands entwickelte.

Als Schiller am 29. April 1802 sein Wohnhaus an der Esplanade (heute: Schillerstraße 12) in Weimar bezog, betrachtete er dieses Ereignis als Höhepunkt seiner Schriftstellerkarriere, die allzu oft von materiellen Sorgen überschattet gewesen war. Mit dem Hauskauf fiel gleichzeitig die Entscheidung, in Weimar zu bleiben. Inzwischen hatte Schiller nicht nur den Bund mit Goethe geschlossen, sondern er und seine Frau Charlotte waren in der Weimarer Gesellschaft zu Hause und auch sonst wusste Schiller »die Vortheile des Orts«[38] für ein »neues heiteres Leben«[39] zu schätzen. Das Weimarer Theater, in dem regelmäßig seine Theaterstücke (ur)aufgeführt wurden, hatte Schillers Einstellung zur Stadt ebenfalls positiv beeinflusst. Dem Verleger Göschen, der Schiller beim Kauf des Hauses neben den Verlegern Cotta und Crusius mit Vorschüssen finanziell unterstützt hatte, schreibt er: »Ich habe dieser Tage endlich einen alten Wunsch realisirt, ein eigenes Haus zu besitzen. Denn ich habe nun alle Gedanken an das Wegziehen von Weimar aufgegeben und denke hier zu leben und zu sterben.«[40] Schiller, der seit Dezember 1799 zunächst in der Windischengasse – einer »lermenden Straße«,[41] wie er meinte – wohnte, versprach sich von dem neuen Haus, das 1777 als für Weimar typisches Bürgerhaus erbaut worden war und einen Blick ins Grüne gewährte – die südliche Esplanade war damals noch nicht bebaut –, die »Annehmlichkeiten einer bequemen und gesunden Wohnung«.[42] Er erhoffte sich weiterhin mehr Freiraum für sich selbst, seine Frau und die drei Kinder. Nach einem Umbau standen dem Dichter die gesamte Mansarde mit einem Arbeits- und zwei Empfangszimmern sowie zwei kleineren Kammern zur Verfügung, während in der ersten Etage die Räume für die Familie und im Erdgeschoss die Wirtschaftsräume untergebracht wurden. Goethe beglückwünschte den Freund zu dem Hauskauf: »Es soll mich sehr freuen Sie in einem neuen, freundlichen, gegen die Sonne und das Grüne gerichteten Quartier, gesund und thätig anzutreffen.«[43]

Obwohl der Kaufpreis von 4200 Talern – hinzu kamen noch 800 Taler für Umbau und Renovierung – Schillers finanzielle Mittel eigentlich überforderten, gelang es dem stets kühl kalkulierenden Dichter die aufgenommene Hypothek bald zurückzuzahlen. Bei seinem Tod 1805 war das Haus schuldenfrei. Schillers Frau Charlotte bewohnte es noch bis 1824, als sie zu einer Reise zu ihren Söhnen aufbrach und 1826 in Bonn starb. In diesen Jahren bewahrte sie das Haus als »heiliges Andenken«[44] und gestattete nur ausnahmsweise, einen Blick in die Räume des verstorbenen Dichters zu werfen. Diese wenigen Besuche setzten aber eine allgemeine Schillerverehrung in Gang und das Haus wurde schnell zu einer Art Wallfahrtsort.

Nach dem Tod Charlotte Schillers verkauften die Kinder es an den Garteninspektor Christoph Weise, bis 1847 die Stadt Weimar das Haus mit der Absicht erwarb, hier eine Gedenkstätte einzurichten. Schillers Arbeits- und Sterbezimmer wurde hergerichtet, allerdings zunächst mit Nachbildungen der originalen Möbelstücke. Man machte erhebliche Anstrengungen, möglichst viele, inzwischen in alle Winde verstreute Möbel zurückzuerwerben und erließ entsprechende Aufrufe, die überaus erfolgreich waren und eine große Anzahl von Schiller-›Reliquien‹ zurück an ihren ursprünglichen Ort führten. 1862 kehrte der originale Schreibtisch nach Weimar zurück, so dass nun auch die letzten vier, ausgesprochen produktiven Schaffensjahre Schillers einen authentischen Erinnerungsort erhielten. Auch Fragmente der ursprünglichen grünen Tapete kamen wieder zum Vorschein; sie zeigen, dass Schiller und Goethe, dessen Arbeitszimmer ebenfalls grün tapeziert war, diesen Farbton mit dem Zimmer eines Dichters assoziierten. Nach und nach wurden auch die anderen Räume des Hauses geöffnet und mit originalen Möbeln, Alltagsgegenständen oder an zeitgenössischen Vorbildern orientierten Repliken eingerichtet.

Schillers Wohnhaus war zu einem ›Nationaldenkmal‹ geworden, ganz im Sinne Goethes, der schon 1817 eine Musealisierung von Schillers Gartenhaus in Jena vorgeschlagen hatte, zu dem man »Einheimische und Fremde« führen könne. Weiter führte er aus: »meine Absicht ist den hergestellten Raum nicht leer zu lassen, sondern des trefflichen Freundes Büste daselbst aufzustellen, an den Wänden in Glas und Rahmen ein bedeutendes Blatt seiner eigenen Handschrift«. Ergänzt werden solle dieses museale Ensemble um »einen Stuhl, einen kleinen Tisch dessen er sich bedient. Vielleicht Tintenfaß, Feder oder irgend eine Reliquie.«[45]

Schillers Arbeitszimmer ist mit damals modernen Papiertapeten und Bordüren versehen

»über allen menschlichen Dingen«

Nietzsche in Sils-Maria und Weimar

Nachdem Friedrich Nietzsche (1844–1900) aus Krankheitsgründen 1879 seine Professur in Basel aufgeben musste, entdeckte er das Hochgebirge und speziell das Schweizer Oberengadin für sich. 1881 kam er erstmals nach Sils-Maria und verbrachte hier viele Sommer, bis der geistige und körperliche Zusammenbruch im Januar 1889 das Reisen unmöglich machte. Der extrem unter seiner Krankheit leidende Philosoph und Schriftsteller war in vielen Regionen Europas auf der Suche nach Linderung umhergeirrt, bis er im Oberengadin mit seiner spektakulären Bergkulisse, den herrlichen Seen und dem intensiven Licht die ersehnte Ruhe fand; in dem Gedicht *Aus Hohen Bergen* heißt es: »Ich lernte wohnen, | Wo Niemand wohnt, in öden Eisbär-Zonen«.[46]
Die »Wege, Wälder, Seen, Wiesen sind wie für mich gemacht«, schreibt Nietzsche im Juli 1881 an die Schwester.[47] Er wurde in dieser Hochgebirgslandschaft zum ausdauernden Spaziergänger: »Mein Aussehen ist übrigens vortrefflich, meine Muskulatur in Folge meines beständigen Marschirens fast die eines Soldaten, Magen und Unterleib in Ordnung. Mein Nervensystem ist, in Anbetracht der ungeheuren Thätigkeit die es zu leisten hat, prachtvoll und der Gegenstand meiner Verwunderung, sehr fein und sehr stark.«[48] Nietzsche war einer der ersten prominenten Sommergäste in Sils-Maria; ihm folgten viele. Die Atmosphäre der Berg- und Seenlandschaft rund um Sils-Maria, das damals noch ein kleines verschlafenes Dorf war, erwies sich auch als inspirierend für sein Werk. Auf einem seiner Spaziergänge – am See von Silvaplana – erhielt Nietzsche entscheidende Anregungen für sein Hauptwerk *Also sprach Zarathustra*: »Dieses Engadin ist die Geburtsstätte meines Zarathustra. Ich fand eben noch die erste Skizze der in ihm verbundenen Gedanken; darunter steht ›Anfang August 1881 in Sils-Maria, 6000 Fuss über dem Meere und viel höher über allen menschlichen Dingen‹.«[49]

Seit seinem ersten Besuch bewohnte Nietzsche ein kleines, bescheiden möbliertes Zimmer im etwa zweihundert Jahre alten Haus von Giàn Rudolf Durisch, der im Erdgeschoss einen Krämerladen betrieb. Eigentlich war Nietzsche dieses dunkle, nicht heizbare Zimmer zu klein und zu unbequem. Der Blick aus dem Fenster auf die hinter dem Haus ansteigenden Berghänge bot keinerlei Aussicht, und er fühlte sich oftmals durch die Unruhe im Haus gestört. Doch er kam immer wieder hierhin zurück, sicherlich auch wegen der geringen Miete, des praktischen Krämerladens und der Gastfreundschaft des Ehepaars Durisch. Der Indologe Paul Deussen beschrieb nach einem Besuch im Jahr 1887 das Zimmer des Philosophen: »Die Einrichtung war die denkbar einfachste. An der einen Seite standen seine mir von früher her noch wohlbekannten Bücher, dann folgte ein bäurischer Tisch mit Kaffeetasse, Eierschalen, Manuskripten, Toilettengegenständen in buntem Durcheinander, welches sich weiter über einen Stiefelknecht mit darin steckendem Stiefel bis zu dem noch ungemachten Bette fortsetzte.«[50] Giàn Rudolf Durisch verkaufte das Haus später an das benachbarte Hotel Edelweiß. Die Erinnerung an den Philosophen blieb in Sils-Maria zwar präsent, dennoch dauerte es bis 1960, dass das Haus zu Nietzsches 60. Todestag als Gedenkstätte wiedereröffnet wurde. Man erinnert nun an einen Abschnitt in Nietzsches Leben, in dem Sils-Maria mehr als nur eine Sommerfrische war, was in dem Gedicht *Sils-Maria* seinen Ausdruck findet: »Hier sass ich, wartend, – doch auf Nichts, | Jenseits von Gut und Böse, bald des Lichts | Geniessend, bald des Schattens, ganz nur Spiel, | Ganz See, ganz Mittag, ganz Zeit ohne Ziel.«[51]

In Weimar verlebte Nietzsche die letzten drei, von geistiger Umnachtung beherrschten Lebensjahre. Seine Schwester Elisabeth Förster-Nietzsche hatte den unheilbar kranken Bruder im Juli 1897 von Naumburg, wo er im Haus der Mutter Franziska Nietzsche seit dem völligen psychischen Zusammenbruch lebte, nach Weimar geholt. Ein Jahr zuvor war die Schwester bereits mit dem von ihr begründeten Nietzsche-Archiv, in dem sie Leben und Werk des Philosophen zu konzentrieren beabsichtigte, nach Weimar umgezogen, weil sie sich für ihre Aktivitäten von der Stadt Goethes und Schillers eine größere Wirksamkeit versprach. Ein späterer Besucher, der Journalist H. Urtel, bestätigt diese Strategie, wenn er schreibt, »daß hier in Wei-

mar, ganz nah' bei Goethes Grab auch Nietzsche seine Erinnerungsstätte gefunden hat«.[52] Mithilfe der Schweizer Nietzsche-Verehrerin Meta von Salis-Marschlins realisierte Elisabeth Förster-Nietzsche ihre Pläne. Man erwarb in der Luisenstraße 30 (heute: Humboldtstraße 36) auf dem Silberblick oberhalb von Weimar eine Villa mit großem Gartengrundstück und herrlichem Blick über die Stadt. Im Erdgeschoss dieses 1890 im Stil der Neo-Renaissance erbauten Hauses fand das Nietzsche-Archiv eine neue Heimstatt, während im Obergeschoss Wohn- und Schlafzimmer für den kranken Philosophen eingerichtet wurden. Einer der ersten Besucher, Harry Graf Kessler, notiert am 7. August 1897 seine Eindrücke: »Das Haus liegt oberhalb der Stadt an einem Hügel in einem neugepflanzten noch ziemlich kahlen Garten; aber die Aussicht auf Stadt und Land ist hübsch. Innen ist viel Raum; Parterre Archiv und Empfangszimmer, in der ersten Etage die Privatwohnung von Nietzsche und seiner Schwester, […] es ist wie bei einem recht gut situierten Universitätsprofessor oder Staatsbeamten. […] Über Nietzsches jetziges Leben spricht sie [E. Förster-Nietzsche] seit der Übersiedlung hoffnungsvoller. Das neue Haus gefällt ihm. Er hat sich als er ankam die Dekorationen ganz genau angesehen, ist überall fast ohne Unterstützung herumgegangen, dabei immer ›Palazzo, Palazzo‹ sagend.«[53]

Im Haus eines Krämers in Sils-Maria verbrachte Nietzsche viele Sommerferien

Vom Inventar aus Nietzsches Wohn- und Sterbezimmer ist nur noch wenig erhalten, so dass wir uns auf historische Fotografien und Augenzeugenberichte stützen müssen, um einen Eindruck von den im typischen Stil des späten 19. Jahrhunderts möblierten Räumen zu gewinnen. Ein ehemaliger Mitarbeiter des Nietzsche-Archivs, Rolf Dempe, hat die

Räume aus der Erinnerung heraus so beschrieben: »Das frühere Wohnzimmer Nietzsches, das einen sehr düsteren Eindruck machte, da es zum Schutz für Nietzsches Augen dunkel gehalten war (schwarze Möbel, nur ein Fenster und dies verhängt). Hier waren u.a. zu sehen: eine ganz alte Schreibmaschine, auf der N. noch geschrieben hat; ein großer Stuhl, auf dem der kranke N. noch gesessen, ein alter Schreibtisch, an dem N. (wohl früher in Naumburg) noch gearbeitet hat, ein Bild von Sils-Maria, wo N. einst im Sommer so gern gewohnt hat; ein Regal mit älteren Büchern [...], auch allerlei Goethe- und Schillerliteratur.«[54]

Elisabeth Förster-Nietzsche entfaltete im Haus vielfältige Aktivitäten und machte es zu einem künstlerisch-literarischen Salon rund um Nietzsche; legendär waren ihre samstäglichen Teenachmittage. Nach dem Tod des Philosophen fanden im Haus regelmäßig Gedenkveranstaltungen statt, wobei die beiden Zimmer Nietzsches im Obergeschoss Besuchern nur selten gezeigt wurden. Die eigentliche Erinnerungsstätte war das Nietzsche-Archiv. Förster-Nietzsche initiierte Editionsprojekte und betrieb erfolgreich die Verbreitung der Schriften ihres Bruders, wobei sie es allerdings mit den Texten des Bruders nicht so genau nahm und etwa im Fall von *Der Wille zur Macht* sogar vor schwerwiegenden Manipulationen nicht zurückschreckte. Bald ordnete sie auch bauliche Veränderungen im Haus an und verprellte die eigentliche Hausbesitzerin Meta von Salis-Marschlins. Das Verhältnis der beiden Frauen war bald so zerrüttet, dass Elisabeth Förster-Nietzsche 1898 ihren Cousin Adalbert Oehler überredete, das Haus zu kaufen. Nach weiteren An- und Umbauten wurde das Haus schnell zu einem Anziehungspunkt für in- und ausländische Nietzsche-Verehrer, und der Strom prominenter Besucher aus Kultur, Literatur und Wissenschaft riss seitdem nicht mehr ab.

Zwei Jahre nach dem Tod des Bruders erwarb Elisabeth Förster-Nietzsche das Haus von ihrem Cousin und ließ es 1905 durch den belgischen Architekten und Designer Henry van de Velde komplett umgestalten. Van de Velde war 1901 auf Empfehlung Harry Graf Kesslers und mit Unterstützung Elisabeth Förster-Nietzsches zunächst als Berater des Großherzogs in Kunstfragen nach Weimar gekommen, um dann auch als Leiter der neu gegründeten Kunstgewerbeschule tätig zu werden. Der Umbau von Nietzsches Sterbehaus hatte eine unverkennbar programmatische Absicht: Portal (nun mit der Inschrift »Nietzsche-Archiv«), Vestibül und die Räume im Erdgeschoss (Bibliotheks- und Vortragsraum, Arbeitszimmer für Archivare, Speisezimmer) wurden neu gestaltet. Die eigens angefertigte Inneneinrichtung steigerte die ästhetische Ausstrahlung im Sinne eines ›Gesamtkunstwerks‹. Diese Räume, dekoriert mit Nietzsche-Bildnissen und -Büsten (z.B. von Maximilian Klinger), schufen nicht nur einen opulenten Rahmen für die Nietzsche-Verehrung, sondern sollten auch auf Pläne für ein ›Neues Weimar‹ ausstrahlen, wie sie Kessler, van de Velde und auch Elisabeth Förster-Nietzsche verfolgten. Das Nietzsche-Archiv, wie das Haus des Philosophen nun offiziell hieß, wurde zu einer Pilgerstätte für die moderne Kunst, die sich ganz der Idee Nietzsches von einer Kulturrenaissance verschrieben hatte. In dem Maße, wie das Weimarer Kunst- und Kulturklima nach Jahren des Aufbruchs von konservativen Kräften beherrscht wurde, veränderte sich auch der Geist im Nietzsche-Archiv. Während frühere Gäste fernblieben,

Den Bibliotheks- und Versammlungsraum entwarf der belgische Architekt und Designer Henry van de Velde

versammelte Elisabeth Förster-Nietzsche bis zu ihrem Tod im Juni 1935 nun einen Kreis von völkischen Autoren, antirepublikanischen Intellektuellen und nationalsozialistischen Parteigängern um sich, zu denen auch Mussolini und Hitler zählten. Die Vereinnahmung Nietzsches durch die Nationalsozialisten ging so weit, dass 1937 Pläne für eine große Nietzsche-Gedächtnishalle in Angriff genommen, jedoch nicht vollendet wurden. Nach dem Zweiten Weltkrieg wurde das Nietzsche-Archiv von der sowjetischen Militärverwaltung geschlossen und aufgelöst, weil man in dem Archiv einen gefährlich Ort nationalsozialistischer Propaganda sah. Der handschriftliche Nachlass und die Bibliothek des Philosophen kamen in das Goethe- und Schiller-Archiv und in die heutige Herzogin Anna Amalia Bibliothek. Das Haus wurde als Gästehaus, das Erdgeschoss als Schulungsraum genutzt. Erst in den 1980er-Jahren – die DDR-Kulturpolitik hatte lange kein Interesse an dem Philosophen – wurde das Nietzsche-Archiv in ein Museum umgewandelt. Die Erdgeschossräume mit dem Raumensemble van de Veldes und dem wertvollen Jugendstilinterieur konnten nach aufwendiger Rekonstruktion und Restaurierung 1990 wieder in originalem Zustand der Öffentlichkeit übergeben werden. Die Entstehung und wechselvolle Geschichte des Hauses wird in einer kleinen Ausstellung nachgezeichnet, wobei die unheilvolle Verbindung von Nietzsches Philosophie und Nietzsche-Verehrung mit Faschismus und Nationalsozialismus im Mittelpunkt steht.

Novalis · Jean Paul · E.T.A. Hoffmann ·
Achim und Bettina von Arnim · Kerner · Hölderlin

ROMANTISCHE LEBENSWELTEN

Mit einem fulminanten Satz beginnt die Schriftstellerin Ricarda Huch 1920 ihr Epochenporträt der Romantik: »Eine Schar junger Männer und Frauen stürmt erobernd über die breite träge Masse Deutschlands«.[1] Sie waren, so charakterisiert Huch die Romantikergeneration weiter, »abenteuerlich, siegesgewiß« und entschlossen, »mit übermütiger Verachtung die alte morsche Kultur über den Haufen« zu werfen.[2] Kritik an der damaligen Gesellschaft, ihrer Unbeweglichkeit und Reformunfähigkeit war in der Tat ein zentrales Motiv für die Aufbruchstimmung. Man wollte nicht nur jede Form von Stillstand und Verkrustung überwinden, sondern entwickelte auch Lebens- und Bildungskonzepte, in denen Teilhabe und Emanzipation Kernbegriffe waren. Die Romantiker wandten sich mit ebenso großer Begeisterung der inneren und äußeren Natur des Menschen sowie vergangenen, vorzugsweise mittelalterlichen Zeiten, christlich geprägten Kulturen und vermeintlich ursprünglichen Gesellschaftsformen zu. Die Romantik als literarische Oppositionsbewegung richtete sich gegen die Strenge und den Rigorismus von Aufklärung und Klassizismus. Sie verstand sich daher ausdrücklich als eine dynamische Bewegung, die gern mit Begriffen wie Universalität und Fortschritt argumentierte. Die Einbeziehung unterschiedlicher Künste, die Nähe zur Philosophie und die Öffnung der Kunst zum wirklichen Leben machten die eigentliche Dynamik romantischer Konzepte aus. Deshalb mahnte man die enge Verbindung von Kunst und Leben an; so etwa Friedrich Schlegel, wenn er schreibt: »Die romantische Poesie ist unter den Künsten was […] Gesellschaft, Umgang, Freundschaft und Liebe im Leben ist.«[3] Zu dieser Lebensunmittelbarkeit gehörte auch die Beschäftigung mit dem Unbewussten, Irrationalen und Subjektiven sowie mit den Nachtseiten des Lebens. Auch die historischen Eckdaten 1789 und 1830, mit denen wir heute die deutsche Romantik eingrenzen, entsprechen dieser von Umwälzungserfahrungen geprägten Zeit. Die Französische Revolution, das Ende des Deutschen Reichs 1806, der Aufstieg und Fall Napoleons sowie die Restauration alter feudaler Zustände nach 1815 gaben der Romantik ihr historisches Profil und schärften gleichzeitig das Bewusstsein vieler Menschen für das Ineinandergreifen von Vergangenheit und Gegenwart.

So vielfältig die Lebensvorstellungen der Romantiker waren, so vielfältig war auch ihre oftmals komplizierte Lebenswirklichkeit, wie sie sich etwa in den Wohnungen und Häusern von romantischen Dichterinnen und Dichtern spiegelt. Versuchte man im Denken und Schreiben mutig Freiräume zu vermessen und zu erobern, so galt dies auch in der realen Welt für die Gestaltung von Wohn- und Lebenssituationen. Häuser waren nicht mehr nur individuelle Lebensorte, sondern vielmehr Orte des gemeinsamen Erlebens mit einem Hang zu Boheme und Libertinage, wo man ein möglichst freies Familienleben führte, sich besuchte und freundschaftlich begegnete, einen intellektuellen Austausch pflegte, gemeinsam musizierte, Theater spielte oder vorlas, Lieder, Märchen und Sagen sammelte sowie literarische und gelehrte Projekte plante und vorantrieb. Alle ›Romantiker‹-Häuser zeichnen sich durch ihre Offenheit, die Ernsthaftigkeit der jeweiligen Lebensstile und eine inspirierende Atmosphäre aus, handelte es sich um das einsame Haus auf dem Land, die Wohnung in der geschäftigen Stadt oder die Schreibecke in einer einfachen Gastwirtschaft. All diese Lebensformen waren jedoch in den seltensten Fällen wirklich frei und schon gar nicht ›romantisch‹ im landläufigen Sinn. Doch sie waren immer bestimmt von einer Suche nach Unabhängigkeit, Respekt und dem Wunsch, den Alltag ein wenig poetischer und damit lebenswerter zu machen.

Musiksalon in Schloss Wiepersdorf, dem Landsitz Achim und Bettina von Arnims

»Spiegelkabinett« mit Porträts von E. T. A. Hoffmann

Einer acht's
Der Andre belacht's
Was macht's?

»fern von den Musen und ihren Tempeln«

Novalis in Oberwiederstedt und Weißenfels

Auf zwei Orte, das am Ostharz gelegene Gut Oberwiederstedt und die alte Residenzstadt Weißenfels an der Saale, konzentrierte sich das kurze Leben des Dichters Novalis, der als Georg Philipp Friedrich von Hardenberg (1772–1801) geboren wurde. Obwohl Novalis ein prominentes Mitglied im Jenaer Romantikerkreis war, galt er schon zu Lebzeiten als Außenseiter und Einzelgänger. Diese Außenseiterrolle ergab sich aus dem Umstand, dass Novalis adelig war und trotzdem mit Enthusiasmus einem bürgerlichen Beruf als Geologe und Berg- und Salinenbeamter nachging. Die Legenden, die sich um Novalis' Biographie ranken und ihn als Sonderling charakterisieren, haben mit seinem frühen Tod (»Auszehrung«[4]) zu tun, aber auch mit der Empfänglichkeit des Dichters für mystisch-poetische Bilder und die emphatische ›Romantisierung‹ des Todes seiner erst 15-jährigen Braut Sophie von Kühn im Jahr 1797. Es war dieses romantisch verklärte Bild des Dichters, das in der ›blauen Blume‹ ein populäres Symbol gefunden hatte und das Heinrich Heine aufs Korn nahm:

> Was war jene Blume, welche
> Weiland mit dem blauen Kelche
> So romantisch süß geblüht
> In des Ofterdingen Lied?
> Wars vielleicht die blaue Nase
> Seiner mitschwindsücht'gen Base,
> Die im Adelsstifte starb?
> Mag vielleicht von blauer Farb'
> Ein Strumpfband gewesen seyn,
> Das beim Hofball fiel vom Bein
> Einer Dame – – Firlefanz!
> *Honni soit qui mal y pense.*[5]

Novalis' Geburtsort Schloss Oberwiederstedt ist Teil eines während der Reformation säkularisierten Nonnenklosters. Es befand sich seit Jahrzehnten im Besitz der Familie von Hardenberg, die es zu einem zweiflügeligen Haus mit Treppenturm im Renaissance-Stil umbaute und ihm damit die noch heute existierende Form gab. Novalis' Vater, Hein-

rich Ulrich Erasmus von Hardenberg, hatte das Gut von seinem Vater übernommen. Um den Lebensunterhalt seiner großen Familie zu sichern, war er nebenberuflich als Berghauptmann der Grafschaft Mansfeld tätig. Wenn Novalis Jahre später die »stille, häusliche Lage«[6] seines Geburtsortes hervorhob, dann beschönigte er das abgeschiedene Leben, das von der streng-pietistischen Frömmigkeit und Askese des Vaters geprägt war. Seinen Lerneifer und ein außerordentliches Interesse an musischer Bildung konnte der junge, stets kränkelnde Friedrich von Hardenberg bei seinem Onkel Gottlob Friedrich Wilhelm von Hardenberg befriedigen, der als Landkomtur des Deutschritter-Ordens auf Schloss Lucklum, zwischen Helmstedt und

Novalis wurde im Renaissanceschlösschen von Oberwiederstedt geboren

Novalis' Vater war in Weißenfels als Salinendirektor tätig und bewohnte mit seiner Familie ein repräsentatives Haus

Wolfenbüttel gelegen, wohnte. Dieser Onkel, dem Novalis »die Kultur eines alten Weltmannes« attestierte, wurde zu einer prägenden Gestalt für seine Erziehung, denn er forderte den jungen Friedrich nicht nur auf, »eine Rolle in der Welt zu spielen«, sondern förderte auch dessen »unüberwindlichen Hang zu den schönen Wissenschaften«.[7] Bald fand sogar der Vater Gefallen am Lerneifer seines Sohnes, stellte einen Hauslehrer ein, nahm ihn auf seine Dienstreisen mit und brachte ihm den Bergbau nahe.

1786 zog die Familie von Oberwiederstedt nach Weißenfels um. Der Vater hatte sich 1784 um die vakante Stelle eines Direktors der kursächsischen Salinen in Artern, Kösen und Dürrenberg beworben und den Zuschlag erhalten. Damit verbesserte sich die finanzielle Situation der Familie. Die neue Stelle erforderte einen Ortswechsel, denn der Direktor sollte seinen Wohnsitz in der Nähe der Salinen nehmen. Der Vater entschied sich für Weißenfels und erwarb im Frühjahr 1786 ein »allhier in Weißenfels ohnweit der Klosterkirche in der sogenannten Closter Gaße gelegenes amtssäßiges Hauß, Hof, Scheune, Ställe, Seiten- und Hintergebäude, Garten und Gartenhauß nebst Stande in der Klosterkirche«.[8] Das repräsentative, dreistöckige Gebäude mit kleiner Freitreppe war um 1680 anstelle einer abgerissenen Scheune des ehemaligen Klarissenklosters errichtet worden. Im Erdgeschoss befanden sich die Amtsräume, im zweiten Stock lagen die Wohnräume und im dritten die Schlafzimmer der Familie. Zum Haus gehörte ein ummauerter Garten mit einem achteckigen Pavillon, der wohl als Orangerie genutzt wurde. Das Haus blieb bis etwa 1820 im Besitz der Familie von Hardenberg.

Weißenfels wurde zu Novalis' Lebensmittelpunkt. Obwohl er als Schüler in Eisleben, Student in Jena, Leipzig, Wittenberg und Freiberg sowie später als Salinenassessor nie lange in Weißenfels war, kehrte er stets in die Stadt an der Saale zurück, die nach dem Erlöschen des hiesigen Fürstengeschlechts kein kulturelles und gesellschaftliches Leben mehr zu bieten hatte. Einem Freund in Leipzig gestand Novalis: »Sie leben in Pleis-Athen, aber wir an den Ufern der Saale leben wie in Boeotien fern von den Musen und ihren Tempeln.«[9] Was in der Realität mangelte, wurde mit poetischer Imagination kompensiert. Entsprechend schreibt Novalis mit Anspielung auf Werthers Empfindsamkeit am 7. Oktober 1791 an Schiller: »Die schöne Gegend, und eine gutmüthige Harmlosigkeit, in die ich aufgelößt bin, zaubern reich in die blühenden Reiche der Fantasie hinüber, die ein ebenso magischer, dünner Nebel umschwimmt, als die ferne Landschaft unter meinen Füßen«.[10] Dichtung und Beruf kennzeichnen Novalis' Doppelcharakter: Arbeit, erneutes Studium und Disziplin ermöglichten es, persönliche Krisen und Schicksalsschläge zu überwinden und in Dichtung zu übertragen. Dieser Lebensoptimismus ist universell, wenn Novalis in den *Blüthenstaub*-Fragmenten (1798) betont: »Wir sind auf einer Mißion: zur Bildung der Erde sind wir berufen.«[11]

Schon bald forderte der Beruf, der beschwerliche Reisen notwendig machte, seinen Tribut. Häufige Erkrankungen schwächten den Körper des sensiblen Mannes. »Mit mir nimmts hoffentlich bald ein fröhliches Ende. Zu Johannis denk ich im Pardiese zu seyn«, bekennt Novalis am 5. April 1800 gegenüber Friedrich Schlegel.[12] Im Januar 1801 kehrte Novalis auf Drängen seines Vaters in Begleitung seiner neuen Braut, Julie von Charpentier, von Dresden nach Weißenfels zurück. Am 24. März starb er im Beisein der Verlobten, des Freundes Friedrich Schlegel und des Bruders Carl, der einen Tag später in seinem Tagebuch festhielt: »Fritz hatte leidlich geschlafen, war aber noch sehr ermattet. Um acht Uhr kam der Doctor und versicherte, daß heut sein Lebensende sein könnte; jetzt um ½ 11 Uhr schläft er tief, röchelt und der Athem setzt ganze Züge aus; er erwacht nur auf Augenblicke und spricht recht irre; nur mannichmal ist er bei sich, aber überaus ruhig und dem Anschein nach ohne Schmerzen. – […] Um ½ 1 Uhr starb er sanft und ohne alle Bewegung.«[13]

Novalis-Grabstätte mit der von Fritz Schaper geschaffenen Marmorbüste

Zwischen Häuslichkeit und »Trinkunfug«

Jean Paul in Bayreuth

Bevor sich Jean Paul (eigtl. Johann Paul Friedrich Richter, 1763–1825) im August 1804 in Bayreuth niederließ, hatte die Stadt schon länger eine Rolle in seinem Leben und Werk gespielt. Mehrfach hatte er das »lichte« Bayreuth besucht und vor allem die landschaftliche Lage der Residenzstadt gepriesen. »Du liebes Bayreuth«, schreibt er am 3. September 1793 aus Bayreuth an Renate Wirth, »auf einem schon schön gearbeiteten, so grün angestrichenen Präsentierteller von Gegend einem dargeboten – man solte sich einbohren in dich, um nimmer heraus zu können –«.[14] Jean Paul siedelte daher gern Handlungen seiner Romane und Erzählungen in Bayreuth und Umgebung an. Nach der Heirat mit Caroline Mayer 1801 beendete er seine Wander- und ›Flegeljahre‹, die zahlreiche, meistens adlige Verehrerinnen begleitet hatten, und wurde in Bayreuth sesshaft. Hier fand der viel gelesene Autor des *Leben des vergnügten Schulmeisterlein Maria Wuz in Auenthal* (1793), *Hesperus* (1795), *Quintus Fixlein* (1796), *Siebenkäs* (1796/97), *Titan* (1800/03) und der *Flegeljahre* (1804/05) endlich die Form für sein Leben, die seinem Selbstverständnis als »häusliches Schalthier«[15] entsprach. Immer wieder wurde kolportiert – nicht zuletzt von Jean Paul selbst –, dass die Entscheidung für Bayreuth mit der Qualität des in der Stadt gebrauten Biers zusammenhing. Die »Einfahrt eines Bierfasses« hätte ihn »seliger« gemacht – so seine Frau – als der »Eintritt eines Kindes in die Welt«.[16] Da war es nur verständlich, wenn er das Bier als seinen »Nil«, die »vorlezte Ölung« und als »Weihwasser« bezeichnete[17] und das Bayreuther Bier rühmte: »jedes andere macht mich stumpfsinnig, träg, schwer, benommen. Nur dies ist meiner Gesundheit zuträglich, und da diese mir zu meiner Arbeit unentbehrlich ist, bleibe ich in Bayreuth, das ich sonst wohl verlassen würde.«[18]

In Bayreuth kultivierte Jean Paul ein Leben, in dem er die Rolle des verschrobenen Spießbürgers spielte, der auf seine Kleidung keinen Wert legte, der unordentlich war, aber darauf bestand, dass das Mittagessen punkt halb zwei Uhr auf dem Tisch stand. Er überlieferte der Nachwelt auch jenes Bild, das ihn täglich, begleitet von seinem Hund auf dem

In die Gaststube der Rollwenzelei zog sich Jean Paul oft zum Schreiben zurück

Weg in ein kleines Gasthaus am Rande von Bayreuth – die Rollwenzelei – zeigte, wo der Dichter von der Wirtin Dorothea Rollwenzel umsorgt wurde. Die Gaststube der Rollwenzelei ist noch immer eine touristische Attraktion, weil Jean Paul im ›Dichterstübchen‹ »fast tagtäglich gesessen und geschrieben«, wie die Wirtin einst versicherte: »hier an diesem Tische hat er gearbeitet, viel gearbeitet, ach Gott, er hat sich zu Tode gearbeitet«.[19] Jean Paul kam gern in die Rollwenzelei, weil er hier seiner »Vorneigung zum Häuslichen, zum Stilleben, zum geistigen Nestmachen«,[20] aber auch dem »Trinkunfug«[21] frönen konnte. Freilich suchte er zunächst einmal einen ruhigen Ort zum Schreiben, den ihm sein inzwischen auf fünf Personen angewachsener Haushalt nicht bieten konnte. Aber seine ›Ausflüge‹ belasteten das Familienklima offenbar merklich: »Hätt ich keine Bücher zu schreiben: ich wäre der beste Ehemann«,[22] räumt er ein. Was Jean Paul anfangs mit Humor und Selbstironie quittierte, wich bald Desillusion und Resignation. 1825 starb Jean Paul in Bayreuth an Leberzirrhose und Bauchwassersucht, das Bier war eben doch nur die »vorlezte Ölung« gewesen.

Siebenmal wechselte Jean Paul mit seiner Familie (samt Hund, Eichhörnchen und Laubfrosch für die Wettervorhersage) in Bayreuth die Wohnung, bevor er sich im November 1813 im zweiten Stock des Hauses Friedrichstraße 384 (heute Nr. 5) endgültig einrichtete. Das 1753/54 vermutlich von dem später in Berlin tätigen Carl von Gontard erbaute Haus gehörte zu Jean Pauls Zeiten dem Bankier Josef Isaak Schwabacher, der 1817 von Ansbach nach Bayreuth zugezogen war und das erste Stockwerk bewohnte. Beide Familien verkehrten freundschaftlich miteinander, obwohl es regelmäßig kleinere Streitereien wegen fälliger Mieterhöhungen gab. Am 23. Oktober 1822 schreibt Jean Paul, der die Wohnung als seinen »Sitz der Seligen«[23] bezeichnete und auch wegen des Gartens schätzte, seinem Hauswirt wegen einer neuerlichen Mieterhöhung: »Bestehen Sie freilich auf dem Sprunge [von 150 Gulden] zu 180 fl.: so muß ich ihn Ihnen freilich mit meinen alten Beinen nachthun, da ich der Ruhe wegen nicht anders aus Ihrem Hause mag als in einem bequemen Wagen ohne alles Gepäck, welchen die Leute den Leichenwagen nennen.«[24] Man einigte sich schließlich auf 175 Gulden!

Einen Einblick in die Wohnung und das dichterische Universum Jean Pauls gibt der Mediziner Karl Bursy, der nach einem Besuch am 14. Mai 1816 notiert: »Das Zimmer ist klein und so vollgekramt, daß nur ein Gang in der Mitte bleibt, wo zwei Menschen gehen können. An der Wand links zwischen Ofen und Tür steht ein Bücherschrank, in dem die Bücher durch- und aufeinander liegen, als seien sie in Jahren nicht in der Hand eines Lesers gewesen. Am Fenster, der Tür fast gegenüber, ist ein großer Tisch, der so mit Papieren und Büchern und Weingläsern bekramt ist, daß ich ihn noch einmal besser ins Auge fassen muß, um ihn mir deutlich denken zu können. Am Tisch steht ein Kanapee statt eines Stuhles, so sonderbar gestellt, daß man nicht anders hinzukann, als wenn man über den Tisch wegsteigt, denn dicht an der einen Seite des Tisches lehnt sich ein zweiter Bücherschrank, worin eine große Menge Exzerpte liegen und mehrere Bücher, die Jean Paul gerade gegenwärtig liest. Daß übrigens auch in diesem vorn und hinten offnen Schranke nichts von Ordnung zu sehen ist, folgt aus dem früheren«.[25]

An verschiedenen Orten Bayreuths wird heute an Jean Paul erinnert. Seine letzte Wohnung wurde nicht musealisiert, diese Aufgabe übernimmt ein Jean-Paul-Museum, das sich seit 1980 in der ehemaligen Villa der Richard Wagner-Tochter Eva und ihres Mannes Houston Stewart Chamberlain, der mit seinen rassistischen und antisemitischen Schriften eine Vorreiterrolle im Faschismus gespielt hatte,

befindet – eine befremdliche Nachbarschaft. Der Berliner Theaterkritiker Alfred Kerr hatte 1902 mit Weitblick in das Gästebuch der Rollwenzelei geschrieben: »Vergessen dich die Deutschen heut? | Du bist der Meister von Bayreuth!« Noch immer sind Richard Wagner und Jean Paul in Bayreuth Konkurrenten und viel zu oft geht diese Konkurrenz zu Ungunsten des Dichters aus. Die wohl schönste Charakterisierung von Jean Pauls Außerordentlichkeit ist Schiller gelungen, der nach der Begegnung mit dem Bayreuther Dichterkollegen am 28. Juni 1796 an Goethe schrieb: »Ich habe ihn ziemlich gefunden, wie ich ihn erwartete; fremd wie einer der aus dem Mond gefallen ist, voll guten Willens und herzlich geneigt, die Dinge ausser sich zu sehen, nur nicht mit dem Organ, womit man sieht.«[26]

Jean Pauls letztes Wohnhaus in Bayreuth, wo er mit seiner Familie im zweiten Stock lebte

Im musikalisch-poetischen Laboratorium

E.T.A. Hoffmann in Bamberg

Als E.T.A. Hoffmann (1776–1822) das von napoleonischen Truppen besetzte Berlin verließ, um im September 1808 im »schönen Bamberg«[27] den Posten eines Musikdirektors anzutreten, hoffte er auf bessere Zeiten. Hoffmann war felsenfest davon überzeugt, er sei »endlich nach einer langen stürmischen Fahrt in einen Hafen angelangt, der mir Ruhe und Sicherheit gewährt«.[28] Doch er täuschte sich gewaltig, denn die Bamberger Wirklichkeit war alles andere als rosig. Hoffmann war mit der Erwartung nach Bamberg gekommen, als Musikdirektor Opern und Singspiele – auch die eigenen – einstudieren und dirigieren sowie den Spielplan selbstständig gestalten zu können. Er traf jedoch eine verfahrene Situation an: Der langjährige Theaterleiter kündigte kurz nach Hoffmanns Ankunft, es gab kein festes Orchester und ein Umbau des Theaters war in vollem Gange, so dass von einem geregelten Betrieb keine Rede sein konnte; von den Intrigen gegen Hoffmanns »geistige Superiorität«,[29] die dem neuen Musikdirektor das Leben zusätzlich schwer machten, ganz zu schweigen. Ein Eklat war unausweichlich, und Hoffmanns Engagement endete bereits im Oktober. Trotzdem blieb er dem Theater in den folgenden Jahren in unterschiedlichen Funktionen verbunden: als Kapellmeister, Komponist von Ballett- und Bühnenmusik, Theatermaler und Bühnenbildner. Daneben gab er Klavier- und Gesangsunterricht, um seine Finanzen aufzubessern.

Man kann mit Recht fragen, warum Hoffmann sich für Bamberg als neuen Wirkungs- und Lebensort entschieden hatte, zumal in Bamberg die Auswirkungen der napoleonischen Kriege stärker als anderswo zu spüren waren. Die Säkularisation hatte in Bamberg, dem ›deutschen Rom‹, tiefe Spuren hinterlassen, doch die Stadt mitsamt der prächtigen mittelalterlichen Kulisse und ihrem typischen Milieu waren noch immer vom Katholizismus geprägt und trotzten allen Veränderungen. Für die Generation der romantischen Schriftsteller war Bamberg deshalb zum Inbegriff romantischer Kultur geworden, weil das katholische Mittelalter, das Teil dieser kulturellen Vorstellungen war, hier noch zu besichtigen und hautnah zu erleben war. Bamberg wurde ein »Wallfahrtsort für Schriftsteller«,[30] Philosophen, Mediziner und Naturwissenschaftler, die sich romantischem Geist verpflichtet fühlten. Und dieses romantische Lebensgefühl teilte E.T.A. Hoffmann.

Hoffmann und seine Frau hatten zunächst eine geräumige Wohnung bei dem Schönfärber Kaspar Schneider an der heutigen Nonnenbrücke gemietet. Aus finanziellen Gründen zogen die Hoffmanns am 1. Mai 1809 in das Haus des pensionierten Hoftrompeters Joseph Kaspar Warmuth an den nahe gelegenen Zinkenwörth (heute: Schillerplatz 26), direkt gegenüber dem Theater. In seinem Tagebuch hielt Hoffmann am Einzugstag fest: »Neue *angenehme* Wohnung bezogen mit herrlicher Aussicht in Berg und Thal | Auch ein PoetenStübchen dabey!! –«[31] Man bewohnte den zweiten Stock (Wohnraum, Küche) und das Dachgeschoss (Schlafzimmer, Arbeitszimmer) dieses schmalen, 1762 erbauten Hauses. Bei aller Beengtheit der Wohnverhältnisse hatte Hoffmann am 27. Januar 1809 lapidar in seinem Tagebuch festgestellt: »Meine litterarische Carriere scheint beginnen zu wollen.«[32] Im Januar hatte er die Erzählung *Ritter Gluck* vollendet, er arbeitete als Musikkritiker, und von nun an wurde seine Schreib- und Kompositionstätigkeit immer reger. Nebenbei entstanden zahlreiche Karikaturen und Zeichnungen, die Hoffmanns multikünstlerisches Talent zeigen. Auch sonst schien die Wohnung stimulierend gewirkt zu haben. Im Juli 1809 ließ er sich ein Klavier liefern und das Haus wurde endgültig zu seinem »musikalisch-poetischen Laboratorium«.[33]

Der Bamberger Aufenthalt hatte trotz der großen Produktivität Hoffmanns und der Teilnahme am gesell-

Hoffmann bewohnte den zweiten Stock und das Dachgeschoss im Haus des Hoftrompeters Warmuth

Der Dichter
Componist und Maler
E.T.W. Amadäus Hoffmann
wohnte in diesem Hause
1809–1813
26
E.T.A
HOFFMANN
24

Hoffmanns »PoetenStübchen« im Dachgeschoss

schaftlichen Leben der Stadt auch seine Schattenseiten und garantierte keineswegs »ein ruhiges Künstlerleben«.[34] Nicht nur die napoleonischen Kriegszüge wirkten sich negativ auf den Alltag aus, sondern auch Hoffmanns obsessive Schwärmerei für die junge Gesangsschülerin Julia Mark brachten Komplikationen in Fülle mit sich; ein um das andere Mal heißt es im Tagebuch: »EifersuchtsSzene mit der Frau.«[35] Bald musste er erkennen, dass die »exotische Stimmung«, die er oft beschworen hat, als »eine besondere Episode unangenehmer Art bemerkenswerth bleiben« würde.[36] Es kam, wie es kommen musste: Im Herbst 1812 beschimpfte Hoffmann den betrunkenen Verlobten der Angebeteten und erhielt daraufhin trotz eines Entschuldigungsbriefs wochenlang Hausverbot, was sich in der Stadt schnell herumsprach. Hoffmanns Lage wurde so von Tag zu Tag prekärer, ohne dass der Dichter klein beigab. Julia Mark blieb im literarischen Werk Hoffmanns in vielen Figuren präsent! Auch der Bamberger ›guten‹ Gesellschaft mit ihren Gönnern, Damenkränzchen, Musik- und Gesangsstunden setzte Hoffmann in der *Nachricht von den neuesten Schicksalen des Hundes Berganza* ein ironisches Denkmal. Bevor er Bamberg verließ, schloss Hoffmann am 18. März 1813 – dem Geburtstag Julia Marks – noch einen Vertrag mit Carl Friedrich Kunz über einen Band mit Erzählungen, die sämtlich in Bamberg entstandenen *Fantasiestücke in Callot's Manier*. Die *Fantasiestücke* sollten bald seinen literarischen Ruhm ausmachen. Hoffmann reiste Ende März 1813 aus Bamberg ab, um sich nach einem Zwischenspiel als Kapellmeister in Leipzig und Dresden 1816 endgültig in seinem ursprünglichen Beruf als Jurist wieder in Berlin niederzulassen. Nüchtern kommentierte er den Abschied: »Meine Lehr- und Marterjahre sind nun in Bamberg abgebüßt, jetzt kommen die Wander- und Meisterjahre«.[37]

Poetisiertes Leben

Achim und Bettina von Arnim in Wiepersdorf

Schloss Wiepersdorf, achtzig Kilometer von Berlin entfernt in der südlichen Mark Brandenburg bei Jüterbog gelegen, war zeitweiliger Wohnsitz des Dichterehepaars Achim (1781–1831) und Bettina (1785–1859) von Arnim und ist noch immer ein weithin bekanntes Künstlerhaus. Wie zur Zeit der Arnims liegt Schloss Wiepersdorf in einem idyllischen Park, abgeschieden in karger Landschaft und umgeben von kleinen Dörfern. Im Schloss, in dem die Arnims trotz vieler Widrigkeiten des Alltags und der Zeitumstände im Geist romantischer Geselligkeit lebten, wurde seitdem eine Tradition des Austauschs gepflegt, in den die Künste und die Wissenschaft fruchtbar miteinander treten konnten. Das Künstlerhaus Schloss Wiepersdorf ist heute ein Ort, der nicht nur als kulturelles Denkmal und als Erinnerungsstätte für das Dichterehepaar Achim und Bettina von Arnim gepflegt wird, sondern der sich auch der Förderung von Künstlern und Wissenschaftlern verpflichtet hat, indem er ihnen – durch Stipendien unterstützt – Arbeits- und Begegnungsaufenthalte ermöglicht. Mit dem Erhalt von Schloss Wiepersdorf versucht man die romantische Idee eines ›poetisierten Lebens‹ wachzuhalten. In Haus und Park ist nach wie vor die Atmosphäre zu spüren, die Sarah Kirsch in ihrem Gedichtzyklus *Wiepersdorf* auf die lyrische Formel gebracht hat: »Hier ist das Versmaß elegisch | Das Tempus Praeteritum | Eine hübsche blaßrosa Melancholia | Durch die geschorenen Hecken gewebt«.[38]

Das Haus wurde zwischen 1731 und 1738 als Zentrum einer Gutsherrschaft erbaut, zu dem verschiedene Dörfer des Ländchens Bärwalde gehörten. Das Herrenhaus erfuhr im Laufe der Zeit mehrere Um- und Anbauten, die letz-

Schloss Wiepersdorf ist noch heute ein Künstlerhaus

ten, die dem Haus seine heutige Gestalt gaben, nahm der Maler Achim von Arnim(-Bärwalde), ein Enkel des Dichterehepaars, seit 1878 vor. Das Haus wurde insbesondere an der Gartenseite dem Zeitgeschmack entsprechend neobarock überformt. Die Orangerie stammt ebenfalls aus dieser Zeit wie auch die Umgestaltung der alten Gutskirche im neoromanischen Stil und die Anlage des Parks mit den aus Italien stammenden Skulpturen. In den Besitz der Familie von Arnim gelangte das Ländchen Bärwalde mitsamt Wiepersdorf und anderen Rittergütern im Jahr 1780, als es der Vater Achim von Arnims, der preußische Kammerherr Joachim Erdmann von Arnim, kaufte. Nach dessen Tod 1804 fiel der Besitz an die Schwiegermutter Caroline von Labes, die ihre beiden Enkel Achim und Carl-Otto Ludwig unter ihre Fittiche genommen hatte und ihnen Wiepersdorf nach ihrem Tod 1810 vererbte. Achim von Arnim hatte nur Wohn- und Nutzungsrecht in Wiepersdorf.

Achim und Bettina von Arnim hatten 1811 geheiratet und waren 1814 mitten in den Befreiungskriegen gegen Napoleon von Berlin nach Wiepersdorf umgezogen. Bettina von Arnim kehrte jedoch schon drei Jahre später nach Berlin zurück, da sie das kulturelle und gesellschaftliche Leben vermisste und im Gegensatz zu ihrem Mann, der neben seiner literarischen Arbeit ganz in der Landwirtschaft aufging, ein gespaltenes Verhältnis zu Wiepersdorf hatte. Einerseits gewann sie der Landschaft »viel Angenehmes«[39] ab und berichtet ihrem Schwager Friedrich Carl von Savigny: »Es ist wunderschön hier, ich vermisse Berlin gar nicht, aber wohl mein *Plätteisen, meine Waschwanne, mein Scheuerfaß, meinen Zuber, Kehrbesen, Schrubber, Schippe und Sonnenhut, meinen Savigny, und Gundel.*«[40] Andererseits forderte ihr das Landleben mehr ab, als sie zu geben bereit war. Der anfängliche Optimismus und die Bereitschaft, ständig neue Kompromisse einzugehen, nahmen allmählich ab. Auch das Argument Achim von Arnims, mit der Wiepersdorfer Landwirtschaft das materielle Leben der sich rasch vergrößernden Familie zu sichern, verlor mit den Jahren an Überzeugungskraft. Achim von Arnim fand dagegen in Wiepersdorf eine neue Rolle als reformfreudiger Gutsbesitzer, der sich engagiert für soziale und ökonomische Belange einsetzte. Gleichzeitig erhielt seine literarische Produktivität neuen Schwung: Der Roman *Die Kronenwächter* (1817), die Novellensammlung *Landhausleben* (1826) und vieles andere mehr entstanden in Wiepersdorf und gelangten zur Druckreife. So verfingen Bettinas Warnungen vor der Wiepersdorfer Einsamkeit bald nicht mehr: »Du magst mir es zugeben oder nicht, so bleibe ich dabey, daß Du für die Menschliche Gesellschaft gemacht bist und nicht für diese Einsamkeit […] aber Weiden stecken Moorrüben pflanzen Pferde belegen Ochsenzungen kaufen, ist auch nicht das Pfund was Zinsen tragen soll«.[41] Der Alltag in Wiepersdorf war hart. Ständig musste man gegen den Verfall des Schlosses, gegen Missernten und die Probleme, die die preußische Landreform mit sich brachten, ankämpfen, so dass Bettina von Arnim aus Berlin ihren Mann mahnt: »komm bald wieder, gedenck auch meiner unter Deinen Kühen weder die braune noch die Weise noch die schäckige, ist Dir so innig gesinnt wie ich.«[42] Seit 1817 kam Bettina von Arnim mit den Kindern nur noch gelegentlich nach Wiepersdorf. Dagegen fuhr regelmäßig ein Wagen nach Berlin, der die Familie mit Fleisch, Eiern, Gemüse und Obst

Gartensaal, Ort der Geselligkeit und des künstlerischen Austausches

versorgte. Die zwischen Berlin und Wiepersdorf gewechselten Briefe versuchten nicht nur die zeitweise Trennung der Eheleute zu überbrücken, sie dokumentieren außerdem eine ungewöhnliche Partnerschaft, die trotz vieler Konflikte auf einem Fundament gegenseitigen Vertrauens ruhte.

Bettina von Arnim lernte erst nach dem Tod Achim von Arnims Wiepersdorf schätzen, als sie sich, inzwischen eine über die Grenzen Berlins hinaus bekannte literarische Berühmtheit, häufiger dort aufhielt, nun allerdings zeitweise in Bärwalde wohnte. »Diese treffliche Einsamkeit«, schreibt sie 1849 ihrer Schwester, »macht mich glücklich«.[43] Sie gewann hier Distanz zur preußischen Politik und zum gesellschaftlichen Leben Berlins, die ihren Büchern *Die Günderode* (1840), *Dies Buch gehört dem König* (1843), *Gespräche mit Dämonen* (1852) und dem *Armenbuch*-Projekt zugute kam. Sie griff nun das kritische Anliegen frühromantischer Kultur- und Gesellschaftskonzepte wieder auf und ihr soziales Engagement sowie ihr Eintreten für Gleichberechtigung knüpfte an Ideen der preußischen Reformbewegung an. Als Herausgeberin der Werke Achim von Arnims wurde sie nicht nur seine literarische Testamentsvollstreckerin, sondern auch ideelle Sachwalterin von Schloss Wiepersdorf und der hier praktizierten Lebensform. Achim und Bettina von Arnim sind auf dem Friedhof der Wiepersdorfer Gutskirche beigesetzt.

Schwäbische Gastfreundschaft

Kerner in Weinsberg

Der Schriftsteller, Philosoph und Theologe David Friedrich Strauß bezeichnete 1838 das Wohnhaus des Arztes und Dichters Justinus Kerner (1786–1862) in Weinsberg als »vielleicht das merkwürdigste und eigenthümlichste in ganz Schwaben«, um schwärmend fortzufahren: »Das Haus ist klein, aber anmuthig und bequem, und in Verbindung mit dem wohnlich eingerichteten Gartenhause gegenüber bietet es auch hinlänglich Raum, um der Gastfreundlichkeit der trefflichen Familie genug zu thun. Eine schönere und zartere Gastlichkeit ist nicht leicht in einem Hause zu treffen. Unter den vielen Fremden, die jährlich das Kerner'sche Haus besuchen, wird doch jeder in seiner Eigenthümlichkeit aufgefaßt, und ihm eine entsprechende besondere Rücksicht und Neigung gewidmet. […] Das dennoch sich aufdrängende Gefühl, hier allzuviele Güte zu mißbrauchen, wird dem Gaste nur dadurch erleichtert, daß er sieht, wie seine Anwesenheit nicht die mindeste Störung oder Aenderung im Hauswesen hervorbringt, sondern Alles in seinem ruhigen, einfachen Gange bleibt. Und in welche Familie findet sich der Gast hier eingeführt! Kein Wunder, daß von bösen Geistern Geplagte hier Hülfe und Heilung suchen: der gute Geist dieses Hauses muß sie vertreiben.«[44] In der Tat, das Haus Kerners war eine viel besuchte Adresse und wurde sogar zu einem Zentrum der schwäbischen Romantik. Neben Kerners Patienten und Freunden kamen viele Schriftsteller nach Weinsberg, um die Gastfreundschaft Kerners und seiner Frau Friederike (dem »Rickele«) zu erleben. Nach Kerners Tod blieb das Haus eine Wallfahrtsstätte, erinnerte es doch an einen Menschen, der hier »als Chemiker laboriert, als Sänger dichtet, und als Exorcist Geister beschwört«, wie Gustav Schwab in seinen *Wanderungen durch Schwaben* festgehalten hat.[45]

Das Kerner-Haus, hier die Gartenseite, war ein Treffpunkt der Romantik in Schwaben

die Welt überwunden

Der von Kerner zur medizinischen Behandlung entwickelte »Nervenstimmer«

Justinus Kerner war eine Ausnahmeerscheinung. Er wirkte als Landarzt und hinterließ ein beachtliches lyrisches Werk. Viele Gedichte lebten in Vertonungen von Robert Schumann oder Friedrich Silcher fort. Aber Kerner beschäftigte sich auch mit »Fettgift« und »Fettsäure« in »verdorbenen Würsten«,[46] interessierte sich für den von Anton Mesmer entdeckten »thierischen Magnetismus«[47] und wandte sich mit gleicher Energie somnambulen Erscheinungen, Depressionen und neurologischen Störungen zu. Die Behandlung der Bauersfrau Friederike Hauffe und die Veröffentlichung ihrer Krankengeschichte unter dem Titel *Die Seherin von Prevorst. Eröffnung über das innere Leben des Menschen und über das Hineintragen einer Geisterwelt in die unsere* (1829) erregten weithin Aufsehen. Für die Behandlung hatte Kerner den »Nervenstimmer« entwickelt, ein Therapiegerät zur Stimulierung der Nerven. Gerade in dieser Verbindung von Literatur, Medizin und Psychologie war Justinus Kerner zum Protagonisten der schwäbischen Romantik geworden, die sich zwar an den Vorbildern in Jena, Heidelberg oder Berlin orientierte, aber auf ihrer regionalen Eigenständigkeit beharrte. Da konnte Heinrich Heine 1838 noch so sehr über die »lieben Kleinen von der schwäbischen Dichterschule« spotten und von Kerner berichten, dass dieser »einmal dem Publikum aufs ernsthafteste erzählt hat, daß ein paar Schuhe, ganz allein, ohne menschliche Hülfe, langsam durch das Zimmer gegangen sind, bis zum Bette der Seherin von Prevorst. Das fehlt noch, daß man seine Stiefel des Abends festbinden muß, damit sie einem nicht des Nachts trapp! trapp! vors Bett kommen und mit lederner Gespensterstimme die Geschichte des Herrn Justinus Kerner vordeklamiren!«[48]

Trotzdem: Auch in Schwaben reiste man, schloss Freundschaften, las sich gegenseitig vor, sammelte Volkslieder und Sagen, begeisterte sich für die Kunst und Kultur des Mittelalters und schmiedete literarische Pläne. Mit diesem romantischen Lebensgefühl war Justinus Kerner während seines Medizinstudiums in Tübingen bekannt geworden. Hier begann die Freundschaft mit Ludwig Uhland und bald versammelte sich ein gleichgesinnter Kreis regelmäßig in Kerners Studentenbude. Die Romantik ließ Kerner nicht mehr los, auch dann nicht, als er 1819 nach Weinsberg kam, um sich hier als Oberamtsarzt mit seiner Familie niederzulassen. Unterhalb der Burgruine Weibertreu begann er im Frühjahr 1822 mit dem Bau eines Hauses, in das er schon im November desselben Jahres einzog und in dem er seine Arztpraxis eröffnete. 1827 erweiterte Kerner das Haus um einen Anbau, das Schweizerhaus.

Schon bald nahm sich Kerner der ortsgeschichtlichen Überlieferung Weinsbergs an und setzte sich für die Sicherung und Restaurierung der von Abtragung bedrohten Burgruine Weibertreu ein, auch dies ein typisch romantisches Engagement. Zentrum all dieser Aktivitäten wurde aber Kerners Wohnhaus, das bald landauf und landab nur noch als Kerner-Haus bezeichnet wurde. Die Veröffentlichung der Krankengeschichte der »Seherin von Prevorst« zog unzählige Menschen an, die bei Kerner auf Genesung oder zumindest auf Linderung ihrer Leiden hofften. Kerner war zu so etwas wie einer schwäbischen ›Kultfigur‹ geworden. Er erweiterte sein Anwesen um den »Geisterturm«, einen Eckturm der mittelalterlichen Stadtbefestigung, und

Kerners Studierzimmer

um ein Gartenhäuschen, das »Alexanderhäuschen«, das nun als Unterkunft der immer zahlreicher werdenden Gäste diente. Das Haus, sein Interieur, die Kunstsammlung und die Gastfreundschaft des Dichterarztes sind aufs engste miteinander verknüpft, was auch David Friedrich Strauß hervorhob: »So viel ist jedenfalls gewiß: man muß Kernern in seinem Hause sehen und darstellen, wenn man einen richtigen Begriff von ihm bekommen oder mittheilen will.«[49]

Aber die Zeiten blieben nicht romantisch. Der Tod der Ehefrau Ostern 1854, Zerwürfnisse mit früheren Freunden, politische Divergenzen mit dem Sohn Theobald, Altersgebrechen und Vereinsamung machten Kerner zu schaffen und ließen sein Haus verwaisen. Nach seinem Tod ging das Haus in den Besitz des Sohnes über, der im Elternhaus ebenfalls als Arzt praktizierte. Auch Theobald Kerner pflegte ein offenes Haus und setzte die Tradition der Eltern fort. In seinem Buch *Das Kernerhaus und seine Gäste* (Weinsberg 1894) hielt er die Erinnerung an Vater und Haus wach und sorgte außerdem dafür, dass von der ursprünglichen Einrichtung, der Kunstsammlung und den Alltagsgegenständen kaum etwas verloren ging. Wie sehr die Kultur der schwäbischen Romantik in diesem Haus nachschwingt, wird in einer Bemerkung des Erzählers Günter Herburger deutlich, der – nach der Bedeutung Kerners gefragt – mit leicht ironischem Unterton geantwortet hat: »Schwäbische Güte und Gemütlichkeit Kerners werden auch heute noch vielen Schwaben über ihre geteerten Weinbergwege helfen.«[50]

Das leere Zimmer eines Verschollenen

Hölderlin in Tübingen

In seiner Lebensbeschreibung Friedrich Hölderlins (1770–1843) berichtet Wilhelm Waiblinger von einem Gespräch mit dem Dichter, in dem dieser beiläufig feststellte: »Ich, mein Herr, bin nicht mehr von demselben Namen, ich heiße nun Killalusimeno.«[51] Ob es sich hierbei um das sichtbare Zeichen einer psychischen Erkrankung oder um »eine aus wohl überdachten Gründen angenommene Äußerungs Art«[52] handelt, wie der Freund Sinclair im August 1804 Hölderlins Mutter schreibt, war seitdem häufig Anlass für Spekulation und Interpretation. Im Ergebnis ist das ›romantische‹ Bild eines kranken Dichters entstanden, das bereits die Zeitgenossen faszinierte. Friedrich de la Motte-Fouqué fragt etwa im September 1812 bei Ludwig Uhland in Tübingen nach: »Was macht Hölderlin? Schweben die dunkeln Gewölke noch immer um sein Haupt? – Ein wahnsinniger Dichter erscheint mir ganz besonders furchtbar, und rührend, und geheiligt.«[53] Das Bild, das man sich von Hölderlin machte, hatte auch Konsequenzen für sein Werk – besonders das lyrische Spätwerk –, das erst im frühen 20. Jahrhundert wirklich entdeckt wurde, obwohl die Freunde des Dichters bereits 1826, also noch zu Lebzeiten Hölderlins, eine Werksammlung herausgebracht hatten. Hölderlin war lange ein »Verschollener«[54] und ein Wahnsinniger aus »Gotttrunkenheit«.[55] Seitdem verstummten die Spekulationen um Hölderlins Leben und die Debatte über sein Werk nicht. Die Dunkelheiten und Leerstellen in Hölderlins Biographie ermöglichten viele Projektionen, um zu verstehen, wie es dazu kommen konnte, dass eine Persönlichkeit mit ihrer außerordentlichen literarischen Begabung derart beschädigt wurde und der Dichter nur noch Zuflucht in der Krankheit fand, wobei er sich hinter Namen wie »Killalusimeno«, »Buonarotti« oder »Scardanelli« versteckte.

Im September 1806 wurde Hölderlin, dessen »Geistesabwesenheit«[56] und »Gemüths Verwirrung«[57] nach der Rückkehr aus Bordeaux Ende Januar 1802 immer offenkundiger geworden war, unter einem Vorwand und gegen seinen Willen in das Autenriethsche Klinikum in Tübingen eingeliefert. Diese Klinik galt damals als fortschrittlich und war keineswegs nur auf psychische Erkrankungen spezialisiert. Die Behandlung mit Beruhigungsmitteln, später auch mit Reizmitteln brachte keinen Erfolg, so dass Hölderlin nach 231 Tagen Klinikaufenthalt in die Obhut und Pflege des Schreinermeisters Ernst Friedrich Zimmer gegeben wurde, wo er der Welt allmählich verloren ging. Jahre später berichtet Zimmer: »Ich besuchte Hölderlin im Clinikum und Bedauerte ihn sehr, daß ein so schönner Herlicher Geist zu Grund gehen soll. Da im Clinikum nichts weiter mit Hölderlin zu machen war, so machte der Canzler Autenrith mir den Vorschlag Hölderlin in mein Hauß aufzunehmen, er wüßte kein pasenderes Lokal. Hölderlin war und ist noch ein großer Natur Freund und kan in seinem Zimmer daß ganze Näkerthal samt dem Steinlacher Thal übersehen. Ich willigte ein, und nahm in auf«.[58]

Hölderlin war in die Stadt zurückgekehrt, in der er zwischen 1788 und 1793 als Student im Tübinger Stift lebte und gemeinsam mit Hegel und Schelling – zeitweise seine Zimmergenossen – zu der Generation von Studenten (darunter auch die Freunde Gustav Schwab, Karl Mayer, Wilhelm Hauff, Wilhelm Waiblinger und Eduard Mörike) zählte, die dieser Bildungseinrichtung zu großem Ansehen verhalf.

Hölderlin verbrachte insgesamt 36 Jahre im Haus des Schreinermeisters Zimmer. Er bewohnte ein kleines Zimmer in einem Haus mit turmähnlichem Anbau an der Tübinger Neckarfront, das einmal Teil der Stadtbefestigung war. Sein Zimmer wurde als »Rundel« bezeichnet. Allerdings hatte der Turm damals noch eine polygonale Form. Der Schreinermeister Zimmer erwarb das Haus, das bei einem Umbau 1778 um ein Geschoss aufgestockt worden war, im Jahr 1806. Im Erdgeschoss brachte Zimmer seine Werkstatt unter, im ersten Stock hatte die Familie eine kleine Wohnung, in der auch Hölderlin unterkam. Nach Aufgabe

Der Hölderlin-Turm an der Tübinger Neckarfront

Hölderlins Zimmer, das »Rundel«, lag im Obergeschoss des Turms

der Werkstatt und neuerlichen Umbauten entstand eine Raumaufteilung, die noch heute zu erkennen ist, besonders der lange Flur, den Hölderlin in seinem Bewegungsdrang unzählige Male am Tag »mit gewaltigen Schritten«[59] durchmessen hat. Hölderlins Tagesablauf, auch das wissen wir von der Familie Zimmer und Besuchern, war ausgesprochen geregelt, und dieses Gleichmaß tat ihm offenbar gut. Er stand früh auf und ging früh zu Bett. Immer wieder wird sein gesunder Appetit erwähnt. Viele Stunden verbrachte Hölderlin improvisierend und singend am Klavier, ansonsten blickte er zum Fenster hinaus auf den Neckar, doch ihm ist – so schreibt Zimmer 1830 an Hölderlins Schwester – »zu seiner erheiterung noch vieles geblieben, Seine liebe zur Musik, Sein Sinn vor Natur schönheiten, und Gefühl für Zeichnete Künste.«[60] Hölderlin starb am 7. Juni 1843; eine Autopsie stellte als Todesursache »Brustwassersucht« fest.

Nach Hölderlins Tod bewohnten Mitglieder der Familie Zimmer das Haus noch bis 1865, danach wurde es verkauft. Im Dezember 1874 brannten Haus und Turm aus, dabei wurden die oberen Stockwerke vollständig zerstört. Beim Wiederaufbau wurde das Haus sowohl im Inneren als auch im Äußeren verändert: Der Turm erhielt in allen Stockwerken eine runde Form und das Dach bekam seine charakteristische Helmform.[61] Im Zusammenhang mit diesen Umbaumaßnahmen wurde der Turm erstmals als »Hölderlin's Thurm« bezeichnet und ist seitdem Wahrzeichen der Tübinger Neckarfront.

Flur, den Hölderlin täglich »mit gewaltigen Schritten« durchmessen hat

Droste-Hülshoff · Mörike · Stifter ·
Heine · Büchner

RÜCKZÜGE INS PRIVATE, VERTREIBUNG AUS DER ÖFFENTLICHKEIT

Die Neuordnung Europas 1815 auf dem Wiener Kongress, welche die Herrschaft Napoleons endgültig beendete, und die Märzrevolution 1848 sind zwei markante Ereignisse einer aufgewühlten Epoche, die sich auch auf die Literatur auswirkten. Der Wiener Kongress steht für eine politische Entwicklung, welche die alte machtpolitische Ordnung und deren soziale Verhältnisse wieder herstellen wollte, das revolutionäre Aufbegehren signalisierte dagegen den Aufbruch in eine neue Zeit, in der Freiheit, Demokratie und Gerechtigkeit die Zielrichtung vorgaben. Gleichzeitig machte sich die industrielle Revolution nicht nur als wirtschaftlicher Motor, sondern im Verbund mit wachsender Mobilität und allseits herrschender Beschleunigung auch als Verunsicherung und Verelendung breiter Bevölkerungsschichten bemerkbar. Nach der Julirevolution von 1830 in Frankreich wurde überall in Europa und besonders in Deutschland die Meinungsfreiheit massiv eingeschränkt, die Zensur verschärft, literarische Bewegungen wie das »Junge Deutschland« verboten und Autoren verhaftet oder ins Exil vertrieben. Literatur als Teil des politischen Meinungskampfes spielte trotz aller Einschüchterungsversuche eine unübersehbare Rolle. In den 1840er-Jahren spitzte sich die Lage schließlich krisenhaft zu, bis sie sich im März 1848 in einer Revolution entlud, die allerdings bald gewaltsam unterdrückt wurde.

Die Dichterin Annette von Droste-Hülshoff hat diese Jahrzehnte mit der Formel »Geistesflug und Dampf« prägnant charakterisiert.[1] Sie hat als konservative und katholische Autorin damit einerseits zugegeben, dass ihre Texte auf die politischen Herausforderungen reagierten, also politisch sind, andererseits beklagte sie den Verlust von Traditionen, Werten und Idealen. Gleichzeitig mahnte sie die Bewahrung einer unversehrten Natur und stabilen Lebenswelt an, die sie durch revolutionäre Aktionen gefährdet sah. Aber die Abkehr vom universellen und autonomen Kunstverständnis der ›Goethezeit‹ war vollzogen, und die Literatur war nun Teil und Medium des Ideenkampfes und der zerrissenen Weltbilder. Während sich Autoren wie Annette von Droste-Hülshoff, Eduard Mörike oder Adalbert Stifter in ihre biedermeierliche Privatsphäre zurückzogen, betraten mit Heinrich Heine oder Georg Büchner ›Gegenspieler‹ die öffentlich-politische Bühne um den Preis, dass die mächtige Zensur versuchte, sie mundtot zu machen, sie von der Polizei steckbrieflich gesucht wurden und ins Exil flüchten mussten, um ihr Leben vor Verfolgung zu schützen. Das hatte zur Folge, dass sich mit Ausnahme von Geburtshäusern keine weiteren Häuser dieser politisch engagierten Autoren erhalten haben oder erst mit großer Verzögerung – etwa Heines Wohnungen im Pariser Exil – überhaupt als Erinnerungsorte zur Kenntnis genommen wurden. Dagegen können wir heute ansehnliche und teilweise sogar idyllisch gelegene Häuser von Autoren besichtigen, die sich aus dem politischen Meinungskampf heraushielten und ein erkennbar anderes, ausdrücklich privates Leben führten. Dennoch spielten sie im zeitgenössischen Literaturbetrieb eine ebenso bedeutende Rolle wie ihre politisch engagierten Kollegen. Die extremen politischen Gegensätze dieser Epoche haben sich in die noch existierenden Dichterhäuser ebenso eingeschrieben, wie sie die Lebensläufe, die politischen Haltungen und die poetischen Konzepte ihrer Bewohner beeinflusst haben.

Der Gartensaal war der Mittelpunkt des Rüschhauses, wo am Hausaltar auch die Messe gefeiert wurde

Das »Schneckenhäuschen«, Refugium Annette von Droste-Hülshoffs im Rüschhaus

Zwei Heimaten

Annette von Droste-Hülshoff im Rüschhaus

Das Münsterland und die Landschaft des Bodensees sind untrennbar mit Annette von Droste-Hülshoff (1797–1848) verbunden. In dem bei Münster gelegenen Rüschhaus, ihrem Wohnsitz seit 1826, entstand die in Ostwestfalen spielende Novelle *Die Judenbuche*. Auf der Meersburg am Bodensee, wo sich Droste-Hülshoff in den 1840er-Jahren zu Besuchen aufhielt, wo sie starb und begraben wurde, entstand der Großteil ihres lyrischen Werks, darunter so berühmte Gedichte wie *Der Knabe im Moor* oder *Am Turme*. Die »miraculeuse Luft«[2] des Südens und das »seltsam schlafende Land«[3] im Nordwesten Deutschlands hinterließen tiefe Spuren im Leben und Werk Drostes. Meersburg bezeichnete sie zwar als »die zweite Hälfte« ihrer Heimat,[4] aber darüber vergaß die Dichterin nie, dass im Münsterland ihre familiären und kulturellen Wurzeln lagen. Das idyllisch gelegene, ländlich abgeschiedene Rüschhaus blieb zeitlebens ein wichtiger Ort für die Dichterin: »ich wüßte nichts Lieberes als hier – hier – nur hier!«[5]

Geboren wurde Annette von Droste-Hülshoff auf der Wasserburg Hülshoff, wo sie ihre Kindheit und Jugend verbrachte, erste Gedichte schrieb, sich sogar schon früh an große literarische Formen wie Roman und Drama wagte und auch als Komponistin von Liedern und (wenn auch unvollendeten) Opern im privaten Kreis reüssierte. Als ihr Vater, Clemens August von Droste-Hülshoff, im Juni 1826 überraschend nach kurzer Krankheit starb, siedelte sie mit ihrer Mutter und der Schwester Jenny vom Familienstammsitz ins Rüschhaus um, das der Vater kur zuvor als Witwensitz gekauft hatte. Der Barockarchitekt Johann Conrad Schlaun hatte Rüschhaus zwischen 1745 und 1749 als eigenen Sommersitz erbaut. Schlaun, einer der bedeutendsten Architekten der Zeit, schuf ein Gebäude, das traditionelle Bauweisen Norddeutschlands mit barocker Baukunst mischte. Das Haus erfüllte nämlich zwei Funktionen, zum einen als Bauernhaus mit Tenne, Ställen sowie Küche mit Herdfeuer und zum anderen als ›maison de plaisance‹ mit eleganten Salons, umgeben von einem Barockgarten mit streng gegliederten Rasenflächen, Blumenrabatten und Skulpturen, die die Jahreszeiten und Elemente symbolisieren. Obwohl Annette von Droste-Hülshoff oftmals darüber klagte, dass sie hier völlig »verklausnert«[6] lebe und es ihr an der »nöthigen Zerstreuung fehlte«,[7] schätzte sie das Rüschhaus zeitlebens wegen seiner »melancholischen Freundlichkeit«[8] und freute sich, wenn sie nach längerer Abwesenheit wieder in ihre »Staaten« eingezogen war.[9] Sie betrachtete das Haus als einen der »unveränderlichsten Orte«, wo »man den Flug der Zeit am wenigsten gewahr wird«.[10]

Die Dichterin bewohnte im Rüschhaus ein kleines Appartement im Zwischengeschoss. Diese Räume, von ihr liebevoll als »Schneckenhäuschen«[11] und »klein wie ein Mauseloch« bezeichnet, wurden ihr literarisches ›Hauptquartier‹, von dem aus sie in die Welt der Literatur aufbrach. Das Zentrum ihres Arbeitszimmers bildete ein Kanapee, auf dem sie mit untergeschlagenen Beinen zu sitzen pflegte, las oder mit Freunden und Bekannten plauderte. Es war auch ein Ort zum Nachdenken, Träumen und Dichten. Das Kanapee war ihr Rückzugsort in Zeiten, in denen sie mit Krankheit, Enttäuschung oder Depressionen kämpfte: »hier ist der Welt Ende, und ich werde von dem, was weiter als 1000 Schritte von meinem Canapee passiert, nicht mehr gewahr, wie die Heroen im Elisyum von der Oberwelt«.[12] Doch im »Schneckenhäuschen« wurde nicht nur gedichtet, sondern auch musiziert. Unter den wenigen originalen Möbelstücken hat sich ein Hammerklavier erhalten, das von Drostes Talent als Musikerin und Komponistin zeugt. In ihren Zimmern verwahrte die Dichterin ihre Sammlungen von Kupferstichen, Münzen, Gemmen, Versteinerungen, unterschiedlichen Naturalien oder Autographen, die sie mit großer Leidenschaft zusammengetragen hatte.

Seit Ende 1834 schmiedete Annette von Droste-Hülshoff Publikationspläne und 1838 erschien schließlich ihre erste Gedichtsammlung in einem Münsteraner Provinzverlag. Eine breite Wirkung dieser Sammlung blieb aus, doch die Dichterin hatte erste unschätzbare Erfahrungen mit dem Literaturbetrieb gemacht und erlebt, was es bedeutete, den Schritt vom geschützten und behüteten Arbeitszimmer auf das glatte Parkett der Öffentlichkeit zu wagen.

Gartenseite des Rüschhauses, das sich der Barockbaumeister Johann Conrad Schlaun als Landsitz erbaut hat

Doch erst auf der Meersburg, wo sie sich erstmals von September 1841 bis August 1842 bei ihrer Schwester Jenny und ihrem Schwager Joseph von Laßberg aufhielt, sollten diese Erfahrungen Früchte tragen. Joseph von Laßberg, weithin bekannter Sammler mittelalterlicher Handschriften, hatte die am nördlichen Ufer des Bodensees gelegene Meersburg zu Beginn des Jahres 1838 gekauft. Gegenüber Ludwig Uhland schwärmte er am 21. Februar 1838: »Eine schöne, große Burg, wolerhalten […], hell, warm und in einer Lage, die eine der schönsten Aussichten am Bodensee gewäret.«[13] Noch 1838 bezog man die Burg, und Jenny von Laßberg drängte seitdem ihre Schwester, sie im neuen Domizil zu besuchen. Doch es sollte noch drei Jahre dauern, ehe Droste von Westfalen zum Bodensee aufbrach. In der Zwischenzeit hatte sich im Rüschhaus ihr Kontakt zu Levin Schücking intensiviert, den Droste unter ihre Fittiche genommen hatte und mit dem sie bei verschiedenen literarischen Projekten zusammenarbeitete. Schücking selbst hielt sich mit Sprachunterricht sowie journalistischen und literarischen Gelegenheitsarbeiten über Wasser. Droste, die sich für den jungen ›Kollegen‹ verantwortlich fühlte, vermittelte ihm daher – trotz aller Vorbehalte ihrer Familie – eine Anstellung auf der Meersburg. Er sollte Laßbergs Bibliothek und Handschriftensammlung ordnen und katalogisieren. Die Dichterin folgte dem 17 Jahre jüngeren Schützling an den Bodensee, bezog zwei Zimmer in einem der Burgtürme mit Blick auf See und Alpenkette. Es begann eine Zeit von Austausch und gegenseitiger Inspiration, was zu einem ungeheuren Schub in ihrer literarischen Produktion führte. Droste ließ sich sogar auf eine »Wette«[14] ein, mit der sie die Herausforderung annahm, jeden Tag ein neues Gedicht zu schreiben. Schücking nutzte außerdem seine Kontakte in der literarischen Szene dazu, dass die *Judenbuche* und eine Anzahl ihrer heute noch bekanntesten Gedichte im damals viel gelesenen *Morgenblatt für gebildete Leser* erscheinen konnten, und sorgte so für Drostes literarischen Durchbruch. Die auf der Meersburg geschriebenen Gedichte bildeten auch den Kern einer zweiten Gedichtausgabe, die 1844 im Stuttgarter Cotta-Verlag, dem berühmten Verlag von Goethe und Schiller, erschien. Vom Honorar dieser Ausgabe kaufte sich Droste oberhalb von Meersburg das Fürstenhäusle, das inmitten von Weinbergen liegt, einen

Arbeitsplatz Annette von Droste-Hülshoffs im Rüschhaus

grandiosen Blick über den Bodensee bis zu den Alpen gestattet und das ihr »Tusculum« und »Chez moi« werden sollte.[15] Für dieses Kleinod schmiedete sie zwar in ihrem Briefwechsel ausführlich Einrichtungspläne, aber letztlich wohnte Droste hier nie.

Die Beziehung zu Schücking hatte sich mittlerweile abgekühlt, die gegenseitige Entfremdung nahm zu, und ein vollständiger Bruch war bald nicht mehr zu vermeiden. Auch die politischen Konflikte im Vorfeld der Märzrevolution von 1848 wirkten sich negativ auf die einstige Freundschaft aus. Man vertrat inzwischen unterschiedliche literarische und politische Positionen. Werner von Droste-Hülshoff drängte darüber hinaus seine Schwester, liberale Zeitschriften wie die *Kölnische Zeitung*, für die Schücking als Redakteur arbeitete, als Publikationsort zu meiden. Droste beugte sich der Familienräson, was Schücking wiederum als Affront empfand. Er revanchierte sich 1846 mit dem Roman *Die Ritterbürtigen*, in dem er der bösartigen und intriganten Figur der Allgunde von Quernheim unverkennbare Züge der einstigen Freundin verlieh. Schücking »hat an mir gehandelt wie mein grausamster Todfeind«, klagte Droste tief verletzt nach der Lektüre der *Ritterbürtigen*.[16]

Seit dem Herbst 1844 hielt sich Droste wieder im Rüschhaus auf. Anfangs konnte sie an die intensive literarische Produktion ihrer Meersburg-Aufenthalte anknüpfen. Aber sie zog sich mehr und mehr zurück. Selbstisolation und Demoralisierung nahmen zu, schnell aufeinanderfolgende Erkrankungen taten ein Übriges. Nicht einmal das Rüschhaus, sein Garten und seine Naturstimmungen konnten die Dichterin aufmuntern: »Alles auseinander geflogen wie ein Haufen Federn, und die Bande auseinander gegangen wie verbrannte Dochte.«[17] Im September 1846 packte Annette von Droste-Hülshoff ihre Koffer und verließ das Rüschhaus, um am Bodensee noch einmal Kraft zu schöpfen. Es war ihre letzte Reise, zu der sie aufbrach. Am 24. Mai 1848 starb sie in Meersburg, wo sie zwei Tage später beerdigt wurde.

Dienstort Pfarrhaus

Mörike in Cleversulzbach

Am 3. Juli 1834 kam Eduard Mörike (1804–1875) mit seiner Mutter und der Schwester Clara in das nordwürttembergische Cleversulzbach, um nach langer Vikariatszeit endlich die ersehnte feste Pfarrstelle anzutreten und die »VicariatsKnechtschaft«[18] ein für alle Mal abzuschütteln: »wie neu und erhebend war mir der Gedanke, daß ich nunmehr gewürdigt sein sollte, von einer Gemeinde vollkommen Besitz zu nehmen!«, bekennt er in der Antrittspredigt.[19]

Cleversulzbach war damals ein Dorf mit etwa 600 Einwohnern, das von Landwirtschaft und Weinbau lebte. Mörike schätzte den Ort wegen seines milden Klimas, das dem Kränkelnden und zur Hypochondrie Neigenden manche Linderung verschaffte. Auch die Nähe zum Dichterfreund Justinus Kerner in Weinsberg sprach für Cleversulzbach. Die Pfarrstelle, die Mörike antrat, war mit 600 Gulden jährlich allerdings mäßig dotiert, denn als Pfarrer hatte er nicht nur seelsorgerliche, sondern auch amtliche Pflichten, die die Aufsicht über Schule, Gemeindefinanzen, Standesamt, Armenfürsorge sowie Sitte und Ordnung beinhalteten.

Das weitläufige, aber düstere Pfarrhaus, das man nun bezog, stammt aus dem Jahr 1755 und wurde von Mörikes Amtsvorgänger Carl Eduard Rheinwald 1828 ohne große Begeisterung so beschrieben: »Es steht am Ende des Orts, von der Kirche 70. Schritte, von der Schule 125. Schritte entfernt, ist frei, etwas feucht, angenehm gelegen, und gut erhalten, hat 3. heizbare Zimmer, einen schlechten Keller, wenig Hofplaz, Scheuer mit Stallung, Waschküche, und Garten an das Pfarrhaus anstoßend.«[20] Während Mörike dem Haus kaum positive Seiten abgewinnen konnte, es in der Erzählung *Spuk im Pfarrhaus zu Cleversulzbach* (1842) sogar zum Schauplatz von Geistererscheinungen machte, war es der Garten, der Mörike zusagte und ein bevorzugter Aufenthaltsort wurde. Der Garten war höher gelegen, aber man konnte vom zweiten Stock des Pfarrhauses direkt in ihn gelangen. Das Pfarrhaus, auch das wusste Mörike, war nicht ohne Tradition, denn einer seiner Amtsvorgänger, Johann Gottlieb Franckh, hatte Schillers Schwester Luise geheiratet und 1802 Schillers kranke Mutter in sein Haus aufgenommen. Elisabetha Dorothea Schiller verstarb jedoch noch im selben Jahr und wurde auf dem Dorffriedhof begraben. Mörike ist es zu verdanken, dass das vernachlässigte Grab wieder gepflegt wurde; sein Gedicht *Auf das Grab von Schillers Mutter* (1835) hält ebenfalls die Erinnerung wach. Jahre später, am 26. April 1841, wurde Mörikes Mutter neben Schillers Mutter beigesetzt.

Mörikes anfängliche Begeisterung für Cleversulzbach verflog schnell, obwohl diese Lebensphase eine seiner literarisch produktivsten war. Der Beruf wurde zur Belastung und die Zweifel, ob er überhaupt zum Pfarrer bestimmt sei, mehrten sich. Am 20. Dezember 1828 hatte Mörike in einem Brief an Johannes Mährlen das Leben im Pfarrhaus noch als eine erstrebenswerte Perspektive gesehen: »Wie Schuppen fiels mir von den Augen, *daß ich alle jene Pläne, die mein ganzes Herz erfüllen* auf keinem Fleck der Welt (wie nun eben die Welt ist!) sicherer und lustiger verfolgen kann als in der Dachstube eines wirtembergischen Pfarrhauses. Mich soll gleich der Teufel holen wenn das mein Ernst nicht ist.«[21] Aber er täuschte sich. Cleversulzbach war nicht der Ort, wo Mörike seine persönlichen Angelegenheiten in Ordnung bringen konnte, nachdem er sich im August 1833 von der Braut Luise Rau nach zermürbenden Auseinandersetzungen getrennt hatte. Das neue Pfarrhaus war ebenso wenig der geeignete Ort, wo Mörike ungestört seinen literarischen Neigungen und Ambitionen nachgehen konnte. Inzwischen war zwar der Roman *Maler Nolten* (1832) erschienen und ein wesentlicher Teil seines lyrischen Werks entstanden. Die Personalunion von Pfarrer und Dichter wurde jedoch zusehends problematisch, und das Cleversulzbacher Pfarrhaus war keineswegs die biedermeierlich-friedliche Idylle, als die sie häufig beschrieben wurde. Das populäre Gedicht *Der alte Thurmhahn* thematisiert diese Problematik. Mörike hatte den eisernen Turmhahn verwahrt, als er während der Renovierung des Kirchturms im Juni 1840 abgenommen wurde (heute befindet er sich im Schiller-Nationalmuseum in Marbach). Das Gedicht entstand zunächst in einer Kurzfassung. Zum viel zitierten Gedicht wurde es erst, nachdem Mörike es 1852

Friedhof von Cleversulzbach mit den Gräbern der Dichtermütter Charlotte Mörike und Charlotte Schiller

in einer längeren Fassung veröffentlicht hatte. Dieses Gedicht, erläuterte er am 21. April 1854 dem Kollegen Theodor Storm, »entstand unter Sehnsucht nach dem ländlichpfarrlichen Leben«[22] und betont damit das Ungleichgewicht zwischen ländlicher Idylle und dem Alltag eines frustrierten und in der Dorfgemeinschaft isolierten Pfarrers, den das Amt nur noch belastet:

Zu Cleversulzbach im Unterland
Hundert und dreizehn Jahr ich stand,
Auf dem Kirchthurm ein guter Hahn,
Als ein Zierath und Wetterfahn.
In Sturm und Wind und Regennacht
Hab' ich allzeit das Dorf bewacht.
Manch falber Blitz hat mich gestreift,
Der Frost mein' rothen Kamm bereift,
Auch manchen lieben Sommertag,
Da man gern Schatten haben mag,
Hat mir die Sonne unverwandt
Auf meinen goldigen Leib gebrannt.
So ward ich schwarz für Alter ganz,
Und weg ist aller Glitz und Glanz.
Da haben sie mich denn zuletzt
Veracht't und schmählich abgesetzt.[23]

Mörikes Zeit in Cleversulzbach endete nach neun Jahren mit dem Scheitern als Pfarrer. Er war gerade mal 39 Jahre alt. Das Pfarramt stellte zwar kaum hohe Anforderungen an den Amtsinhaber, für Mörike wurde es dennoch zur Qual. Einem geregelten Tagesablauf zu folgen, bereitete ihm augenscheinlich Mühe und löste häufig psychische Krisen aus. Mörike war bei den Gemeindemitgliedern nicht unbeliebt, galt allerdings als Müßiggänger. Trotzdem beklagte er sich über die Erwartungen, die man in ihn setzte, bekennt aber auch freimütig: »Ich lag den halben Vormittag mit unsteten Gedanken lesend und brütend auf dem Bett, schlenderte durch den Garten und sah die Hummeln in den Sonnenblumen wühlen.«[24] Schließlich legte man Mörike nahe, sich pensionieren zu lassen. Mit der Schwester Clara verließ Mörike Cleversulzbach im September 1843, es folgten acht Jahre ohne jede berufliche Verpflichtung, in denen sich der junge Pensionär ausschließlich seinen Lieblingsbeschäftigungen Lesen, Schreiben und Zeichnen nachgehen konnte. 1845 blickte Mörike im Gedicht *Ach nur einmal noch im Leben!* schon wieder freundlich auf Cleversulzbach zurück, als das quietschende Gartentor im einstigen Pfarrhausgarten eine »liebliche Erinnerung – | Ein schöneres Empfinden, höhere Fähigkeit«[25] weckte.

Pfarrhaus von Cleversulzbach, Mörikes Amtssitz

»Der Fluß geht ruhig«

Stifter in Linz

Die Ereignisse vor und nach der Märzrevolution 1848 in Wien waren ein Wendepunkt im Leben Adalbert Stifters (1805–1868). Die Ausschreitungen und das Chaos, in dem Wien zu versinken drohte, veranlassten Stifter, die Stadt in Richtung Linz zu verlassen, obwohl er den vielstimmigen Ruf nach Freiheit mit Sympathie vernommen hatte. Nun aber befürchtete er, dass mit der drohenden »Alleingewalt« ein »Ende der Freiheit« einhergehe.[26] Im ruhigeren Linz wollten Stifter und seine Frau Amalie eigentlich nur den Sommer verbringen, doch die angespannte politische Lage und neue berufliche Perspektiven bewogen das Ehepaar, sich dauerhaft in der Stadt niederzulassen. Man bezog im Mai 1848 eine Wohnung an der Unteren Donaulände (heute: Adalbert-Stifter-Platz 1).

In diesem Haus lebte Stifter bis zu seinem Tod. Erbaut wurde es 1844 vom Linzer Baumeister Johann Metz und ist ein typisches Beispiel für den architekturhistorischen Übergang vom Biedermeier zum Historismus. Zunächst wohnten Stifters in der ersten Etage, nach wenigen Monaten wechselte man in das zweite Stockwerk mit Aussicht auf die Donau. Er sei, so schreibt Stifter am 6. Juli 1849 an Emilie von Binzer, »zu einer Wohnung« gekommen, die »die schönste in Linz ist«,[27] und ergänzt am 9. Juli: »Die Wohnung hat einen Salon mit *sehr schöner* Aussicht, daran grenzen zwei sehr schöne geräumige Zimmer mit der Aussicht auf die Straße, dann ist ein Küchenzimmer, ebenfalls mit der Aussicht auf die Straße, in welchem eine Dienstmagd wohnen kann, und endlich ist ein Gang, der zu allerlei benützt wird. Die Wohnung hat Sonnenseite, was für den Winter sehr zweckmäßig ist, heizt sich sehr gut und ist in einem erst 5 Jahre altem Hause, also sehr rein. Vom Salon aus sieht man auf die Donau und die Berge.«[28] In Linz bewarb sich Stifter um eine Stellung im Staatsdienst. Bevor er 1850 zum Landesschulinspektor für die oberösterreichischen Volksschulen berufen wurde, hielt er sich mit journalistischen Arbeiten über Wasser und verfasste populär-pädagogische Aufsätze und Artikel zu Tagesfragen. Bei seiner Tätigkeit im Schulwesen stieß Stifter

verschiedene Reformen an, wobei er stets davon überzeugt war, dass der »*Landschullehrer*«[29] in der Bildungspolitik eine zentrale Rolle spiele. Allerdings sah sich Stifter auf seinen Inspektionsreisen mit einem Schulalltag konfrontiert, der seine Initiativen erheblich behinderte. Ein von ihm konzipiertes neues Lesebuch war bereits gedruckt, erhielt aber dann doch keinen behördlichen Segen und wurde nicht

Stifter bezeichnete seine Wohnung im zweiten Stock als »die schönste in Linz«

eingeführt. Erfolgreicher war seine Tätigkeit als Landeskonservator. Es gelang Stifter, zahlreiche Kunstwerke zu schützen, und er wurde schließlich Mitbegründer der Oberösterreichischen Landesgalerie. Dennoch verlor Linz als Stadt bald seinen Reiz. Stifter sprach von Linz sogar als »Hottentothien«[30] und beklagte die »trockene Abgeschiedenheit«[31] der Stadt. Längst fühlte sich Stifter in der Provinz, »diesem Kunst und Wissenschafts-losen Böotien«,[32] alles andere als animiert. Diese Stimmung und eskalierende eheliche und familiäre Probleme begannen sich auch auf seine schriftstellerische Arbeit auszuwirken. Dennoch gelangen Stifter in den Linzer Jahren große Werke: 1853 erschien die Prosasammlung *Bunte Steine*, 1857 sein Bildungsroman *Nachsommer*, 1865–67 der Roman *Witiko* und bis zu seinem Tod arbeitete Stifter an der *Mappe mei-*

Arbeitszimmer, in dem Stifter mit den Romanen *Nachsommer* oder *Witiko* und vielen Erzählungen »Meisterhaftes« schuf

nes Urgroßvaters. Daneben entstanden Gemälde und Zeichnungen, die Stifters Doppelbegabung als Dichter und Maler eindrucksvoll zeigen. Seine künstlerischen Projekte und viele Reisen halfen kaum, das unbefriedigende Leben zu kompensieren. Doch Stifter gab nicht auf und war mehr denn je davon überzeugt, dass er trotz der täglichen Sorge um die »*kleinen* Dinge« etwas »Meisterhaftes« schaffen könne, »was für alle Zeiten dauern und neben dem Größten bestehen kann«.[33]

Stifter kämpfte ständig mit finanziellen Problemen, denn er und seine Frau lebten über ihre Verhältnisse, führten einen kostspieligen Haushalt, der für opulentes Essen, für modische Kleidung, eine ständige Theaterloge, regelmäßige Fiakerfahrten, aber auch für die Anschaffung wertvoller Möbel und Bilder oder eine Kakteenzucht sowie andere Liebhabereien Unsummen verschlang. Stifter musste daher seinem Verleger Gustav Heckenast die Rechte an seinen Büchern für eine Einmalzahlung überlassen, um sich finanziell Luft zu verschaffen. Seit 1854 verschlechterte sich seine Gesundheit, und er vereinsamte mehr und mehr, von depressiven Stimmungen und Resignation heimgesucht: »Der Fluß geht ruhig«, schreibt er an seinen Verleger, »aber von keinen reizenden Lichtern geschmückt in seinen Ufern fort. Die Kunst sendet ihr heiteres Lächeln zu uns. Das sei genug.«[34] Wie in seinen Werken war Stifter auch in seinem Leben auf der Suche nach Ruhe, Sicherheit und Geborgenheit, versuchte Konflikten aus dem Weg zu gehen, was nicht selten zu einem Ausblenden der Realität und zu einer eklatanten Rückwärtsgewandtheit führte. 1863/64 brach eine Lebererkrankung mit solcher Heftigkeit aus, dass Stifter sich 1865 pensionieren lassen musste. Danach zog er sich noch mehr zurück: »Meine Wohnung ist mein Königreich. Der Welthändel entschlage ich mich, sie sind so trübselig«.[35] Stifter starb, nachdem er sich beim Rasieren die Halsschlagader verletzt hatte, am Morgen des 28. Januar 1868 in seiner Linzer Wohnung.

Stifter und seine Ehefrau legten viel Wert auf eine standesgemäße Einrichtung ihrer Wohnung

Tisch und zwei Lehn-Stühle mit
Fußbank aus dem Besitz Stifters.
Dauerleihgabe OÖ. Landesmuseen

»zufällig dort geboren«

Heine in Düsseldorf

Heinrich Heines (1797–1856) Geburtshaus in der Düsseldorfer Altstadt (Bolkerstraße 53) ist trotz baulicher Veränderungen und Kriegseinwirkungen in seiner Substanz weitgehend erhalten geblieben. Trotzdem wird es nicht museal genutzt, nur eine Gedenktafel erinnert daran, dass der Autor hier geboren wurde. Heine verbrachte in der Bolkerstraße eine glückliche Kindheit und Schulzeit. Seine fürsorgliche Mutter befürchtete allerdings, dass ihr Sohn »ein Dichter werden möchte; das wäre das Schlimmste, sagte sie immer, was mir passieren könne«.[36] »Um meine Wiege spielten«, schreibt Heine Ende der 1830er-Jahre, »die letzten Mondlichter des 18ten und das erste Morgenroth des 19ten Jahrhunderts«.[37] Der Epochenumbruch und die Besetzung durch napoleonische Truppen prägten Heines Sicht auf das damals rund 16 000 Einwohner zählende Düsseldorf, »wo zur Zeit meiner Kindheit, nicht bloß die Franzosen, sondern auch der französische Geist herrschte«.[38] Die Familie Heine profitierte von diesem »französischen Geist«, denn man war zu Staatsbürgern mit allen Rechten und Freiheiten geworden, die das französische Gesetzbuch, der *Code civil*, den jüdischen Bürgern Düsseldorfs gebracht hatte. Aber die Stadt und ihre Bewohner litten unter den hohen Steuern, die sie an die Besatzungsmacht entrichten mussten und unter der wirtschaftlichen Isolierung, die das Geschäft von Heines Vater in Mitleidenschaft zogen. Dennoch gehörte der Besuch des Kaisers der Franzosen in Düsseldorf im November 1811 zu den Jugenderinnerungen, auf die Heine immer wieder zurückkommt; einen bis heute populären Nachhall fand der Napoleon-Besuch in dem Gedicht *Die Grenadiere*. Prägend war außerdem die politische und kulturelle Enge, die in der Stadt herrschte, als sie nach dem Ende der französischen Fremdherrschaft 1815 an Preußen fiel und wo man – so Heine – »jetzt Preußisch« sprach.[39]

Das Haus in der Bolkerstraße war ein typisches, im 18. Jahrhundert erbautes Altstadthaus mit Haupt-, Neben- und Hintergebäude sowie einem kleinen Garten. Es gehörte der alteingesessenen jüdischen Familie von Heines Mutter Betty van Geldern. Die Familie Heine – der Vater Samson Heine war Textilkaufmann – bewohnte bis 1809 das Vorderhaus und einige Zimmer des Hinterhauses, bevor man auf die andere Straßenseite in das größere Haus Bolkerstraße 42 umzog und Düsseldorf nach dem Bankrott Samson Heines 1820 endgültig verließ. Etwa zur Mitte des 19. Jahrhunderts wurde das inzwischen umgebaute Geburtshaus mit der Hausnummer 53 verkauft. Später befand sich hier eine Metzgerei und seit 1910 eine Bäckerei (nach 1981 gab es sogar eine Zeit lang eine Kneipe namens »Heine's Bierakademie«).[40] Bis 1933 zeigte man Interessenten in diesem Haus sogar ein Heine-Geburtszimmer, das in der Nazi-Zeit allerdings nicht mehr zugänglich war. 1943 wurde das Haus bis auf die Fassade durch Fliegerbomben zerstört und in der Nachkriegszeit wieder aufgebaut.

Düsseldorf brauchte lange, um mit dem Andenken an Heinrich Heine angemessen umzugehen. Immer wieder war er ein »Streitobjekt«.[41] Pläne zur Errichtung eines Heine-Denkmals oder die Benennung der Düsseldorfer Universität in Heinrich-Heine-Universität lösten hitzige Debatten aus. Heine hatte diese Probleme vorausgeahnt. In der autobiographischen Schrift *Ideen. Das Buch Le Grand* (1826) erzählt er über seine Herkunft: »Die Stadt Düsseldorf ist sehr schön, und wenn man in der Ferne an sie denkt, und zufällig dort geboren ist, wird einem wunderlich zu Muthe. Ich bin dort geboren, und es ist mir, als müßte ich gleich nach Hause gehn. Und wenn ich sage nach Hause gehn, so meine ich die Bolkerstraße und das Haus, worin ich geboren bin. Dieses Haus wird einst sehr merkwürdig seyn, und der alten Frau, die es besitzt, habe ich sagen lassen, daß sie bey Leibe das Haus nicht verkaufen solle. Für das ganze Haus bekäme sie jetzt doch kaum so viel wie schon allein das Trinkgeld betragen wird, das einst die grünverschleyerten, vornehmen Engländerinnen dem Dienstmädchen geben, wenn es ihnen die Stube zeigt, worin ich das Licht der Welt erblickt, und den Hühnerwinkel, worin mich Vater gewöhnlich einsperrte, wenn ich Trauben genascht, und auch die braune Türe, worauf Mutter mich die Buchstaben mit Kreide schreiben lehrte – ach Gott! Madame, wenn ich ein berühmter Schriftsteller werde, so hat das meiner armen Mutter genug Mühe gekostet. | Aber mein Ruhm schläft jetzt noch in den Marmorbrüchen von Carrara, der Makulatur-Lorbeer, womit man meine Stirne geschmückt hat, hat seinen Duft noch nicht durch die ganze Welt verbreitet, und wenn jetzt die grünverschleyerten, vornehmen Engländerinnen nach Düsseldorf kommen, so lassen sie das berühmte Haus noch unbesichtigt und gehn direct nach dem Marktplatz, und betrachten die dort in der Mitte stehende, schwarze, kolossale Reuterstatue. Diese soll den Kurfürsten Jan Wilhelm vorstellen.«[42]

Heines Geburtshaus liegt im Herzen der Düsseldorfer Altstadt

Wie schwer sich Düsseldorf auch mit der Erinnerung an Heinrich Heine und seine Rolle als politischer Schriftsteller jüdischer Herkunft, Emigrant und von den Nationalsozialisten diffamierter Autor deutscher Sprache getan hat, man beschritt 1970 mit der Gründung eines Heinrich-Heine-Instituts einen Weg, der Heine in Düsseldorf zu seinem längst fälligen Recht verhalf. Untergebracht wurde das Heine-Institut in einem Komplex von zwei historischen Patrizierhäusern in der Bilker Straße 12–14. Im Haus Nr. 12 hatten einst die Dichterin Luise Hensel, auf der anderen Straßenseite Robert und Clara Schumann gewohnt. Das Heine-Institut erfüllt drei Funktionen: Als Museum erinnert es an Heinrich Heine und seine Zeit. Als Archiv und Bibliothek sammelt es nicht nur Handschriften, Dokumente und Bücher zu Heine, sondern widmet sich als Forschungsinstitut auch der Düsseldorfer und niederrheinischen Kulturgeschichte. Seine Rede zur Eröffnung des Heine-Institut beschloss der Schriftsteller Hermann Kesten, der 1933 von den Nationalsozialisten ins Exil vertrieben worden war, mit dem Satz: »Heinrich Heine hat Leser in aller Welt und ab heute in Düsseldorf ein Haus.«[43] Kesten verband damit die Hoffnung, dass Heine, dem »Prototyp der mißhandelten deutschen Autoren«, zwar spät, doch nicht zu spät die ›Heimkehr‹ nach Düsseldorf gelungen sei.[44]

Am Anfang eines Lebens als Flüchtling

Büchner in Goddelau

Noch hundert Jahre nach seiner Geburt galt Georg Büchner (1813–1837) als ›Krimineller‹, der 1835 als Verfasser der politischen Flugschrift *Hessischer Landbote* steckbrieflich gesucht wurde und ins Ausland flüchten musste. Man erinnerte sich zwar 1913 in der kleinen, bei Darmstadt gelegenen Gemeinde Goddelau an das frühere Wohnhaus der Familie Büchner, doch zog man daraus noch nicht die Schlussfolgerung, dieses als das Haus eines großen Dichters, eben des Verfassers der Theaterstücke *Woyzeck*, *Danton's Tod* und *Leonce und Lena*, zu würdigen. Georg Büchner galt als literarischer und politischer Außenseiter, zu dem man sich nicht ohne Weiteres öffentlich bekannte. Die Gemeindevertretung von Goddelau deklarierte zwar das Haus 1913 offiziell als Büchners Geburtshaus, mit einer Gedenktafel versah man es allerdings erst 1931. Es sollte nochmals bis 1997 dauern, ehe dieses Haus – inzwischen in öffentlichen Besitz übergegangen, unter Denkmalschutz gestellt und restauriert – als Büchner-Museum geöffnet wurde. Das Geburtshaus ist heute das einzige Haus, das an Büchners Leben mit seinen zahlreichen – meistens unfreiwilligen – Orts- und Wohnungswechseln erinnert. Die Wohnungen der Familie Büchner in Darmstadt wurden im Zweiten Weltkrieg zerstört. Nur die Gartenmauer des Hauses in der Darmstädter Grafenstraße 25, über die Büchner Ende Februar 1835 seinem Bruder Wilhelm zufolge geklettert war, um der Polizei nach der Veröffentlichung des *Hessischen Landboten* zu entkommen, steht noch und wurde ebenfalls mit einer Gedenktafel versehen. Die Häuser, in denen Büchner während seines Studiums in Gießen und Straßburg wohnte, existieren nicht mehr. Am Sterbehaus in der Zürcher Spiegelgasse 12 erinnert wiederum nur eine Tafel an Büchners Aufenthalt und Todestag.

In dem 1665 erbauten Fachwerkhaus in der Weidstraße 9 von Goddelau soll Georg Büchner am 17. Oktober 1813, einem Sonntag, »früh um halb Sechs Uhr«[45] geboren worden sein.

Büchners Vater stammte aus einer Odenwälder Familie, in der der Arztberuf Tradition hatte. Er war 1812 nach seiner Ausbildung zum Chirurgen in der napoleonischen Armee und nach seinem Examen nach Goddelau gekommen. Im Oktober heiratete er Caroline Reuss. Das junge Paar mietete zwei Räume im Obergeschoss des Hauses Weidstraße 9, wo ein Jahr später der Sohn Georg geboren wurde. Die beengten Wohnverhältnisse veranlassten die junge Familie, in ein anderes Haus in der heutigen Hospitalstraße 22 umzuziehen. In diesem Haus, dessen Grundstück unmittelbar an das des Hauses in der Weidstraße grenzt, wurde im April 1815 das zweite Kind Mathilde geboren. Ende 1815 verließ die Familie Goddelau, zog nach Stockstadt, um vermutlich ein Jahr später nach Darmstadt überzusiedeln. In der Familienüberlieferung gilt das Haus in der Weidstraße seither als Geburtshaus Georg Büchners, obwohl die Zweifel an dieser Zuschreibung nie ganz verstummt sind.[46]

Das Büchnerhaus ist eine Hofanlage, die in ihrer Kombination aus Wohnhaus, Vorratsspeicher und Scheunen dem bäuerlichen Leben der Region entsprach und auf einen gewissen Wohlstand schließen lässt. Es wurde im Laufe der Zeit erweitert, umgebaut und unterschiedlich genutzt. Diesen Gegebenheiten trug man bei der Sanierung und der musealen Umgestaltung des Hauses Rechnung. Man verzichtete auf jegliche Rekonstruktion eines Hauses, in dem Georg Büchner ohnehin nur wenige Kinderjahre verbracht hatte, weshalb eine Verknüpfung zwischen dem Haus und der Biographie des Erwachsenen ohnehin schwierig ist. Unter der Überschrift »Von Goddelau zur Weltbühne« ist eine Ausstellung zu sehen, die den Weg Büchners von seiner Geburt in einem hessischen Bauernhaus über den Wissenschaftler, Revolutionär und heute überall auf der Welt gespielten Theaterautor nachzeichnet.

Büchners Geburtshaus ist Teil einer Hofanlage, die aus Wohnhaus, Speichern und Scheunen bestand

Hebbel · Fontane · Storm · Raabe · Meyer · Trakl

ZWISCHEN VERTIKO, CHAISELONGUE UND SCHREIBTISCH

Zur Mitte des 19. Jahrhunderts wurde überall neuer Wohnraum benötigt, da die Bevölkerung ständig wuchs. Die Städte dehnten sich immer mehr aus und innerhalb kürzester Zeit schossen neue Stadtviertel aus dem Boden der bis dahin vielfach noch ländlich geprägten Randbezirke, andere Wohnbezirke wurden komplett modernisiert. Es wurde mit rasantem Tempo gebaut: Neue Straßen entstanden, der Eisenbahnbau wurde vorangetrieben und die Städte erhielten allmählich ein modernes Gesicht, das von Hektik, Mobilität sowie einem nie dagewesenen Angebot an Geschäften, Restaurants, Kaffeehäusern, Theatern und Freizeiteinrichtungen geprägt war. Die Stadt mit ihren vielen neuen Chancen für Leben und Arbeit zog die Menschen an, während das Leben auf dem Land unattraktiver wurde, zumal man sich auch dort kaum vor der unaufhaltsamen Urbanisierung der Gesellschaft und ihrer Alltagsroutine schützen konnte. Die Industrialisierung brachte zwar Wirtschaftswachstum, aber nur wenige Menschen konnten sich eigene Häuser oder geräumige Wohnungen leisten. Die Mehrheit der städtischen Bevölkerung musste weiterhin mit bescheidenen, wenig komfortablen Unterkünften vorliebnehmen. Die eigene Wohnung in einem der neu gebauten Häuser war daher Zeichen von Wohlstand, Ausdruck von Privatheit und sichtbares Privileg des tonangebenden Bürgertums. Bürgerliche Wohnkultur hielt mit Vertiko und Chaiselongue fast automatisch Einzug in das Dichterhaus oder die Dichterwohnung, gab aber auch Anlass, diese Form von ›trautem Heim‹ zu hinterfragen. »Aber die Welt ist inzwischen fortgeschritten und jetzt ist alles Vertico!«, lässt Theodor Fontane die Protagonistin Melanie van der Straaten in seinem Roman *L'Adultera* hintersinnig ausrufen.[1]

Viele Autoren beugten sich in der zweiten Jahrhunderthälfte der Einsicht, dass eine literarische Karriere in erster Linie in der Stadt gelingt und das Leben auf dem Land oder in der Kleinstadt nur eine temporäre Ausnahme oder eine Option für das Alter war. Die Widersprüche dieser Zeit machten auch vor den Lebensorten von Schriftstellern nicht halt: Während Theodor Storm in Husum einen betont bürgerlichen Lebensstil mit gediegenen Teenachmittagen pflegte, baute sich C. F. Meyer ein repräsentatives Haus am Ufer des Zürichsees, das seinen literarischen Erfolg sozial sichtbar machte. Friedrich Hebbel dagegen verließ seine provinzielle Heimat und die dort herrschende Not und Enge, um in der Metropole Wien als Theaterautor zu reüssieren. Theodor Fontane zog in Berlin etliche Male um und folgte dabei der Stadterweiterung, die sich ihren Weg vom ›alten‹ Zentrum in südwestliche Richtung zum Potsdamer Platz und darüber hinaus bahnte. Wilhelm Raabe wohnte in Braunschweig in einem typischen Haus der Gründerzeit, das er kritisch als »Koulissenbau« bezeichnete, weil er die architektonischen Anleihen aus früheren Epochen, die die Bauweise seiner Zeit charakterisieren, für »abgeschmackt« hielt. Georg Trakl beobachtete, wie die einstige barocke Pracht vieler Gebäude in seiner Heimatstadt Salzburg bröckelte und ihre »Verwandlung« zu einem modernen Lebensort »traurige Träume« hervorrief.

Raabes Schreibtisch

Wilhelm Raabes Arbeitszimmer

Ein »für die Cultur fast verlorener Winkel«

Hebbel in Wesselburen

Zweiundzwanzig Jahre lang lebte Friedrich Hebbel (1813–1863) in dem kleinen Dorf Wesselburen im nördlichen Dithmarschen, bevor er nach Hamburg aufbrach und nach längerer Wanderschaft in Wien ankam. In der österreichischen Hauptstadt gelang ihm der Durchbruch als Theaterautor und er wurde mit den Dramen *Maria Magdalene* (1844), *Herodes und Mariamne* (1849), *Agnes Bernauer* (1852), *Gyges und sein Ring* (1856) oder der *Nibelungen*-Trilogie (1861) bekannt. Nach Wesselburen kehrte er nur einmal zurück, ansonsten mied er den »für die Cultur fast verlorenen Winkel«.[2] Die Verbitterung über den Ort, wo Hebbel eine entbehrungsreiche Kindheit und Jugend verbracht hatte, saß offenbar so tief, als dass er seinen Frieden mit der Heimat und seinen Bewohnern machen konnte. Jahre später klagt Hebbel in einem Brief an Elise Lensing vom 12. Dezember 1838 verbittert, dass er in Wesselburen »so viel Unwürdiges erdulden mußte«. Er wolle daher nur »in einer solchen Gestalt« dorthin zurückkehren, »welche den Respect *erzwingt*, d.h. als ein anerkannter und der ihm beschiedenen Sphäre hochachtenswerter Schriftsteller, den Keiner ignoriren darf, der sich nicht lächerlich machen will.«[3]

Das Haus in der Norderstraße (heute: Hebbelstraße), in dem Friedrich Hebbel geboren wurde, existiert nicht mehr; es wurde schon zu seinen Lebzeiten abgerissen. Friedrich Hebbel verlebte in diesem Haus mit großem Obstgarten eine unbeschwerte Kindheit, bis der Vater – er war Maurer im Tagelohn – 1819 das Haus, auf dem eine Hypothek lag, an Gläubiger verkaufen musste. Dieser Verkauf bedeutete den sozialen Abstieg der Familie Hebbel, den Friedrich Hebbel später als »Weltuntergang«[4] beschrieb. Für den

In der Alten Kirchspielvogtei von Wesselburen arbeitete der junge Hebbel als Schreiber und machte Botengänge

Alte Kirchspielvogtei
·Hebbel-Museum·
Anno
1737

In der Schreibstube erledigte Hebbel seine Schreibarbeiten für den Kirchspielvogt

jungen Friedrich waren die folgenden Jahre verbunden mit Zurückweisung durch die Dorfbewohner und mit dem von Isolation geprägten Alltag in einer engen Mietwohnung: »Das Haus dagegen war zusammen geschrumpft und hatte sich verfinstert; jetzt gab es keinen Garten mehr, in dem ich mich mit meinen Kameraden bei gutem Wetter herum tummeln konnte, keine Diele, die uns bei Regen und Wind gastlich aufnahm: ich war auf die enge Stube beschränkt, in der ich mich kaum selbst rühren, in die ich aber keinen Spielgefährten mit bringen durfte, und auf den Platz vor der Thür, auf dem es, da die Straße unmittelbar daran vorüberlief, nur selten Einer bei mir aushielt.«[5]

Die Lebensumstände veränderten sich noch einmal drastisch nach dem Tod des Vaters im Jahr 1827. Der inzwischen 14-jährige Friedrich Hebbel, der nur die Dorfschule besucht hatte, wurde als Lohnschreiber beim Wesselburener Kirchspielvogt angestellt. Als Kirchspielvogt, der für die Verwaltung und Steuereinnahmen zuständig war und die niedere Gerichtsbarkeit ausübte, amtierte zu dieser Zeit Johann Jakob Mohr, der sich später gern zugutehielt, dass der Junge eigentlich bei ihm *»aufgewachsen«* sei.[6] Hebbel erledigte für ihn Botengänge und Schreibarbeiten; später unterstützte er Mohr bei allen anfallenden Amtsgeschäften. Obwohl Hebbel nun nicht mehr akute Not litt und sogar Zeit für Lektüre und Verseschmieden hatte, war die Beziehung zu Mohr schwierig. Gegenüber Elise Lensing bezeichnet er den Dienstherrn als »ekelhafte Blattlaus«, die

Das Wiener Zimmer mit dem Interieur aus Hebbels Wiener Wohnung

»über meine frische Jugend hinkroch u sich als jämmerliches juste milieu zwischen mich u die sogenannte baare, blanke Noth […] hinstellte«, um schließlich auszurufen: »wie hat der Mann mich in meiner tiefsten Menschheit gekränkt«.[7] Dennoch gelang es Hebbel, seinen literarischen Ambitionen weiter nachzugehen, und er war bald Mittelpunkt eines kleinen Kreises von literarischen Dilettanten, die auch Theateraufführungen veranstalteten. Im März 1835 verließ er mithilfe eines Stipendiums seinen Heimatort und ging nach Hamburg aufs Gymnasium. Obwohl der weitere Lebensweg, vor allem die literarische Karriere, nicht bruchlos verlief, hatte Hebbel in Wesselburen Erfahrungen gemacht, die tiefe Spuren in Biographie und Schreiben hinterließen. Gottfried Benn hat dieses von Selbstbehauptung durchzogene Leben in dem Gedicht *Der Junge Hebbel* (1913) eindringlich beschrieben: »Ich bin mir noch sehr fern. | Aber ich will Ich werden! | Ich trage einen tief im Blut, | der schreit nach seinen selbsterschaffenen | Götterhimmeln und Menschenerden. –«[8] Das Haus, in dem die Kirchspielvogtei von Wesselburen untergebracht war, wurde nach dem großen Stadtbrand von 1736 erbaut. Von 1793 bis zu seiner Pensionierung 1858 diente es dem Kirchspielvogt Mohr als Amts- und Wohnsitz. Heute befindet sich in diesem Haus das Hebbel-Museum.

Auf weitem Feld

Fontane in Neuruppin und Berlin

Theodor Fontane (1819–1898) wurde in Neuruppin geboren und kam erst 1833 nach Berlin. Trotzdem gilt er als ›echter‹ Berliner: Elf seiner siebzehn Romane spielen ganz oder teilweise im aufstrebenden Berlin der Gründerzeit und fangen das damalige Kolorit mit seinen Licht- und Schattenseiten ein. Diese alte Berliner Stadtlandschaft – 1909 charakterisierte sie ein Kritiker sogar als »Fontanopolis[9]« –, die Fontane in den Romanen authentisch und mit viel Gespür für die Gefahren der Modernisierung beschreibt, ist ebenso untergegangen, wie Fontanes Berliner Wohnungen Opfer der Zerstörungen im Zweiten Weltkrieg geworden sind. Seine letzte Adresse Potsdamer Straße 134c, wo Fontane mit Ehefrau Emilie und Tochter Martha 26 Jahre lang bis zu seinem Tod eine kleine Mansardenwohnung im dritten Obergeschoss eines grauen Hauses mit kleinem Vorgarten bewohnt hat – er nannte sie seine »Dreitreppenklause«[10] –, kennen wir nur noch aus Beschreibungen und von alten Fotografien, die auch einen Blick in das Arbeitszimmer mit dem am Schreibtisch sitzenden Romancier gewähren.

Fontanes Sohn Friedrich hat eine genaue Beschreibung dieser nur vier Zimmer großen Wohnung überliefert; zusammenfassend schreibt er: »Man könnte die Vorstellung haben, als ob die Stube wie ein kleines Museum vollgepfropft und überladen aussah, das ist aber – obgleich ich beileibe nicht alles aufzählte – nur relativ richtig. Im Gegenteil, die Mobiliar-Einrichtung wirkte schon ihrer Altmahagonifarbe halber einheitlich und vor allen Dingen urgemütlich.«[11] Zweifellos lebte man dem Stil der Zeit entsprechend ›bürgerlich‹, aber eben nicht gründerzeitlich protzig und ›großbourgeoishaft‹, eine Attitüde, die Fontane in seinen Romanen immer wieder karikiert hat. Das Haus, das nicht weit entfernt vom pulsierenden Potsdamer Platz lag, musste bereits 1906 einem modernen Geschäftshaus weichen, das später den Weltkriegsbomben zum Opfer fiel. Auf dem Grundstück befindet sich heute die Staatsbibliothek.

Fontane-Apotheke in Neuruppin, das Geburtshaus von Theodor Fontane

FONTANEHAUS
WEN APOTHEKE
APOTHEKE
ALLOPATHIE
DROGEN
In diesem Hause
wurde
Theodor Fontane
am 30. December 1819
geboren.

Auch Fontanes Grab und das seiner Ehefrau Emilie auf dem Friedhof der Französisch-Reformierten Gemeinde an der Liesenstraße wurden ein Opfer von Krieg und Nachkriegszeit. Die Grabstelle wurde bei Luftangriffen zerstört, nach Kriegsende neu angelegt und mit neuem Grabstein versehen. Nach dem Mauerbau 1961 lagen Fontane-Grab und der ganze Friedhof im Sperrgebiet der Grenzanlagen und waren bis zur Maueröffnung nicht zugänglich. Danach wurde das Grab nochmals neu gestaltet, wobei die jetzige Form sich wieder an der ursprünglichen Gestalt orientiert. Ergänzt wurde das Fontane-Grab 2010 um eine kleine Gedenkstätte, in der mit einer informativen Ausstellung an den »märkischen Goethe« erinnert wird, wie Kurt Tucholsky ihn einmal genannt hat.[12]

Während Fontanes Spuren in Berlin nur noch indirekt erhalten sind, hat das Geburtshaus, die Löwen-Apotheke in Neuruppin, die Zeitläufte überstanden. Die Stadt nennt sich seit 1998 stolz ›Fontanestadt‹, nachdem sie dem Autor bereits 1907 ein Denkmal gesetzt hatte. Das Denkmal zeigt ihn als Wanderer durch die Mark Brandenburg, der auf einer Bank rastet und den Blick in die Ferne schweifen lässt, während er in den Händen Notizbuch und Bleistift für die Niederschrift seiner Eindrücke und Gedanken bereithält. Die Stadt Neuruppin, wie Fontane sie kannte, war nach einem Stadtbrand, der 1787 das mittelalterliche Zentrum vollständig zerstörte, im Stil des Klassizismus wieder aufgebaut worden, was Fontane zu der Bemerkung veranlasste, die »kleine Provinzialstadt« gleiche nun »einem auf Auswuchs gemachten großen Staatsrock« und überspiele mehr schlecht als recht »den Eindruck der Langeweile«.[13] Das ein Jahr nach dem Stadtbrand 1788 erbaute Apothekenhaus liegt an einer der neuen Achsen, die den Stadtplan von Neuruppin seitdem gliedern. Es war ein massiver Bau mit einer Durchfahrt in der Mitte und hatte ursprünglich nur zwei Stockwerke; 1867 wurde es um ein Stockwerk erhöht und erhielt seine heutige Fassade. Fontanes Vater kaufte die Löwen-Apotheke im März 1819 »für ein Butterbrot«,[14] als er jung verheiratet von Berlin nach Neuruppin kam, um sich in der kleinen Stadt als Apotheker niederzulassen. Anfangs schien ihm das Glück hold zu sein, und man verlebte »vorwiegend glückliche Jahre«, in die bereits Ende Dezember 1819 die Geburt des Sohnes Theodor fiel. Die wohlgeordneten Lebensumstände der Familie Fontane gerieten jedoch bald durcheinander. Obwohl der Vater ein angesehener Geschäftsmann war, langweilte ihn offensichtlich das Leben in der Provinz und auch der Beruf schien ihn nicht auszufüllen. Bald ging er daher »noblen Passionen« nach: »Er begann mit Pferd und Wagen«, erzählt Fontane in *Meine Kinderjahre*, »ging aber bald zu Spielpassion über und verspielte, während der sieben Jahre von 1819 bis 26, ein kleines Vermögen.«[15] Am 1. Juli 1827 musste der Vater die Löwen-Apotheke – wenn auch mit Gewinn – verkaufen, beglich seine Spielschulden und löste die Hypotheken ab. Dabei hoffte er, nun endlich die vermisste »Freiheit und Selbständigkeit« gewonnen zu haben, was aber eine Illusion war, weil er – so der Sohn Jahre später – bis ins hohe Alter finanziell ständig in der »Bredouille« war.[16] Die Familie verließ die Wohnung über der Apotheke, um in einer Mietwohnung einige hundert Meter entfernt (heute: Karl-Marx-Straße 94) recht komfortabel in der Beletage unterzukommen, während der Vater sich auf Reisen begab, um eine neue Apotheke zu suchen, die den beschränkten finanziellen Verhältnissen der Familie besser entsprach. Als er endlich fündig geworden war, zog man Ende Juli 1827 von Neuruppin nach Swinemünde auf die Insel Usedom.

Auf die Schauplätze der Neuruppiner Kinderzeit blickte Fontane in seiner Autobiographie eher sachlich und prosaisch zurück. Die Jahre in Neuruppin waren nur eine Episode oder »Zwischenzeit«,[17] wie er seine ersten Lebensjahre zurückhaltend nannte. Später kehrte er nur aus familiären Anlässen und während seiner Recherchen für die *Wanderungen durch die Mark Brandenburg* zu Kurzbesuchen nach Neuruppin zurück. In einem Brief an seine Ehefrau Emilie vom 23. August 1891 würdigt Fontane diese Zeit – wenn auch in typisch selbstironischer Manier – dennoch als wichtige Lebensphase, in der er wie der Vater den Apothekerberuf erlernte: »Es ist alles leidlich geglückt [...], denn ein Apotheker, der anstatt von einer Apotheke, von der Dichtkunst leben will, ist so ziemlich das Tollste, was es giebt.«[18]

Die Grafschaft Ruppin geriet nie Vergessenheit und in den *Wanderungen durch die Mark Brandenburg* erinnert Fontane mit Empathie an diese alte Kultur- und Geschichtslandschaft. Deshalb war der Entschluss, das große Projekt der *Wanderungen durch die Mark Brandenburg* in Angriff zu nehmen, von der Erinnerung an die Stätten der Kindheit beeinflusst worden. Während der Schottlandreise im Jahr 1858 tauchten sie wie eine »Fata Morgana« vor Fontanes geistigem Auge auf und im ersten *Wanderungen*-Band bekennt er die »Liebe und Anhänglichkeit an die Heimat«: »Die Jahre [seit der Schottlandreise] haben mich in die Heimat zurückgeführt, und die Entschlüsse von damals blieben unvergessen. Ich bin die Mark durchzogen und habe sie reicher gefunden, als ich zu hoffen gewagt hatte.«[19]

Das Fontane-Denkmal von Max Wiese zeigt den Dichter bei einer Ruhepause auf seinen Wanderungen durch die Mark Brandenburg

»Husumerei« im »Poetenstübchen«

Storm in Husum

Theodor Fontane bescheinigte in seiner Autobiographie *Von Zwanzig bis Dreißig* (1898) dem Dichterkollegen Theodor Storm (1817–1888) einen Hang zur »Husumerei«,[20] der seine Werke und ganze Lebensweise durchzöge und beeinflusse. Storm erwarte, dass man das »Lämpchen, den Teekessel, dessen Deckel klapperte, die holländische Teetasse daneben« ebenso als Ausdruck norddeutscher Lebensweise liebe wie er selbst. Er gehe dabei so weit, ergänzt Fontane amüsiert, dass »eine wirkliche Tasse Tee nur aus einer Husumer Kanne kommen« könne.[21] Die norddeutsche Heimat spielte nicht nur in Storms Gedichten und Erzählungen eine große Rolle, sondern auch in persönlicher Hinsicht waren Husum und die Nordseeküste mitsamt ihren Traditionen für Storm Orientierungs- und Bezugspunkt. Die Zeit, in der Storm lebte war unruhig, weil sich die Herzogtümer Schleswig und Holstein sowohl gegenüber Dänemark als auch gegenüber Preußen zur Wehr setzten, um ihre Selbstständigkeit und regionale Identität zu verteidigen. »Ich bedarf äußerlich der Enge, um innerlich ins Weite zu gehen«,[22] bekannte Storm am 21. September 1881 in einem Brief an Hermione von Preuschen, um der immer wieder aufkommenden Einschätzung, er sei ein Heimatdichter, zu widersprechen. An Storms berühmten Erzählungen *Pole Poppenspäler* (1874), *Hans und Heinz Kirch* (1882) oder *Der Schimmelreiter* (1888) lässt sich beobachten, dass und wie es dem Autor gelang, individuelle Erlebnisse, Lokalkolorit und regionale Konflikte literarisch ins Allgemeingültige zu überführen, wodurch seine Kritik an den zeittypischen sozialen Verhältnissen deutlich hervortritt. So sehr Storm mit Husum, der »grauen Stadt am Meer«, wie sie im Gedicht *Die Stadt* (1852) apostrophiert wird,[23] und der Nordseeküste verwurzelt war, übersah er nicht, dass vieles in seiner Heimat nicht zum Besten bestellt war.

Im Wohnzimmer fanden die »Nachmittagsteestunden« statt

Im heutigen Storm-Haus in der Husumer Wasserreihe 31 wohnten der Dichter und seine Familie von 1866–1880. Alle anderen Husumer Wohnhäuser Storms existieren zwar noch, das Haus in der Wasserreihe ist jedoch das stattlichste. Außerdem gilt die Zeit, in der Storm hier lebte und als Jurist arbeitete, als seine literarisch produktivste. Es ist ein altes, zweigeschossiges Kaufmannshaus, das 1730 erbaut wurde, und das sich noch in weitgehend ursprünglichem Zustand befindet. Im Laufe der Zeit sind hier Möbel, Alltagsgegenstände und Bilder zusammengetragen worden, die aus Storms Besitz oder aus dem seiner Eltern oder Großeltern stammen. Das Interieur illustriert die Lebens- und Alltagswelt des 18. und frühen 19. Jahrhunderts, die Storm in seinen Erzählungen häufig als historischen Hintergrund wählte. Erst 1856 war das Haus in der Wasserreihe zu einem reinen Wohnhaus umgewandelt worden. Der

damalige Besitzer legte einen Garten an und verlegte den ursprünglichen Eingang von der Straßen- zur Gartenseite, so dass im Erdgeschoss ein großes Zimmer hinzugewonnen wurde. Storm bezog das Haus im Oktober 1866 in einer schwierigen Lebensphase, denn der Tod seiner Ehefrau Constanze am 4. Mai 1865 nach der Geburt der Tochter Gertrud, hatte ihn schwer getroffen. Dennoch raffte er sich zu einem Neuanfang auf und heiratete ein Jahr später seine Jugendfreundin Dorothea Jensen. Um die Veränderung nach außen hin sichtbar zu machen und um der Familie den Neuanfang zu erleichtern, beschloss man, in das geräumigere Haus in der Wasserreihe umzuziehen.

Storms Husumer Wohnhaus war ursprünglich ein Kaufmannshaus, das im Laufe der Zeit mehrfach umgebaut wurde

Das Haus entsprach Storms bürgerlichem Lebensstil, bei dem ein Garten nicht fehlen durfte, denn Storm war ein Gartenliebhaber. Die zehnköpfige Familie bewohnte anfangs das gesamte Haus. Ende 1866, als Storm nach der preu-

In »Poetenstübchen« entstanden etwa zwanzig Erzählungen und von hier aus erledigte Storm seine weit verzweigte Korrespondenz

ßischen Justizreform eine Reduzierung seiner Einkünfte befürchtete, ließ er das Haus umbauen, um das Parterre unterzuvermieten. Die Familie bewohnte nur noch eine Etage mit dem Wohnzimmer als Zentrum. In diesem Zimmer fanden täglich um vier Uhr die »Nachmittagsteestunden« statt, über die Storms Tochter Gertrud später berichtet hat: »Wenn er [Theodor Storm] nach beendetem Mittagsschlafe, stets mit einem Buche in der Hand ins gemeinsame Wohnzimmer trat, fand er oft schon einen kleinen Freundeskreis versammelt. Im Winter wurden bei einbrechender Dunkelheit zwei bescheidene, kleine Petroleumlampen auf den runden Sofatisch gestellt, die die Ecken des großen Zimmers in geheimnisvollem Dunkel ließen. Der Tee wurde in die bereitstehenden Tassen geschenkt […]. Die geleerten Tassen mußten auf dem Tisch stehenbleiben, auch richtete der Dichter an den einen oder anderen seiner Gäste die Frage, ob er bequem sitze […]. Vielleicht wurde noch einmal das Feuer im Ofen geschürt, und dann begann der Dichter mit leiser, wie von Musik getragener Stimme zu lesen.«[24]

Der Umbau hatte zusätzlichen Raum für ein Arbeitszimmer geschaffen, das »Poetenstübchen«, über das Storm dem Freund Friedrich Eggers stolz schreibt: »Mein Zimmer, das ich mir, nach Neubau meines hintern Haustheils, selbst gedichtet habe, mit geschnitzter Balkendecke, rothen Wänden mit guten Kupferstichen, meiner selten reichen deutsch-poetischen Bibliothek in zwei Mahagoni-Bücherschränken und einem Wandschrank mit eichenem Rahmen, sowie dem einen von schmalen grünen Wollvorhang eingefaßten der Morgensonne offnen Fenster, das auf die grüne Lindenlaube meines schmalen Gärtchens hinaussieht – ich glaube es gefiele Ihnen und wir würden prächtig darin plaudern.«[25] Das »Poetenstübchen«, war nicht nur der Ort, wo bis 1880 etwa zwanzig Erzählungen entstanden, sondern von dem aus Storm auch einen umfangreichen und weit verzweigten Briefwechsel führte. Gerade dieser Briefwechsel zeigt, dass Storm zwar in der Provinz lebte, aber keineswegs vom Zeitgeschehen abgekoppelt war, vielmehr einen intensiven Austausch über beinahe alle wichtigen politischen, kulturellen und literarischen Themen pflegte.

1880 ließ sich Storm vorzeitig pensionieren und verlegte seinen Wohnsitz von Husum nach Hademarschen, einem Dorf im Holsteinischen, wo sein Bruder Johannes lebte. Hier baute er sich eine Villa, in der er seinen Lebensabend verbrachte und Anfang Juli 1888 hochgeehrt und nur wenige Monate nach Vollendung und Veröffentlichung seiner wohl berühmtesten Erzählung *Der Schimmelreiter* starb.

»Koulissenbau« der Gründerzeit

Raabe in Braunschweig

Vierzig Jahre hat Wilhelm Raabe (1831–1910) in Braunschweig gelebt und in fünf verschiedenen Wohnungen gewohnt. 1870 hatte er sich nach achtjährigem Aufenthalt in Stuttgart zur Übersiedelung nach Braunschweig entschlossen. Raabe schätzte zwar das literarische Leben in Stuttgart mit seinen renommierten Verlagen, Künstlergemeinschaften und Dichterkreisen und hatte 1863 festgestellt, er könne »in ganz Deutschland keinen bessern Aufenthaltsort finden«.[26] Doch seit dem preußisch-österreichischen Krieg (1866) kam es in Raabes Umfeld zu immer heftigeren politischen Zankereien und anti-preußischen Ressentiments, sodass er meinte, er befände sich als Norddeutscher in »Feindesland«.[27] Auch die klimatischen Verhältnisse in Stuttgart sagten ihm nicht mehr zu. Deshalb kehrte er »in der deutschen Barbaren barbarischsten Landstriche«[28] zurück, um in Braunschweig unbehelligt von den politischen Debatten arbeiten zu können.

Braunschweig gehörte damals zu den mittelgroßen deutschen Städten, die in der Gründerzeit expandierten. Raabe beobachtete und kommentierte die städtebauliche Entwicklung Braunschweigs mit spitzer Feder und scheute nicht davor zurück, die Stadt einen »Schweinestall«[29] zu nennen, als ungeklärte Abwässer einer Zuckerfabrik in die Flüsse geleitet wurden. In Braunschweig fand er bald Kontakt zum kulturellen Leben, schloss Freundschaften und war in verschiedenen Vereinen aktiv. Zu seinem 70. Geburtstag erhielt Raabe die Ehrenbürgerschaft der Stadt. Insgesamt galt für Raabe: »O ja, Braunschweig ist recht schön; aber nur für Jemand, dem es nicht darauf ankommt, so 'mal für eine unbestimmte Reihe von Jahren vollständig aus der Welt herauszufallen.«[30] Trotz solcher Urteile spielen Braunschweig und die Geschichte Niedersachsens im Werk Raabes eine wichtige Rolle und bilden den anspielungsreichen Hintergrund für viele hier entstandene Erzählungen und Romane. Doch auch Raabe war kein Heimatdichter. Die regionalen Bezüge in seinem Werk haben stets symbolische Bedeutung: »Schilderung der Wirklichkeit«, so ist in einer seiner Notizen zu lesen, sei »höchstens nur ein interessantes Lesewerck. Hole ich das Bleibende aus der Tiefe, so hebe ich es über die tagtägliche Realität; ich gebe ihm das auf dem Blatt und es hat durch sich selbst Gültigkeit über den Tag hinaus.«[31]

Raabe wohnte in Etagenwohnungen neuerer Mietshäuser und hat es stets abgelehnt, ein Haus zu bauen oder zu mieten. Das Ansinnen, ihm zu seinem 70. Geburtstag ein Haus zu schenken, wies er zurück. Raabe fühlte sich in Mietshäusern wohl, wobei allerdings eine passende Umgebung Voraussetzung für das Wohlbefinden war. Über seine letzte Braunschweiger Wohnung in der Leonhardstraße 29a schreibt er am 30. Dezember 1902 an Karl Schönhardt: »Augenblicklich habe ich Dir als Gegengabe nichts anderes zu bieten, als inliegende ›Postkarte‹. In diesem abgeschmackten scheußlichen Koulissenbau muß der alte Raabe gegenwärtig horsten. Aus den Fenstern, wo das x steht, sehe ich wenigstens auf den größten Jugendspielplatz der Stadt, den Garten des Robinson-Campe und den Zipfel des Magni-Kirchhofs, auf welchem Gotthold Ephraim Lessing begraben liegt.«[32] Obwohl ihm das im Neo-Renaissancestil erbaute Haus augenscheinlich nicht gefiel, bedeutete ihm die Nähe zum Garten von Johann Heinrich Campe und zu Lessings Grabstelle viel. Raabe besuchte Lessings Grab auf dem Magnifriedhof häufig und stellte auch in seinen Texten gern eine Verbindung zu dem Aufklärer her.

Die Wohnung selbst war großzügig. Raabes Enkelin, Anna-Margarete Ehninger, erinnert sich an eine »sehr geräumige 7-Zimmerwohnung« mit »großen hellen Zimmern«, also eine typische Gründerzeitwohnung: »Bis auf das Atelier von Margarethe Raabe [Raabes älteste Tochter] waren alle Zimmer untereinander durch Türen, z. T. Flügeltüren, verbunden. Man konnte, ohne über den Flur zu gehen, von einem Zimmer ins andere gelangen, durch die ganze Zimmerflucht. Die verbindenden Türen der Wohnräume waren nie geschlossen und nur durch schwere Samtportieren verhängt. Die Zimmer waren fast 4 m hoch und hatten Stuckdecken.«[33]

Nach Raabes Tod blieb seine Witwe zusammen mit der ältesten Tochter Margarethe hier wohnen. Die Tochter

Raabes Arbeitszimmer mit Bibliothek

machte die Wohnung nach dem Tod der Mutter (1914) zu einem Treffpunkt für Raabe-Freunde und -Forscher und bewahrte den Nachlass des Vaters. Bemühungen der Stadt Braunschweig, die öffentliche Erinnerung an Raabe zu unterstützen, scheiterten anfangs aus finanziellen Gründen, später an Widerständen der Nationalsozialisten. Das Haus in der Leonhardstraße wurde im April 1944 durch eine Luftmine schwer beschädigt. Margarethe Raabe hatte zuvor Raabes Handschriften und Zeichnungen, seine Bibliothek und das Mobiliar des Arbeitszimmers an einen sicheren Ort gebracht, sodass sie der Zerstörung entgingen. Nachdem das Haus wieder aufgebaut worden war, richtete die Stadt Braunschweig 1948 in der ehemaligen Wohnung Raabes eine Gedenkstätte ein, die bald um eine Forschungsstätte und ein Literaturzentrum erweitert wurde.

Raabe und seine Familie bewohnten sieben Zimmer im ersten Stockwerk eines stattlichen Gründerzeit-Hauses

»Ich bin eingerichtet«

Conrad Ferdinand Meyer in Kilchberg

Conrad Ferdinand Meyer (1825–1898) war Zeit seines Lebens auf der Suche nach Sicherheit, Ruhe und Häuslichkeit, die ihm für seine dichterische Produktion unabdingbar schienen. Meyer, der aus einer wohlhabenden Patrizierfamilie stammte, stand häufig abseits, weil er nicht der Familientradition folgend ein öffentliches Amt anstrebte, sondern allein historischen und literarischen Neigungen folgte. Erst die erfolgreiche Aufnahme seiner Versdichtung *Huttens letzte Tage* (1871) beendete Meyers jahrelange Selbstisolation. Wirkliche private Sicherheit und gesellschaftliche Reputation stellten sich erst 1875 nach der Heirat mit Luise Ziegler ein, die aus einer alteingesessenen Zürcher Familie stammte. Das Aufatmen am Ende einer langen Suche nach dem passenden Schreibort ist im Brief an Meyers Leipziger Verleger Hermann Haessel noch spürbar, als er ihm am 17. Februar 1877 den Kauf eines Hauses in Kilchberg anzeigt: »z. ersten Mal ein eigener, unbetretbarer Boden, möge meiner Muse günstig sein«.[34]

Das Anwesen an der alten Kilchberger Landstraße gehörte zu dem ehemaligen Rebbauerngut »Auf Brunnen« und war 1785 im Stil eines traditionellen zürcherischen Bauernhauses errichtet worden. Kilchberg war damals noch ein Dorf. Es war allerdings 1874 an das Bahnnetz angeschlossen worden, so dass nun eine regelmäßige Zugverbindung in das nahe gelegene Zürich existierte. Zum Haus gehörten ein großer, parkähnlicher Garten sowie ein Weinberg, den die Meyers verpachteten. Meyer ließ vor dem Einzug am 10. April 1877 das Haus renovieren und aus dem Garten »alle Treibhäuser u. Topfpflanzen« entfernen, weil er nur »Bäume u. Gras« wollte.[35] 1880 wurde das Haus nach der Geburt der Tochter Camilla um einen Anbau erweitert, und im Laufe der Zeit kaufte Meyer Grundstücke

Conrad Ferdinand Meyers Haus in Kilchberg liegt unmittelbar am Zürichsee

und Gebäude in der Nachbarschaft hinzu, um sicherzustellen, dass er weiterhin ungestört bliebe. Dazu war es erforderlich, »die Herstellung einer Schenke, Metzg[erei] und Kegelbahn in unserer Nähe zu verhindern«.[36] Gegenüber Hans Frick-Forrer fasste er seine Aktivitäten rund um das Kilchberger Haus beruhigt zusammen: »Jetzt bin ich auf allen Seiten gesichert, menschlich geredet.«[37]

Die Lage des Meyer-Hauses am Ufer des Zürichsees ist pittoresk, und der Dichter schwärmte selbst von dem Blick, der sich ihm täglich bot: »Seebreite, ein Dutzend Kirchthürme, die ganze Flucht der Alpen. Es ist geradezu die schönste Aussicht am See«.[38] Conrad Ferdinand Meyer lebte in diesem Haus bis an sein Lebensende »gut bürgerlich und solid mit einer gewissen grandseigneuralen Beimischung«.[39] Es war in literarischer Hinsicht ein produktiver Lebensabschnitt, denn hier entstand zwischen 1877 und 1887 der größte Teil seines Werkes, darunter die Erzählungen *Der Schuß von der Kanzel*, *Gustav Adolfs Page* oder *Die Versuchung des Pescara*. Außerdem erschienen die zuvor verstreut veröffentlichten Gedichte in einer eigenen Ausgabe.

In persönlicher Hinsicht aber war die Kilchberger Zeit ein schwieriger Lebensabschnitt, der 1887 mit Depressionen begann, sich 1892 mit einem anderthalbjährigen Klinikaufenthalt fortsetzte und in einer schweren Nervenerkrankung sein tragisches Ende fand. Zusätzlich belastet war diese Zeit durch ständige Auseinandersetzungen zwischen Meyers Ehefrau Luise und der Schwester Betsy, die sich gegenseitig vorwarfen, den Dichter für sich vereinnahmen zu wollen. Doch zunächst überwogen die positiven, teilweise begeisterten Reaktionen auf die Geborgenheit, die Meyer in Kilchberg gefunden hatte: »Ich bin eingerichtet u fühle die Wirkg eines bequemes [!] Heimes auf meine Arbeit, welche ich nie, auch nur annähernd so consequent betrieben habe.«[40] Auch Paul Heyse, der den Dichterkollegen im Sommer 1885 in Kilchberg besucht hatte, wusste nur Positives an Theodor Storm zu berichten und beschrieb Meyer als den »Heiligen von Kilchberg, der rund und rosig wie ein appetitliches Spanferkel mit weißen Börstchen aus seinem eleganten Sammeträckchen herausschaute und sich selbst als einen der wenigen wahrhaft Glücklichen bekennt, an Weib, Kind, Haus, Garten, etlichen Millionen und genügsamen Ruhm seine satte Freude hat und um so mehr, da ihm all das Glück erst auf der Gegenseite des Berges beschert worden ist«.[41]

Die Meyers lebten zurückgezogen, hin und wieder hatte man Gäste, aber man pflegte kein offenes Haus mit umtriebiger Geselligkeit. Zentrum von Meyers täglichem Leben war das Arbeitszimmer im Erdgeschoss mit Blick in den Garten und in die weitere Landschaft, wo er beinahe jeden Vormittag verbrachte. Es befindet sich noch heute in dem Zustand, wie Adolf Frey es nach einem Besuch beschrieben hat: »An der Wand, die ihn vom anderen Zimmer schied, stand ein mit schwarzem Wachstuch überzogenes Sofa, ihm gegenüber ein alter Lehnstuhl und dazwischen der Arbeitstisch. Die entgegengesetzte Langwand füllten die Bücher. Zwischen den beiden Fenstern stand ein einfacher Sekretär, auf der anderen Schmalseite, neben der vom Flur her sich öffnenden Eingangsthür, der Kachelofen, einige Randkacheln mit blauen Helmen bemalt.«[42]

Nach dem Tod Conrad Ferdinand Meyers blieben seine Witwe und Tochter im Haus wohnen. Camilla Meyer ließ es 1934/35 umbauen, wobei das Arbeitszimmer des Vaters unangetastet blieb. Nach Camilla Meyers Freitod (1936) stand das Haus zunächst lange leer, bevor die Gemeinde Kilchberg es 1943 erwarb. Das Haus wurde in ein Museum umgewandelt, das C. F. Meyers gewidmet ist, aber auch an den letzten Wohnort von Thomas Mann und seiner Familie in Kilchberg (seit Anfang 1954: Alte Landstraße 39) erinnert.

»Tief in Blau und Gold versponnen«

Trakl in Salzburg

Georg Trakl (1887–1914) wurde inmitten der Salzburger Altstadt im Schafferhaus am Waagplatz geboren. Die Familie hatte 1885 im ersten Stock dieses aus dem 16. Jahrhundert stammenden Gebäudes mit Arkadenhof eine Wohnung gemietet. Trakl lebte bis zu seinem 21. Lebensjahr bei seiner Familie. 1892 hatte der Vater, ein Eisenhändler, ein dem Geburtshaus gegenüber liegendes Haus gekauft. Das Geschäft befand sich im Vorbau, dem heutigen Café Glockenspiel, und die Familie lebte ab 1893 in der ersten Etage in einer Wohnung mit mehr als zehn Zimmern und Blick auf den Mozartplatz, den Residenzplatz und eben den Waagplatz. Man pflegte einen bürgerlich-wohlhabenden Lebensstil, wie er typisch für die österreichische k.u.k.-Monarchie war. Trakls jüngerer Bruder Friedrich erinnert sich: »Es ging uns sehr gut; wir hatten eine große Wohnung und lebten in jener behaglichen und selbstverständlichen Aisance, die sich heute niemand mehr vorstellen kann.«[43] Zu diesem Wohlstand gehörte nicht nur eine französische Gouvernante, sondern auch, dass Georg Trakl schon als Kind ein eigenes Zimmer hatte, wie Friedrich Trakl weiter berichtet: »Er war immer gern allein gewesen; schon als Kind bestand er darauf, sein eigenes Arbeitszimmer zu haben; dort schrieb er seine ersten Verse mit 15 Jahren.«[44]

Dennoch waren die Familienverhältnisse nicht rosig. Nach dem Tod des Vaters 1910 musste das Geschäft 1913 liquidiert werden und die Familie sah sich weitgehend ihrer finanziellen Basis beraubt. Die Mutter führte zeitlebens ein Eigenleben und schloss sich »tagelang in ihre Zimmer ein, die vollgestopft waren mit Barockmöbeln, Gläsern und Porzellan«.[45] Das Verhältnis von Mutter und Sohn Georg war problematisch. Im autobiographischen Prosatext *Traum und Umnachtung* (in *Sebastian im Traum*) heißt es, dass allein das »blaue Rauschen eines Frauengewandes« das Kind zur »Säule erstarren« ließ, weil sich dadurch die »nächtige Gestalt seiner Mutter« ankündigte.[46] Kindheit und Schulzeit waren voller traumatischer Erfahrungen und abgründigen Wünschen. Diese äußerten sich etwa in der tatsächlichen oder phantasierten inzestuösen Beziehung zur Schwester Grethe, die in Trakls Werk in unterschied-

Im ersten Stock des Schafferhauses mitten in der Salzburger Altstadt wurde Georg Trakl geboren

lichen Rollen, unter anderem als »schwarzer Schatten der Fremdlingin«,[47] auftrat. Frühzeitig wurden die Absonderungstendenzen Georg Trakls manifest. Immer häufiger versuchte er seine depressiven Krisen mit Beruhigungsmitteln, bald auch mit Drogen und Alkohol in den Griff zu bekommen. In Salzburg wurde Trakl zum Apotheker ausgebildet, während seine wahre Leidenschaft der Literatur gehörte. Er entdeckte Rimbaud, Baudelaire und Nietzsche für sich. 1908 wurde sein erstes Gedicht veröffentlicht. Den Alltag inszenierte Trakl den Vorstellungen eines Boheme-Dichters entsprechend mit Besuchen im Kaffeehaus oder im Bordell. Dabei war er stets perfekt gekleidet und achtete auf ein gepflegtes Äußeres. Aber dies war nur Fassade einer beschädigten und permanent leidenden Persönlichkeit. Nur in der Lyrik fand Trakl ein Ausdrucksmittel, um die »Angstgespenster«,[48] die von außen wie von innen andrängten, zu beherrschen.

Die Heimatstadt ist in diesem Zusammenhang häufig Thema in Trakls Gedichten. Allerdings schildert er die barocke Pracht Salzburgs nur als bröckelnde Fassade: Der Verfall greift um sich, so dass dem Menschen unversehens »die Welt entzweibricht«.[49] Georg Trakl bekam sein Leben nicht mehr in den Griff, Berufs- und Ortswechsel mehrten sich, der Drogenkonsum nahm zu. Die literarischen Erfolge, der Kontakt zum Herausgeber der Zeitschrift *Brenner*, Ludwig von Ficker und dessen Freundeskreis, boten ebenfalls keinen Halt mehr. 1913 kehrte er noch einmal nach Salzburg zurück und schrieb tief verstört über den Aufenthalt: »ich habe jetzt keine leichten Tage daheim und lebe so zwischen Fieber und Ohnmacht in sonnigen Zimmern dahin, wo es unsäglich kalt ist. Seltsame Schauer von Verwandlung, körperlich bis zur Unerträglichkeit empfunden, Gesichte von Dunkelheiten, bis zur Gewißheit verstorben zu sein, Verzückungen bis zu steinerner Erstarrtheit; und Weiterträumen trauriger Träume. Wie dunkel ist diese vermorschte Stadt voll Kirchen und Bildern des Todes.«[50] Nach Ausbruch des Ersten Weltkriegs wurde Trakl zum Sanitätsdienst eingezogen und reiste am 24. August 1914 an die galizische Front ab, wo er angesichts des Grauens in der Schlacht bei Gródek einen Nervenzusammenbruch erlitt. Am 3. November 1914 starb Trakl nach einer Überdosis Kokain im Garnisonskrankenhaus von Krakau.

Am Mozartplatz, dort wo heute das Café Glockenspiel ist, betrieb Trakls Vater ein Eisenwarengeschäft, die Familie wohnte ihm ersten Stock des dahinter liegenden Hauses

DEMEL

Karl May · Hofmannsthal · Hauptmann · Ida und Richard Dehmel · Hesse

HARTNÄCKIGE VILLENBESITZER ODER DIE KUNST, SCHÖN ZU WOHNEN

Wohnen bedeutet, dass man sich auf einen Ort einlässt, den man als Lebensmittelpunkt ausgewählt hat und an dem man dauerhaft bleiben möchte.[1] Damit aber ein solcher Ort zu einem persönlichen Lebensumfeld mit allem Notwendigen und Wünschenswerten gestaltet werden kann, bedarf es mehr als materieller Mittel. Man muss natürlich die Landschaft, die Kultur, Geschichte und die hier ansässigen Menschen mögen, die Ort und Umgebung geprägt haben. Erst wenn man sich wirklich auf einen Lebensraum einlässt, kann man ihn gestalten, sich in ihm einrichten und zufrieden leben. Wohnen hat daher immer mit Ankommen zu tun. Hermann Hesse, der zwar im eigentlichen Sinne kein »Unbehauster« (Goethe, *Faust I*, V. 3348) war, aber doch lange suchte, bis er im Tessin *seinen* Lebensort gefunden hatte, sah in diesem Sich-Einlassen auf einen Ort die »Kunst, schön zu wohnen«.[2]

Viele Dichter haben sich als Wanderer oder als Reisende gesehen und gerade im Umherstreifen Freiheit und Schaffenskraft erfahren und oft poetisch beschrieben. Dennoch schließen sich Wanderschaft und ein fester Wohnsitz nicht aus, denn die Sehnsucht nach einer Bleibe und einer Wohnung ist in der Literatur ein ebenso konstantes Thema wie die Realität, in der Umzüge, provisorische Unterkünfte, schäbige Dachkammern oder billige Hotelzimmer zum Lebensentwurf eines Künstlers zu gehören scheinen. So sehnt sich auch die Hauptfigur in Rainer Maria Rilkes *Aufzeichnungen des Malte Laurids Brigge* (1910) in Paris nach einer Wohnung und einem schützenden »Dach« über dem Kopf, wenn sie klagt: »O was für ein glückliches Schicksal, in der stillen Stube eines ererbten Hauses zu sitzen unter lauter ruhigen, seßhaften Dingen und draußen im leichten, lichtgrünen Garten die ersten Meisen zu hören, die sich versuchen, und in der Ferne die Dorfuhr. Zu sitzen und auf einen warmen Streifen Nachmittagssonne zu sehen und vieles von vergangenen Mädchen zu wissen und ein Dichter zu sein. Und zu denken, daß ich auch so ein Dichter geworden wäre, wenn ich irgendwo hätte wohnen dürfen, irgendwo auf der Welt, in einem von den vielen verschlossenen Landhäusern, um die sich niemand bekümmert. Ich hätte ein einziges Zimmer gebraucht (das lichte Zimmer im Giebel).«[3]

Die Tapeten im Salon des Hauses von Ida und Richard Dehmel entwarf der Maler und Grafiker Emil Orlik

Die Häuser, die Karl May, Hugo von Hofmansthal, Gerhart Hauptmann oder Hermann Hesse bewohnt haben, demonstrieren die enge Verbindung zwischen Dichterexistenz und kultiviertem Wohnen, wobei man sich durchaus aufgeschlossen für architektonische Aspekte und moderne Einrichtungsstile zeigte, aber nie Trendsetter war. Zweifellos inszenierten Autoren in und mit diesen Häusern ihren literarischen Erfolg, wenn etwa die Literaturnobelpreisträger Gerhart Hauptmann und Thomas Mann noch beim Bau ihrer Villen und Landsitze miteinander konkurrierten.[4] Sogar im Exil und später bei seiner Rückkehr aus den USA in die Schweiz legte Thomas Mann Wert auf ein Haus, in dem er nicht wie in einem Provisorium oder auf Abruf wohnen musste, sondern in Sicherheit, Wohlstand sowie umgeben von den gewohnten Möbeln, der Bibliothek und Sammlungsstücken leben und schreiben konnte. Hermann Kesten hat ihn deshalb einen »hartnäckigen Villenbesitzer« genannt.[5] Thomas Mann machte bei der Suche nach einem Haus, in dem er sich wohlfühlen konnte, nie Kompromisse. Er kämpfte sogar – teilweise erfolgreich – aus dem Exil heraus um die Herausgabe der Einrichtung seines Münchner Hauses, nachdem es von den Nazis beschlagnahmt worden war. Sogar seine letzte Villa am Ufer des Zürichsees schien ihm »entschieden angenehm und erfreulich, nicht herausfordernd aber anständig und bequem«.[6] Obwohl die Häuser, in denen Thomas Mann gewohnt hat, in der Mehrzahl heute für den Besucher verschlossen sind und nur sein imposantes Arbeitszimmer im Züricher Thomas-Mann-Archiv zu sehen ist, formulierte er doch mit dieser Tagebuchnotiz einen Katalog von Kriterien für ›schönes‹ Wohnen, die auch andere Schriftsteller so oder doch ähnlich für sich und ihre Häuser in Anspruch nahmen.

An die Wand neben seinem Bett notierte Hauptmann Gedanken und Einfälle

Bei Winnetou und Old Shatterhand

Karl May in Radebeul

Karl Mays (1842–1912) Bücher wurden bis auf den heutigen Tag – grob geschätzt – weltweit über zweihundert Millionen Mal verkauft und in mehr als dreißig Sprachen übersetzt. Er gehört damit zu den meistgelesenen und populärsten Autoren überhaupt. Sein umfangreiches Werk ist jedoch weitaus vielfältiger als es die berühmten Romane nahelegen, in denen Winnetou, Old Shatterhand, Hadschi Halef Omar und Kara Ben Nemsi die Hauptakteure sind. Bis Karl May ein Bestseller-Autor geworden war und ein materiell gesichertes Leben führen konnte, war es ein weiter und beschwerlicher Weg. Sein Leben verlief zeitweise ebenso turbulent und abenteuerlich wie das vieler seiner Romanfiguren. Nicht selten trug May zu diesen Turbulenzen selbst bei. Karl Mays öffentliches Erscheinungsbild brachte ihm neben Bewunderung auch Kritik ein und er musste sich gegen viele Angriffe wehren. Einmal warf man seinen Romanen jugendgefährdende Tendenzen vor, das andere Mal attackierte man deren zu trivialen Inhalte (»Schund«). Karl May setzte sich gegen diese Vorwürfe sogar gerichtlich zur Wehr, doch nicht immer bekamt er Recht.

Das Phänomen Karl May ist schillernd. Wir begegnen einem Autor, der seine Person und sein Leben inszenierte und mystifizierte, indem er sich im Phantasiekostüm eines Kara Ben Nemsi oder Old Shatterhand fotografieren ließ und die Legende in die Welt setzte, dass die Figuren seiner Romane »gelebt« hätten oder »noch leben« würden und natürlich seine »Freunde« wären.[7] Er besaß sogar Visitenkarten, auf denen er nicht nur zu Unrecht einen Doktortitel führte, sondern seinen Namen auch mit dem der fiktiven Figur Old Shatterhand verknüpfte: »Dr. Karl May, genannt Old Shatterhand«. Zu den Inszenierungen gehörte weiterhin, dass May die berühmten Gewehre seiner Helden Winnetou und Old Shatterhand – die »Silberbüchse«, den »Henrystutzen« oder den »Bärentöter« – als authentisch ausgab, obwohl er sie von einem Dresdner Büchsenmacher hatte anfertigen lassen. Er beharrte vielmehr darauf, dass er die Gewehre aus den Gräbern seiner toten Helden vor dem Zugriff der Sioux-Indianer gerettet habe. Auf diese Weise und natürlich mit seinen Romanen hat Karl May uns ein buntes Bild vom ›Wilden Westen‹ und Vorderen Orient vermittelt, obwohl noch zu Lebzeiten des Autors bekannt wurde, dass seine fernen Welten und fremden Kulturen weitgehend – allerdings mithilfe von Nachschlagewerken, Wörterbüchern und Landkarten professionell recherchiert – Produkte seiner Phantasie waren. Karl May hat sich selbst als »Märchenerzähler« verstanden.[8] Wenn er gegen Ende seines Lebens in der Autobiographie *Mein Leben und Streben* (1910) eingesteht, dass seine Biographie oftmals mehr auf ›Dichtung‹ als auf ›Wahrheit‹ beruhe, dann räumte er auch ein, dass sein Leben ein »gebrochenes Leben«[9] war, das unter zahllosen privaten Katastrophen und öffentlichen Anfeindungen gelitten hatte.

Geboren wurde Karl May im Erzgebirgsstädtchen Ernstthal (seit 1898 Hohenstein-Ernstthal) als fünftes von vierzehn Kindern einer Familie von Leinewebern (neun Kinder verstarben früh). Die Familie litt wie viele andere Weberfamilien unter der Industrialisierung in der Textilproduktion, die einen Preisverfall der in Heimarbeit produzierten Garne und Stoffe mit sich brachte und viele Menschen in die Armut stürzte. Das schmale, nur 4,25 Meter breite Geburtshaus gehört zu den ältesten Gebäuden des Ortes. Karl Mays Mutter, Christiane Wilhelmine May, hatte es 1838 geerbt. Seitdem diente es der Familie als Wohnung und Werkstatt, denn hier wurden auch Webstuhl und Spinnrad aufgestellt, mit denen die Familie mühsam ihren kargen Lebensunterhalt verdiente. In Mays Autobiographie heißt es: »Freilich war das Haus nur drei schmale Fenster breit und sehr aus Holz gebaut, dafür aber war es drei Stock-

Totempfahl im Garten der Villa Shatterhand als Teil einer Ausstellung, die sich den Indianern Nordamerikas widmet

Als Zeichen seines Erfolgs ließ Karl May unter dem Dach seines Wohnhauses in Goldbuchstaben den Namen Villa Shatterhand anbringen

werke hoch und hatte ganz oben unter dem First einen Taubenschlag, was bei andern Häusern bekanntlich nicht immer der Fall zu sein pflegt. Großmutter, die Mutter meines Vaters, zog in das Parterre, wo es nur eine Stube mit zwei Fenstern und die Haustür gab. […] Im ersten Stock wohnten die Eltern mit uns. Da stand der Webstuhl mit dem Spulrad. Im zweiten Stock schliefen wir mit einer Kolonie von Mäusen und einigen größeren Nagetieren, die eigentlich im Taubenschlage wohnten und des Nachts nur kamen, um uns zu besuchen.«[10] Nur drei Jahre verbrachte Karl May in diesem Haus, denn 1845 musste die Familie es verkaufen, um der Mutter eine Ausbildung zur Hebamme zu ermöglichen und um auf dem Haus lastende Schulden abzubezahlen. Karl Mays Kindheit – beeinträchtigt durch eine schwere Augenerkrankung, die erst im Alter von fünf Jahren geheilt werden konnte –, Jugend, Schulzeit, Ausbildung zum Lehrer und erste Berufstätigkeit verliefen nicht ohne Probleme und hinterließen traumatische Erfahrungen, die Mays Verhältnis zu seiner Heimatstadt zeitlebens beeinflussten. Seine Gefängnis- und Zuchthausstrafen – insgesamt siebeneinhalb Jahre – blieben in der Kleinstadt, die er 1883 in Richtung Dresden verließ, weder unbemerkt noch unvergessen und waren Anlass für Demütigungen, als seine kriminelle Vergangenheit publik wurde.

Seine Schriftstellerkarriere hatte Karl May mit (anonym) verfassten Texte für Familien- und Unterhaltungszeitschriften begonnen. Seit 1883 veröffentlichte er unter eigenem Namen erste Romane, die ungewöhnlich schnell auf ein Publikumsinteresse stießen. Fünf Jahre lang blieb er diesem ›Geschäft‹ treu, bevor die berühmten Reiseromane entstanden. Von nun an war Mays Erfolg nicht mehr aufzuhalten. Gleichzeitig verstrickte er sich immer tiefer in gerichtliche Auseinandersetzungen mit Verlegern um sein Copyright, wobei er sich mit Vorwürfen auseinandersetzen musste, seine Romane seien nicht – wie stets behauptet – authentisch, sondern beruhten auf reiner Fiktion.

Der Schreibtisch im Arbeitszimmer war an Karl Mays Körpergröße genau angepasst

Äußeres Zeichen dieses Erfolgs war der Kauf eines Hauses in Radebeul, womit May einen lang gehegten Traum verwirklichte. Am 14. Januar 1896 bezog er die von dem Architekten Gustav Ziller ein Jahr zuvor erbaute Villa im Stil der Neo-Renaissance in der heutigen Karl-May-Straße. Dieses großzügige, ja herrschaftliche Haus mit vielen Zimmern, das in einem parkähnlichen Garten mit Blick ins Elbtal liegt, ließ Karl May ganz nach seinen Wünschen ausstatten. Natürlich war dieses Haus wiederum eine Inszenierung, wie allein schon der unter dem Dachgesims in goldenen Lettern angebrachte und weithin sichtbare Name »Villa Shatterhand« zeigt. Am Ende des Romans *Der Schatz im Silbersee* (1894) hatte Karl May den Hobble-Frank voraussagen lassen: »Und meine Villa ist merschtendeels schon fertig, wenigstens im Koppe. Das wird een komposanter Bau am schönen Schtrand der Elbe, und der Name, den ich ihm gebe, wird noch viel komposanter werden. Ich habe gesprochen. Howgh!«[11] In der Tat, das Haus wurde mit allem angefüllt, was man von dem Autor der Romane *Durchs wilde Kurdistan*, *Unter Geiern*, der *Winnetou*-Trilogie oder *Im Lande des Mahdi* erwarten konnte: Teppichen, Bären- und Löwenfellen, orientalischen Möbeln und Antiquitäten sowie indianischen Waffen und Ritualgegenständen. Daneben schuf Karl May sich in der »Villa Shatterhand« einen Arbeitsort mit großer Bibliothek, die auf die Themen seiner Romane zugeschnitten war. Die »Villa Shatterhand« war Basis für eine ungeheure Produktivität. Von Radebeul aus unternahm Karl May endlich auch Reisen zu den Schauplätzen seiner Romane; und immer ließ er sich fotografieren: vor den Pyramiden von Gizeh, vor den Niagara-Fällen und vor einem Zelt der Tuscarora-Indianer, um bei seinen Lesern den angekratzten Ruf aufzupolieren und um seiner Lebenslegende ein weiteres farbiges Kapitel hinzuzufügen. Sein 70. Geburtstag am 25. Februar 1912 bescherte Karl May noch einmal öffentliche Ovationen, als ihn bei einem Vortrag in Wien über 2000 Zuschauer bejubelten. Nach Radebeul zurückgekehrt, starb er Wochen später an einem Herzschlag. Sein Grabmal ist dem Nike-Tempel auf der Athener Akropolis nachempfunden – auch dies noch eine allerletzte Inszenierung. Bis zum Tod hielt Karl May an seiner Lebenslegende fest: »Ich bin wirklich Old Shatterhand resp. Kara ben Nemsi und habe erlebt, was ich erzähle«.[12]

Empfangssalon mit dem Gemälde *Chodem* von Sascha Schneider, das Karl May bei dem Künstler für diesen Raum in Auftrag gab

Im Schlössel

Hofmannsthal in Rodaun

Wenige Monate vor ihrer Hochzeit im Juni 1901 begaben sich Hugo von Hofmannsthal (1874–1929) und seine Verlobte Gerty Schlesinger auf Wohnungssuche. In Rodaun, damals noch eine selbstständige Gemeinde, heute Teil eines Wiener Gemeindebezirks am Fuße des Wienerwaldes, wurde das Paar fündig. Man mietete als künftigen Wohnsitz ein »unglaublich kleines Haus«,[13] das vielmehr ein 1724 erbautes recht imposantes kleines barockes Schloss mit schönbrunngelbem Fassadenanstrich ist. Es gehörte der Kaiserin Maria Theresia, die es ihrer Erzieherin und Vertrauten Maria Karolina Gräfin von Fuchs als Alterssitz schenkte. Aus Überzeugung zog das Ehepaar Hofmannsthal von der Stadt aufs Land, weil Hugo von Hofmannsthal der Ansicht war, dass eine Entfernung vom Trubel der Großstadt förderlich für seine dichterische Produktion sei. Außerdem hatte er eine Schwäche, aber auch einen scharfen Blick für großzügige Wohnungen, Häuser, »Villen und gelbe Schlössel«.[14] Hofmannsthal kannte Rodaun von früheren Besuchen, denn der Ort war seinerzeit ein beliebter Ausflugsort und bekannt für seine Thermal- und Schwefelquellen. Rodaun lag zwar nur fünfzehn Kilometer von der Wiener Innenstadt entfernt und war an das Verkehrsnetz angebunden, dennoch war es mit größerem Aufwand verbunden, wenn man nach Wien ins Theater gehen, sich verabreden und einkaufen wollte oder umgekehrt, wenn man Freunde in das neue Domizil einlud. Gleichzeitig schützte die Entfernung den Dichter vor überraschendem Besuch, den er überhaupt nicht schätzte, ja sogar fürchtete.

So idyllisch Hofmannsthals »Schlössel« anmutet, die bald fünfköpfige Familie hatte wenig Raum zur Verfügung und man musste auf Komfort verzichten. Im Haus gab es kein Bad. Elektrizität oder eine gut funktionierende Wasserversorgung waren ebenfalls nicht vorhanden. Außerdem heizten die alten Öfen schlecht. Zwar modernisierte man das Haus im Laufe der Zeit, hatte bald sogar einen Telefonanschluss, dennoch überwogen die Nachteile in diesem historischen Gebäude. Allerdings schätzten Besucher gerade seine rokokohafte *Rosenkavalier*-Atmosphäre, die durch die zuvorkommende Gastfreundschaft, eine geschmackvolle Inneneinrichtung und sehenswerte Auswahl moderner Kunst (darunter Werke von Pablo Picasso, Ferdinand Hodler und Auguste Rodin) zusätzlich akzentuiert wurde. Hofmannsthal beauftragte keinen Architekten oder Designer, sein Haus im neuesten Stil einzurichten, wie es damals nicht nur in Wien Mode war. Er orientierte sich bei der Einrichtung auch nicht an historischen Formen oder an aktuellen Stilrichtungen wie Jugendstil oder dem Geschmack der damals hoch im Kurs stehenden Wiener Werkstätte. Das Mobiliar stammte überwiegend aus Familienbesitz und wurde um alte wie moderne Möbel, Kunstwerke oder viele dekorative Gegenstände ergänzt, wenn sich für deren Anschaffung eine günstige Gelegenheit bot oder man auf Reisen Dinge kaufte, an denen der Dichter und seine Frau Gefallen gefunden hatten. Hofmannsthal verwirklichte in seinem Haus kein einheitliches Einrichtungskonzept, jedes Zimmer wurde individuell in Hinblick auf Funktion und Stimmung gestaltet. Insgesamt orientierte sich die Einrichtung, die Auswahl des Mobiliars, der Dekorationsstücke und der Kunstwerke am großbürgerlichen Geschmack mit vielen Anleihen bei Historismus und Neo-Renaissance, doch sie trug stets die Handschrift der Bewohner. Hofmannsthal freute sich zusehends »über das schöne liebe Haus, dessen Räume zu den verschiedenen Stunden des Morgens, Mittags und Abends eine so große Fülle von freudigen und schönen Eindrücken geben«.[15]

Erika Brecht hat nach einem Besuch in Rodaun die Stimmung dieser *Rosenkavalier*-Welt festgehalten: »Schon im Vorraum hatte man ein Vorgefühl von dieser Luft der Reinheit und des Geistes, die mir immer materialisiert erschien in dem kühlen Hauch, der nach Ersteigen der Eingangsstufen dem Gast aus dem steinernen Flur entgegenschlug […]. Dann kam der Hausherr uns meist schon auf der steinernen inneren Wendeltreppe entgegen, die mit breiten Stufen in die Wohnräume des ersten Stockwerks führte. Das große dreifenstrige Mittelzimmer, der einzige größere und etwas anspruchsvollere Raum, war ein unverfälschtes Rokokosälchen in Stil und Einrichtung. Zartfarbige Schäferfresken an allen Wänden und an der durch Stuckornamente gegliederten Decke; ein großer ovaler Tisch mit schweren weißgoldenen Stühlen mitten im Zimmer, Rokokosophas und Sessel in den Ecken, ein prachtvoller geschweifter Ofen aus weißem Porzellan, weiße Amphoren auf Postamenten, in denen Hofmannsthal selbst hochstielige Rosen, Rittersporn oder Flieder aus dem Garten zu ordnen liebte.« Dagegen wirkte Hofmannsthals Arbeitszimmer, so Erika Brecht weiter, »modern und ruhig; graue Filzbespannung am Boden, links neben dem tiefnischigen Fenster der stets mit Papieren und Manuskripten beladene Schreibtisch, zierlich auf geschweiften Beinen; die Wände durch Büchergestelle zum größten Teil verdeckt«.[16]

Hugo von Hofmannsthal wahrte in diesem Haus Distanz zu seiner Umwelt und hoffte, so die notwendige Freiheit zum Schreiben zu bekommen. Aber seine Hoffnungen erfüllten sich nur teilweise. In der Abgeschiedenheit von Rodaun entstanden zwar viele seiner großartigen Theatertexte und die berühmten Libretti für Richard Strauss, die Suche nach dem adäquaten Schreibort hörte trotzdem nie auf, wurde vielmehr zu einer fixen Idee. Schließlich wurde das »Schlössel« sogar zum Ort einer persönlichen Tragödie, als sich am 13. Juli 1929 der Sohn Franz im Elternhaus erschoss und der Vater Hugo von Hofmannstahl zwei Tage später, am Begräbnistag des Sohnes, in seinem Arbeitszimmer an einer Gehirnblutung verstarb.

Hofmannsthal hatte eine Vorliebe für »Villen und gelbe Schlössel«, dem das kleine Barockschloss in Rodaun entsprach

»Produktivspaziergänge«

Hauptmann in Erkner und auf Hiddensee

Über seine erste persönliche Begegnung mit Gerhart Hauptmann (1862–1946) im November 1932 schreibt Gottfried Benn an Thea Sternheim: »ich fand den Mann pompös. Zum mindesten äußerlich, gestaltmäßig, haltungshaft enorm dekorativ, kein fauler Zauber an ihm, wie so oft an seinen Sachen, die er schreibt.«[17] Der Autor der *Weber*, des *Biberpelz*, von *Vor Sonnenaufgang* sowie vieler Gedichte und Erzählungen zählte nicht nur zu den prominentesten literarischen Persönlichkeiten der Zeit, sondern er verstand es auch, seine öffentliche Stellung durch geschickte, manchmal eben »pompöse« Inszenierung zu betonen. 1912 mit dem Literaturnobelpreis ausgezeichnet, galt Hauptmann schon zu Lebzeiten als ›Klassiker‹ und nahm äußerlich mehr und mehr das Aussehen Goethes an. Er war ein häufig fotografierter und porträtierter Schriftsteller, war in vielen Illustrierten mit ›Homestories‹ präsent und zeigte sich gern mit seinen Dackeln, seinem Esel oder mit Löwenbabys im Berliner Zoo. 1921 war er sogar als Kandidat für die Reichspräsidentenwahl im Gespräch. Hauptmann, der über den Umweg der bildenden Kunst zur Literatur fand, wurde auch im Ausland geschätzt, wie seine Amerika-Reisen oder die Oxforder Ehrendoktorwürde zeigen. Wie weit diese Anerkennung reichte, macht der Schutz des sowjetischen Militärs deutlich, der dem greisen Dichter noch am Ende des Zweiten Weltkriegs in seinem schlesischen Sterbeort Agnetendorf zuteil wurde. Nach seinem Tod am 6. Juni 1946 brachte ein Sonderzug Hauptmanns Sarg und seine gesamte Hinterlassenschaft nach Berlin. Während der Sarg unter großer Anteilnahme der Bevölkerung über Stralsund nach Kloster, seinem langjährigen Sommersitz auf der Insel

Die Villa Lassen war zwischen 1885 und 1889 Wohnsitz von Gerhart Hauptmann

Hiddensee, gebracht und auf dem dortigen Gemeindefriedhof beigesetzt wurde, dauerte die Odyssee des Nachlasses noch Jahrzehnte. So sehr Hauptmanns Leben und Nachleben die politische Geschichte Deutschlands vom Kaiserreich bis zum wiedervereinigten Deutschland auf vielfältige Weise tangieren, so dokumentieren die heutigen Gedenkstätten an seinen Wohnorten in Deutschland (Erkner, Kloster) und Polen (Schreiberhau/Szklarska Poręba, Agnetendorf/Jagniątków) den Willen, in einem vereinten Europa das kulturelle Erbe des jeweils anderen Landes zu respektieren und zu pflegen. Das Haus Gerhart Hauptmanns in Kloster, wo er seit 1930 Frühjahr und Sommer verbrachte, ist das einzige, in dem die Inneneinrichtung vollständig erhalten geblieben ist. Die anderen Häuser bewahren auf je unterschiedliche Weise die Erinnerung an den Dichter. Das Haus in Schreiberhau hatten die Brüder Carl und Gerhard Hauptmann 1890 während einer Wanderung im Riesengebirge entdeckt, kurz entschlossen gekauft, umgebaut und den kleinen Ort als zukünftigen Wohnsitz auserkoren. Während Carl Hauptmann hier bis zu seinem Tod am 3. Februar 1921 wohnen blieb und das Haus zum Zentrum einer Gelehrten- und Künstlerkolonie machte, verließ Gerhart Hauptmann nach Meinungsverschiedenheiten mit dem Bruder bereits 1894 Schreiberhau wieder in Richtung Berlin. In Schreiberhau begann seine lange Ehekrise; 1904 ließ er sich von Marie Thienemann scheiden und heiratete Margarete Marschalk.

Haus Wiesenstein in Agnetendorf, das zweite Domizil Hauptmanns in Schlesien, wurde 1900/1901 von dem Architekten Hans Griesebach erbaut und entwickelte sich schnell zum Arbeits- und Lebensmittelpunkt. In diesem Haus realisierte Hauptmann seine persönlichen Vorstellungen von Wohnen, Arbeiten und Repräsentieren. Die Eingangshalle (»Paradieshalle«) etwa ließ er 1922 von Johannes Maximilian Avenarius ausmalen, für große Teile der von der Renaissance inspirierten Inneneinrichtung zeichnete Wilhelm Kimbel verantwortlich. Haus Wiesenstein wurde zum Anziehungspunkt für viele Künstler, Schriftsteller und Intellektuelle. Das Haus war Rückzugsort nach anstrengenden Reisen oder öffentlichen Auftritten. Gegen Ende seines Lebens wurde das Haus noch zu einem Bollwerk gegen die ideologische Radikalisierung in Deutschland, der Hauptmann während der gesamten NS-Zeit zwar distanziert begegnete, sich aber auch empfänglich für die Avancen des Regimes zeigte.

Das Mobiliar des Arbeitszimmers stammt aus Haus Wiesenstein, Hauptmanns Wohnsitz in Agnetendorf

Arbeits- und Bibliothekszimmer in Haus Seedorn sind im Stil der Neuen Sachlichkeit eingerichtet

Das Hauptmann-Museum in Erkner zeigt einige Möbel aus den ehemaligen Wohn- und Arbeitsräumen in Haus Wiesenstein, ist aber ansonsten eine museale Rekonstruktion, die einen Gesamtüberblick über Leben und Werk gibt. In Erkner lebte Hauptmann von 1885 bis 1889. Er war von Berlin-Moabit, wo er mit seiner jungen Ehefrau Marie Thienemann wohnte, nach Erkner gezogen, um sich von einer Tuberkulose zu erholen. Er mietete die untere Etage der Villa Lassen, die in den 1870er-Jahren von einem zu Geld gekommenen Dorfhandwerker gebaut worden war. Als Hauptmann nach Erkner kam, arbeitete er noch als Bildhauer. Rückblickend bezeichnet er die Zeit in Erkner als »grundlegende Jahre«, in denen er zum Schriftsteller wurde: »Mit der märkischen Landschaft aufs innigste verbunden, schrieb ich dort ›Fasching‹, ›Bahnwärter Thiel‹ und mein erstes Drama ›Vor Sonnenaufgang‹. Vier Jahre sind sozusagen die vier Ecksteine für mein Werk geworden.«[18] In Erkner entwickelte Hauptmann auf seinen täglichen Ausflügen in die nahe gelegene märkische Heide die »Produktivspaziergänge«. Er notierte sich dabei Einfälle, machte Skizzen oder hielt erste Textentwürfe fest.

Anfang Januar 1943 kam Hauptmann noch einmal nach Erkner und sah mit Befremden, dass die Villa jetzt eine Gaststätte war: »Ich stand noch einmal vor meinem Haus … merkwürdig, wissen Sie, fünfzig Jahre, mehr sogar … ich möchte alles gerne noch mal sehen. Da in meinem Haus, wo ich meinem ersten Drama [*Vor Sonnenaufgang*] Alfred Loth seine große Philippika gegen den Alkohol sprechen lasse, der alles zerrüttet … wo ich das schrieb, an der gleichen Stelle steht heute eine Theke! Das Haus gehört zum Berliner Kindl, ist ein Lokal geworden.«[19]

Ende Juli 1885 hielt sich Hauptmann erstmals auf der Ostseeinsel Hiddensee auf. Obwohl es noch einmal zehn Jahre dauerte, bis er 1896 – nun mit seiner späteren zweiten Ehefrau Margarete Marschalk – wieder nach Hiddensee kam, die Insel hatte einen bleibenden Eindruck hinterlassen. Er nannte sie das »geistigste aller deutschen Seebäder«.[20] Es war die Mischung aus Idylle, Licht, Dünenlandschaft und Künstlerkolonie, die Hauptmann schätzte und die ihn zu zahlreichen Werken inspirierte, in denen die Insel eine Rolle spielte. Man wohnte anfangs in Ferienunterkünften, schloss Freundschaften, insbesondere mit dem Inselpastor Arnold Gustavs. Im Sommer 1921 kam es zum legendären Treffen mit Thomas Mann und seiner Familie, die mit der Einsicht endete, dass für zwei Starautoren auf Hiddensee kein Platz war; Thomas Mann verlegte seine Sommerfrische daraufhin nach Nidden auf die Kurische Nehrung.

Im Juni 1930 kaufte Hauptmann Haus Seedorn, in dem er seit 1926 regelmäßiger Sommergast gewesen war. Rückblickend schreibt er am 24. Mai 1933: »Von diesem Jahre [1885] ab verflocht sich Hiddensee unlöslich in mein Schicksal. Aber erst nach einem halben Jahrhundert gegenseitiger Treue kam der Augenblick, auf dem Eiland ein kleines Anwesen zu erwerben und also dort wirklich Fuß zu fassen. Alte Liebe rostet nicht: Hiddensee hat sich mir, neu und jung, im hohen Alter geschenkt, und sein Zauber verjüngt mich jedesmal, wenn meine Sohle seinen geliebten Boden berührt.«[21] Er erweiterte das 1920 von einem Berliner Industriellen erbaute Haus um einen Anbau, in dem nun sein geräumiges Arbeits- und Bibliothekszimmer mit dem wuchtigen Schreibtisch im Bauhaus-Stil und das Abendzimmer, der gesellige Mittelpunkt des Hauses, Platz fanden. Der Anbau, nach Ideen Hauptmanns von dem Dresdner Architekten Arnulf Schelcher entworfen, der später das Wohn- und Atelierhaus des Malers Otto Dix in Hemmenhofen am Bodensee baute, orientierte sich in seiner Großzügigkeit und schlichten Möblierung an der Neuen Sachlichkeit und stand damit in Kontrast zum Neo-Renaissance-Stil von Haus Wiesenstein, aber auch zum gotisierenden Verbindungsgang (von Hauptmann als »Kreuzgang« bezeichnet) zwischen Alt- und Neubau von Haus Seedorn. Unter den »Kreuzgang« ließ Hauptmann einen Weinkeller mit einem Fassungsvermögen von 450 Flaschen bauen, gerade die Menge, die für einen Sommeraufenthalt reichte … Im Altbau befinden sich die Wohn- und Schlafräume; im Schlafzimmer Hauptmanns haben sich an den Wänden Notizen, Gedanken und Einfälle erhalten, die er dort spontan notiert hatte und als »Sicherungskopien« bezeichnete. 1943, im letzten Sommer, den Hauptmann in Haus Seedorn verbrachte, überarbeitete er das bereits 1940 entstandene Gedicht *Die Insel*, in dem der Dichter seiner Bindung an Hiddensee lyrische Gestalt verlieh, aber ihr auch unter dem Eindruck einer »fremdmächtigen Zeit« ein bleibendes ›memento mori‹ widmete:

Haus Seedorn war Hauptmanns Sommerdomizil auf der Insel Hiddensee

Hier, wo mein Haus steht,
wehte einst niedriges Gras:
ums Herz Erinnerung weht,
wie ich dereinst mit Freunden saß.
Wir waren zu drein,
vor Jahrtausenden mag es gewesen sein.
Es war einsam hier,
tief, tief!
So waren auch wir.
Verlassenheit über der Insel schlief.
Dann kam der Lärm,
ein buntes Geschwärm:
entbundener Geist,
verdorben, gestorben zu allermeist.
Und nun leben wir in fremdmächtiger Zeit,
verschlagen wiederum in Verlassenheit.
In meines Hauses stillem Raum
herrscht der Traum.[22]

»Wir Welt«

Ida und Richard Dehmel in Hamburg

Nachdem Ida (1870–1942) und Richard (1863–1920) Dehmel am 22. Oktober 1901 in London geheiratet hatten – für beide war es die zweite Ehe –, ließen sie sich im heutigen Hamburger Vorort Blankenese nieder, das damals noch ein Fischerdorf in Preußen war. Die erste Wohnung, die man in der Parkstraße bezogen hatte, bot den berühmten weiten Blick über die Elbe und zum Hafen. Das weltoffene Hamburg eröffnete viele Möglichkeiten für die kulturellen Aktivitäten des für die damalige Zeit glamourösen Ehepaars. Trotzdem hatten die Dehmels geschwankt, ob sie sich nicht besser in einer anderen Großstadt niederlassen oder sogar Weimar als Wohnort wählen sollten, wo der Kreis um Henry van de Velde, Harry Graf Kessler, Ludwig von Hofmann und Elisabeth Förster-Nietzsche für viel Aufmerksamkeit in der Kulturszene des ›fin de siècle‹ sorgte. Die Entscheidung für Hamburg stellte sich als richtig heraus, denn das Domizil in Blankenese wurde für das Künstlerpaar Ida und Richard Dehmel nicht nur zum Lebensmittelpunkt, sondern das ›Dehmelhaus‹ war bald Inbegriff für eine intellektuell aufgeschlossene, dem Neuen zugewandte und gesellige Lebensauffassung. Ida und Richard Dehmel pflegten ein offenes Haus. Sie zogen zahlreiche Besucher nach Blankenese und versammelten einen Kreis von Freunden und Gleichgesinnten um sich. Ihre Soireen gehörten zu den begehrten Terminen des Hamburger Kulturlebens. Bald waren Ida und Richard Dehmel respektierter Teil dieser Kreise und besonders Ida Dehmel galt wegen ihrer avantgardistischen Kleider und ihres künstlerisch exquisiten Schmucks als stilbildend. Außerdem spielte sie gekonnt die Rolle der Muse ihres Mannes und gemeinsam galten sie in der Kunstszene als perfektes Liebespaar. Henry van de Velde etwa beschreibt sie 1904: »Beide hochgewachsen, er wie ein nordischer ›Gentleman-Bauer‹, sie, sehr schwarz, von

Das Haus von Ida und Richard Dehmel war ein beliebter Treffpunkt von Schriftstellern, Komponisten und Künstlern

ausgesprochen beduinisch-semitischem Aussehen, immer mit schwerem, leuchtenden Schmuck.«[23] Richard Dehmel befand sich zu dieser Zeit im Zenit seiner literarischen Karriere. Seine ausgesprochen populären Gedichte galten als große lyrische Plädoyers für ein individuelles und vitales Lebensgefühl, widersprachen dem Pessimismus des Naturalismus und feierten die vielgestaltige Verknüpfung von Kunst und Leben. Die wohl prägnanteste Formel für dieses Weltverständnis findet sich in dem Ausruf »Wir Welt«, der Dehmels Roman in Versform *Zwei Menschen* (1903) wie ein roter Faden durchzieht. An diesem Werk, das zweifellos von der kompromisslosen und die zeitgenössischen Konventionen provozierende Lebensgemeinschaft zwischen Ida und Richard Dehmel inspiriert ist, hatte Dehmel sieben Jahre gearbeitet und es erst im Blankeneser Domizil vollendet.

Die Einrichtung der Wohnung in der Parkstraße orientierte sich am Jugendstil. Dehmel entwarf in Anlehnung an seinen Freund, den Architekten und Designer Peter Behrens, einer der Protagonisten der Künstlerkolonie auf der Darmstädter Mathildenhöhe, Möbel, und auch die Bilder sowie viele Gebrauchsgegenstände atmeten den Geist der Moderne und waren den neuen Lebensreformkonzepten verpflichtet. »Richard«, schwärmte der Freund und Dichterkollege Detlev von Liliencron, »in deinen Räumen wohnt das Glück, das fühlt jeder, der sie betritt.«[24] Das eigentliche ›Dehmelhaus‹ in der heutigen Richard-Dehmel-Straße 1 bezog das Künstlerpaar aber erst Ostern 1912. Das unter den Villen von Blankenese durch seine eigenwillige Form hervorstechende Haus ist das Werk des Hamburger Architekten Walther Baedeker. Gemeinsam mit Richard Dehmel konzipierte er ein winkelförmiges Gebäude mit steilem Dach und einer hochgelegenen Terrasse, das eine Aufgeschlossenheit für die Reformarchitektur, aber auch Einflüsse von Klassizismus und Jugendstil erkennen lässt, mit seinen ineinandergeschobenen Baukörpern und den auf Eck gesetzten Fenstern dagegen schon klar in Richtung Moderne weist. Eine Fassadeseite ist mit einer großen Mädchenskulptur von Richard Luksch geschmückt, der als Professor an der Hamburger Kunstgewerbeschule lehrte. Der verputzte Hauskörper und das steile Walmdach spielen auf Goethes Gartenhaus im Weimarer Ilmpark an, ein damals beliebtes architektonisches Zitat, wie es auch an der Villa des Malers Max Liebermann am Berliner Wannsee zu erkennen ist. Das Haus entstand auf eigene Kosten des Architekten, der damit verhindern wollte, dass das Ehepaar Dehmel von Blankenese wegzog. Als sich abzeichnete, dass Richard Dehmel die Miete nicht aufbringen konnten, erhielt er es 1913 von Freunden und Verehrern – unter ihnen Stefan Zweig, Thomas Mann, Arthur Schnitzler, Hugo von Hofmannsthal, Max Liebermann, Max und Aby Warburg, Walther Rathenau, Paul Cassirer, Peter Behrens, Henry van de Velde und Harry Graf Kessler – zu seinem 50. Geburtstag als Geschenk.

Die Einrichtung des Hauses trägt die unverkennbare Handschrift des Ehepaars Dehmel. Man passte die Möbel der neuen Zeit an, wählte Tapeten von Emil Orlik und deko-

rierte die Räume mit farbenfrohen Textilien. Auch die kunstvollen Ausstattungsstücke von Peter Behrens und Henry van de Velde fanden hier (wieder) ihren Platz neben der reichen Sammlung von Memorabilien. Die Gestaltung des Gartens orientierte sich ebenfalls an reformerischen Konzepten, so dass das gesamte Ensemble schließlich als Kunstwerk aus einem Guss wahrnehmbar war. Richard Dehmel betrachtete Haus, Garten, Interieur, sein literarisches Archiv und die Gesamtausgabe seiner Werke (1906–1909) als Einheit, als sein Werk und sicherlich auch als »Abbild seiner Persönlichkeit«.[25] Zu diesem Konzept gehörte, das Haus zu einem Treffpunkt für alle diejenigen zu machen, die sich als Wegbereiter der Moderne verstanden und sich in diesem Sinne engagieren wollten. Persönlichkeiten der Zeit, unter ihnen Detlev von Liliencron, Gerhart Haupt-

Von seinem Schreibtisch aus schaute Richard Dehmel in den Garten, einen seinerzeit modernen Reformgarten

Im Esszimmer mit dem Jugendstilmobiliar kamen Ida und Richard Dehmel mit ihren Künstlerfreunden zusammen

mann, Gustav Mahler, Max Liebermann, Alfred Lichtwark, Walter Rathenau oder Alfred Mombert, gehörten zu den Gästen und machten das ›Dehmelhaus‹ zu einer weithin bekannten Adresse.

Aber das Haus kannte nicht nur gute Zeiten. Richard Dehmel meldete sich 1914 noch als über 50-jähriger angesichts der allgemeinen nationalen Begeisterung freiwillig zum Kriegsdienst und kehrte zwei Jahre später ernüchtert und mit ruinierter Gesundheit von den Schlachtfeldern des Ersten Weltkriegs zurück. An den Folgen seiner Kriegsverletzung starb er 1920. Nach seinem Tod führte Ida Dehmel die Tradition des ›Dehmelhauses‹ fort. Sie knüpfte an Richard Dehmels Rolle als Mentor für junge Schriftsteller an. Ida Dehmel wurde Sachwalterin des Werks und Archivs ihres Mannes, engagierte sich weiterhin für das Frauenwahlrecht und den zusammen mit der Kunsthistorikerin Rosa Schapire gegründeten »Frauenbund zur Förderung deutscher bildender Kunst«. 1926 initiierte sie vom ›Dehmelhaus‹ aus den alle Kunstsparten vereinenden Künstlerinnenverband »GEDOK«, der bis auf den heutigen Tag besteht. 1933 wurde die Jüdin Ida Dehmel von den Nationalsozialisten gezwungen, sich nach zahllosen Verfemungen aus der Öffentlichkeit zurückzuziehen. Zur Emigration konnte sie sich nicht entschließen, weil sie um die Existenz des ›Dehmelhauses‹ fürchtete, wenn sie es verlassen würde. Vereinsamt, krank und von der jahrelangen Verfolgung zermürbt nahm sich Ida Dehmel im September 1942 das Leben.

»Neues anfangen« und »Altes verlassen«

Hesse in Gaienhofen und Montagnola

Als Hermann Hesse (1877–1962) im Januar 1931 die Casa Rossa in Montagnola bezog, notierte er: »In ein neues Haus einziehen heißt nicht nur etwas Neues anfangen, sondern auch etwas Altes verlassen«.[26] Bei dieser Gelegenheit ließ Hesse seine Lebensstationen mithilfe seiner Wohnorte Revue passieren, wobei er seinem schwäbischen Heimatort Calw, Gaienhofen am Bodensee und eben Montagnola im Schweizer Tessin besondere Aufmerksamkeit schenkte. Hesse betont zum einen die biographischen Einschnitte, mit denen seine Ortswechsel jeweils verbunden waren. Zum anderen unterstreicht er seine Verwurzelung im »südwestdeutsch-schweizerischen Gebiet«[27] und damit in der schwäbisch-alemannischen Kultur, aus der er sich – abgesehen von beruflichen Aufenthalten, Lesereisen oder Reisen nach Italien, Ceylon und Indien – nie wegbegeben hat. Dabei sei ihm das Tessin, wo er immerhin über vierzig Jahres seines Lebens verbracht hat, »wie eine vorbestimmte Heimat, oder doch wie ein ersehntes Asyl« vorgekommen.[28]

Obwohl er »in charaktervollen alten Häusern aufgewachsen« sei – erläutert Hesse an anderer Stelle –, war »ich in meinen jungen Jahren doch zu wenig kultiviert, und vor allem zu sehr mit mir selbst beschäftigt, als daß ich dem Haus und der Wohnung, worin ich lebte, viel Aufmerksamkeit und Liebe zugewandt hätte. […] Es interessierten und erfreuten mich nicht die Dimensionen des Raumes, nicht die Wände, ihre Winkel, ihre Höhe, die Farben, die Fußböden und so weiter, es interessierte mich lediglich das, was ich selber ins Zimmer mitgebracht und aufgestellt, gehängt und geordnet hatte.«[29] Wohl deshalb sind die Äußerungen Hesses zu seinem Geburtshaus in Calw, aber auch zu den Wohnorten seiner Kindheit, Jugend und früher Erwachsenenzeit in Basel, Göppingen, Bad Cannstatt und Tübingen spärlich. Erst sein zweiter Aufenthalt, nun als Buchhändler und Antiquar in Basel, bringt ihm die »Kunst, schön zu wohnen«[30] nahe, worunter Hesse weniger die Art und Weise der Einrichtung oder die damit verbundene Bequemlichkeit, sondern vielmehr eine Form von selbstbestimmtem und unabhängigen Leben versteht, zu dem unbedingt ein Arbeitszimmer mit Schreibtisch, »Mappenschrank« und Bibliothek, aber auch ein Garten gehören.[31]

Als Hermann Hesse sich mit seiner ersten Ehefrau, der Fotografin Maria Bernoulli, im August 1904 in einem Bauernhaus in Gaienhofen am Bodensee niederließ, empfand er dieses Haus als »erste legitime Werkstatt« seines »Berufes« und als »Zuflucht« für seine noch junge Ehe.[32] Trotz aller Einfachheit und räumlichen Enge hatte dieses Haus Vorzüge. Hesse wusste ein eigenes Arbeitszimmer, die Landschaft am Untersee und das naturverbundene dörfliche Leben zu schätzen, das seinem Wunsch nach einem »primitiven, nicht städtischen und nicht civilisatorischen Leben«[33] entsprach. Doch er spürte auch »Grenzen« und »Ordnungen«, die ihm ein »Gefühl von Gefangenschaft« gaben.[34] Hesses erster Sohn wurde in Gaienhofen geboren, man lebte in der Gesellschaft von Malern und Musikern. Er, der sich zu lebensreformerischen Konzepten bekannte, wurde zusehends zu einem »etablierten Aussteiger«,[35] was sich in dem Wunsch nach einem eigenen Haus mit großem Garten niederschlug. Dieses Haus baute er 1907 am Ortsrand von Gaienhofen. Hesse lebte dort nur wenige Jahre – inzwischen waren zwei weitere Söhne geboren worden –, bis er 1912 mit seiner Familie nach Ostermundigen bei Bern umzog. Die Gründe für den Ortswechsel waren vielschichtig. Neben Selbstzweifeln als Autor und privaten Sorgen, die in den nächsten Jahren in der Trennung von Frau und Familie kulminierten, dürfte auch eine wachsende Distanz zum wilhelminischen Deutschland eine Rolle gespielt haben. Die folgenden Jahre, besonders die Zeit des Ersten Weltkriegs, empfand Hesse als eine Zeit, die sein »bisheriges Leben verändert und zum Teil vernichtet«, ja sogar die »Zerstörung« seiner »Freiheit und Unabhängigkeit« gebracht hätte.[36] Das Leben in Bern und Umgebung endete in einem

Hesses erstes Domizil in Gaienhofen war ein Bauernhaus mitten im Dorf

Desaster, zu dem die jeweiligen Häuser und Wohnungen erheblich beigetragen haben, denn sie entsprachen keineswegs Hesses Vorstellungen von »schönem« Wohnen, sondern eher dem Gegenteil.

1905 hatte Hesse auf einer Wanderung die Landschaft des Tessins kennengelernt und dabei Montagnola entdeckt, das damals noch ein »Dörfchen« oberhalb des Luganer Sees war, »zwar kein ärmliches und geducktes wie manches andere in der Gegend, aber doch ein bescheidenes, kleines und stilles, in dem es ein paar herrschaftliche Häuser aus älterer Zeit und zwei, drei neuere Landhäuser gab, das aber einen vorwiegend bäuerlichen Anblick bot«.[37] Nachdem Hesse sich von persönlichen Problemen, dem »Zusammenbruch der Familie«[38] – Hesses Ehefrau Maria war in eine psychiatrische Klinik eingeliefert und die Kinder in Pflegefamilien untergebracht worden – und Geldsorgen befreit hatte, bezog er im Mai 1919 vier kleine Zimmer in der Casa Camuzzi, einem »Palazzo, Imitation eines Barock-Jagdschlosses«,[39] das der Tessiner Architekt Agostino Camuzzi in den 1840er-Jahren erbaut hatte. Hesse wohnte hier zurückgezogen, lebte einfach »von Milch und Reis und Makkaroni«,[40] doch literarisch produktiv (*Siddhartha*, 1922; *Steppenwolf*, 1927). Er empfand diesen Neubeginn als ein Aufwachen aus »Angstträumen, die Jahre gedauert hatten«: »ich« sog »die Freiheit ein, die Luft, die Sonne, die Einsamkeit, die Arbeit«.[41] Das »pompöse und theatralische«[42] Anwesen mit seinen Terrassen und Gärten gab die Kulisse nicht nur für die Erzählung *Klingsors letzter Sommer* ab, sondern fand seinen Niederschlag auch in vielen Aquarellen oder Zeichnungen, die die Casa Camuzzi zum Motiv hatten.

Doch auch in dieser südlichen Idylle blieben Krisen nicht aus: 1923 wurde Hesse von seiner Ehefrau Maria geschieden und die 1924 geschlossene Ehe mit Ruth Wenger scheiterte ebenfalls. Es folgten Jahre unsteten Lebens, wobei Montagnola allerdings ein Fixpunkt auf Hesses Wanderschaft blieb, so dass er hier noch einen weiteren Neuanfang wagte. Der Zürcher Arzt und Mäzen Hans Conrad Bodmer baute 1931 nach Hesses Plänen und Wünschen ein Haus, die Casa Rossa. In dieses Haus am Ortsrand von Montagnola zogen Hesse und seine neue Lebensgefährtin Ninon Dolbin im Sommer 1931. Bodmer wollte Hesse das Haus sogar schenken, doch der Autor bat sich nur ein lebenslanges Wohnrecht aus. Einer der ersten Besucher, Romain Rolland, der im August 1931 in die Casa Rossa kam, beschreibt in seinem Tagebuch Hesses neuen Wohnsitz: »Die Lage ist die schönste, die man auf der reizenden Collina d'Oro sehen kann. Außerhalb von Montagnola, ganz oben […] und gleichzeitig geschützt gegen die Stürme und gegen den Straßenlärm durch eine mit einem dichten Kastanienhain bewachsenen Hügelkette, – doch mit freier Aussicht nach allen anderen Seiten; das Haus aprikosenrot, schön freistehend, umringt von einer Esplanade, auf drei Seiten hoch über der ganzen Gegend und dem schönen See bis fern zum ›Piccolo Mondo Antico‹ und den Bergen, von denen manche das Profil des toskanischen

Den Schreibtisch nahm Hesse bei allen Umzügen mit und stellte ihn in seinen Arbeitszimmern wieder auf

Hesses Haus am Erlenloh entstand nach einem Entwurf des Basler Architekten Hans Hindermann

Apennins haben. Und rundum längs der Hänge die üppigen Gefilde des Tessin, schwellend von Früchten: von hohen Weinstöcken, Feigenbäumen, den Bäumen des Landes Kanaan.«[43] Das Haus bot viele Entfaltungsmöglichkeiten. Hesse konnte hier ungestört arbeiten und malen, sich aber auch wieder intensiv der Gartenarbeit widmen. Die Casa Rossa war außerdem ab 1933 ein Anlaufpunkt für Autoren, die aus Nazi-Deutschland emigriert waren und denen Hesse mit Rat und Tat beistand.

Für seine Indienreise ließ Hesse sich helle Leinenanzüge anfertigen

Die Nachkriegsjahre – insbesondere 1946 die Verleihung des Literaturnobelpreises – bescherten Hesse neue Aufmerksamkeit. Vor den vielen Besuchern versuchte er sich (erfolglos) mit einem Schild »Bitte keine Besuche« am Hauseingang zu schützen. Der Verlust von Ruhe machte aber auch offenkundig, dass sich Hesses Welt rasant veränderte und der einst abgeschiedene Wohnort von der Peripherie ins Zentrum gerückt war. Gegenüber seiner ehemaligen (inzwischen wieder verheirateten) Frau Ruth Haußmann klagte er Ende Juli 1959: »Denn das Märchentessin unsrer guten Zeiten ist nicht mehr da. Die große Landschaft freilich ist die selbe, die Berge und Täler, noch immer mit viel Wald, aber die Dörfer sind Vorstädtchen geworden, Montagnola hat drei bis viermal mehr Häuser und Einwohner als damals, an Stelle der Rebhänge und Wiesen sind Neubauten mit umzäunten Gärtchen, und breite zementierte Autostraßen, im Tal entstehen Fabriken etc etc.«[44] Am 9. August 1962 starb Hesse und wurde auf dem Friedhof von San Abbondio beigesetzt. Zuvor hatte er in einem Rückblick auf *Vierzig Jahre Montagnola* noch der Hoffnung Ausdruck verliehen: »wenn ich auch kein Tessiner geworden bin, die Erde von St. Abbondio werde mich freundlich beherbergen, wie es Klingsors Palazzo und das rote Haus am Hügel so lange Zeit getan hat.«[45]

Lotte und Werther · Heinrich und Thomas Mann · Tucholsky

LITERARISCHE SCHAUPLÄTZE

Im Sommer 1882 lud ein Berliner Geschichtsverein per Zeitungsannonce zu einer Exkursion ein, auf deren Programm auch eine Besichtigung von »Schloß Wuthenow« stand. Das Schloss war nämlich eben erst durch den Vorabdruck von Theodor Fontanes Erzählung *Schach von Wuthenow* in der *Vossischen Zeitung* Gegenstand öffentlichen Interesses geworden. Was dem Geschichtsverein offenkundig nicht bekannt war, ist die Tatsache, dass es sich bei »Schloß Wuthenow« um reine Fiktion und nicht um einen realen Schauplatz handelte. Entsprechend amüsiert reagierte Fontane und schreibt am 28. August 1882 seiner Frau: »Durch diese Einladung hatte das Comité nun eine Art Verpflichtung übernommen, den Theilnehmern ›Schloß Wuthenow‹ zu zeigen, ein Schloß, das nicht blos nicht existirt, sondern überhaupt nie existirt hat.« Einige der Teilnehmer an der Exkursion, weiß Fontane weiter zu berichten, »haben aber bis zuletzt nach dem Schloß gesucht, ›wenigstens die Fundamente würden doch wohl noch zu sehen sein.‹«[1]

Hinter dieser touristischen Suche nach handfesten Fakten steht eine alte und oft gestellte Frage: ›Wo spielt Literatur?‹ Sicherlich ist die Frage manchmal überstrapaziert worden, doch die Berührungen zwischen realer und literarischer Welt sind tatsächlich zahlreich, wobei immer wieder in Rechnung zu stellen ist, dass eine Eins-zu-eins-Wiedergabe eine Illusion ist. Orte, Landschaften und Häuser spielen dennoch eine außerordentliche Rolle, weil sie in literarischen Texten zu Schauplätzen werden, an denen sich wichtige Ereignisse der Handlung abspielen, sie prägend für Herkunft und Lebensweise der Figuren sind oder die Atmosphäre insgesamt beeinflussen. Deshalb war das Interesse von Lesern schon immer groß, literarische Schauplätze in Augenschein zu nehmen, um dem literarischen Geschehen, den Figuren und dem Verfasser, der die Handlung an diesem Ort angesiedelt hat, näher zu kommen, als dies beim Lesen überhaupt möglich ist. Auch heute ist die unmittelbare Begegnung des Lesers mit literarischen Orten ein wichtiger Aspekt der Literaturvermittlung und Literaturpflege. Organisierte man im 19. Jahrhundert regelrechte Wallfahrten zu Dichterhäusern und literarischen Schauplätzen, bieten Reiseveranstalter heute spezielle ›Literatouren‹ an, auf denen der Tourist auf den Spuren von Thomas Mann, Proust, Rilke oder Kafka eine Stadt oder Region, aber auch einzelne Orte einer Dichterbiographie erkunden kann. Inzwischen kann man sogar Spaziergänge mit literarischen Figuren machen, etwa mit Commissario Brunetti durch das Venedig der Kriminalromane von Donna Leon. Harry-Potter-Fans können Drehorte der Romanverfilmung, etwa Alnwick und Durham Castle im Nordosten Englands, besuchen. Dichterstraßen und spezielle Fahrrad- oder Wanderwege helfen dem Literaturtouristen ebenfalls bei der Orientierung und laden zur beliebten Gratwanderung zwischen Realität und literarischer Fiktion ein.

Das Lottehaus in Wetzlar war im deutschen Sprachraum der erste literarische Schauplatz, der 1863 als Gedenkstätte für Besucher geöffnet wurde. Es war schnell ein Publikumsmagnet, schien man doch nun den Geheimnissen der tragischen Beziehung zwischen Lotte und Werther vor Ort auf den Grund gehen zu können. Schloss Rheinsberg als Schauplatz eines heiteren literarischen Sommerausflugs von Kurt Tucholsky war in den 1920er-Jahren ebenfalls eine touristische Attraktion, während das Buddenbrookhaus in Lübeck nicht nur an den Schauplatz eines Jahrhundertromans, sondern auch an eine Jahrhundertfamilie erinnert und damit den Rang eines nationalen Gedenkortes erhalten hat, der deutsche Geschichte und Literatur exemplarisch miteinander verbindet.

Das heutige Buddenbrookhaus gelangte 1842 in den Besitz der Familie Mann

Thomas Mann besucht das Buddenbrookhaus

Anno Dominus providebit 1758

»Buchenswert«

Lotte und Werther in Wetzlar

Nachdem Goethe 1771 sein Jurastudium in Straßburg abgeschlossen hatte, ging er auf Wunsch seines Vaters als Praktikant an das Reichskammergericht in Wetzlar – das damals höchste deutsche Gericht –, um dort Berufserfahrungen zu sammeln. Von Mai bis September 1772 lebte Goethe in Wetzlar und machte hier die Bekanntschaften, die ein Jahr später in seinen Briefroman *Die Leiden des jungen Werthers* eingingen und den Schauplätzen in Wetzlar und Umgebung zu weltliterarischem Ruhm verhelfen sollten. Noch heute konzentriert man sich auf zwei Orte, und zwar auf das Lottehaus und das Jerusalemhaus, die direkt oder indirekt im Romangeschehen eine Rolle spielen.

Am 9. Juni 1772 lernte Goethe auf einem Ball in Volpertshausen in der Nähe von Wetzlar die 19-jährige Charlotte Buff (1753–1828), Tochter des Deutschordens-Amtmannes Heinrich Adam Buff, kennen. Er verliebte sich in die junge Frau und schätzte ihre selbstlose Tatkraft bei der Versorgung und Erziehung ihrer elf Geschwister, nachdem die Mutter im März 1771 gestorben war. Charlotte war mit Johann Christian Kestner verlobt, der wiederum mit Goethe befreundet war. Nachdem Goethe die unlösbare Problematik dieser Dreiecksbeziehung erkannt hatte, reiste er ohne Abschied ab und beendete seinen Wetzlarer Aufenthalt vorzeitig. Man blieb jedoch in Briefkontakt. Die Ähnlichkeit dieser Ereignisse mit der im Roman erzählten Geschichte zwischen Lotte, Werther und Albert war Grund dafür, dass sich seit dem Erscheinen des *Werther* im Jahr 1774 die Leser auf die Suche machten, den biographischen Hintergrund zu entschlüsseln und die Schauplätze aufzusuchen. Angefeuert wurde diese Spurensuche durch ein weiteres schicksalhaftes Ereignis, das im zweiten Teil des *Werther* behandelt wird, von dem Goethe allerdings nur brieflich erfuhr: In der Nacht vom 29. zum 30. Oktober 1772, also knapp eineinhalb Monate nach Goethes Abreise aus Wetzlar, erschoss sich Karl Wilhelm Jerusalem (1747–1772) in seiner Wohnung im zweiten Stock eines Fachwerkhauses (am

Die Familie Buff lebte im Verwalterhaus des Deutschen Ordens in Wetzlar

heutigen Schillerplatz), nachdem er die Aussichtslosigkeit seiner Liebe zu Elisabeth Herd, der Ehefrau des pfälzischen Gesandtschaftssekretärs Philipp Herd erkannt hatte. Goethe war Jerusalem in Wetzlar gelegentlich begegnet. In *Dichtung und Wahrheit* beschreibt er ihn als »hübschen blonden Jüngling«, dessen besonderes Kennzeichen ein »blauer Frack, ledergelbe Weste und Unterkleider, und Stiefel mit braunen Stolpen« waren.[2] Durch das tragische Schicksal Jerusalems, der sich überdies mit Pistolen erschoss, die er von Kestner geliehen hatte, war, so Goethe wiederum in *Dichtung und Wahrheit*, »der Plan zu Werthern gefunden; das Ganze schoß von allen Seiten zusammen und ward eine solide Masse«.[3] Goethes *Werther* wurde ein Bestseller: Werthers Empfindsamkeit und Liebestaumel, das schwärmerische Naturgefühl, die emphatische Sprache, doch auch das Tabuthema Selbstmord trafen den Nerv der Zeit. Die Werther-Begeisterung ging so weit, dass sich junge Männer in Nachfolge des literarischen Vorbilds aus Welt- und Liebesschmerz selbst töteten. Doch man ahmte auch die Kleidung Werthers nach, bildete Schlüsselszenen des Romans auf Tassen, Fächern und Bonbonnieren ab und kreierte sogar unter dem Namen ›Eau de Werther‹ ein Parfüm. Auf dem Buchmarkt erschien eine Reihe von literarischen – zustimmenden wie ablehnenden – Adaptationen, die vielfach populär wurden. Bald rückten auch Wetzlar und die Häuser, in denen Charlotte Buff und Karl Wilhelm Jerusalem gewohnt hatten, in den Fokus. 1863 richteten Wetzlarer Bürger im ehemaligen Wohnhaus der Familie Buff eine Gedenkstätte ein; das Haus, in dem sich Jerusalem erschossen hatte, wurde erst Jahre später musealisiert.

Das Lottehaus ist das Verwalterhaus der Niederlassung des Deutschen Ordens in Wetzlar und Teil eines Gebäudekomplexes, zu dem noch eine Ordensherberge und Zehntscheune gehören. Das Verwalterhaus wurde 1653 als Fachwerkhaus errichtet, in der Mitte des 18. Jahrhunderts erhielt es einen Anbau. Heinrich Adam Buff bezog das Haus 1740, nachdem er in den Dienst des Deutschen Ordens eingetreten war. Nach Erweiterung und Umbau des Hauses erhielten die Wohnräume im ersten Stock eine von Rokoko und Klassizismus inspirierte Ausstattung und illustrieren Lebensstandard und Wohnkultur eines höheren

Karl Wilhelm Jerusalem wohnte in dem Fachwerkhaus mit der Doppelerkerfassade

Jerusalems bevorzugte Kleidungsstücke waren Goethe zufolge ein »blauer Frack« und eine »ledergelbe Weste«

Verwaltungsbeamten. Verschiedene Räume des Hauses – etwa der Flur hinter der Haustür oder das kleine Zimmer mit der Tapetentür im ersten Stock – lassen sich im Romangeschehen des *Werther* ebenso wiederfinden wie die familiäre Atmosphäre, die in der Szene zum Ausdruck kommt, als Lotte ihren Geschwistern das Brot schneidet. Beiden Aspekten, der Illustration von Alltagskultur und Erinnerung an einen großen Text der Weltliteratur, will das heutige Lottehaus Rechnung tragen.

Das Jersualemhaus bildet dazu das Pendant. Seine Form mit der Fachwerkfassade und den beiden Erkern erhielt das Haus um 1740, nachdem es der Buchdrucker Georg Ernst Winckler erworben hatte. Die beiden Zimmer, die Jerusalem 1772 im zweiten Stock gemietet hatte, sind heute Gedenkzimmer, ausgestattet mit zeittypischem Mobiliar und Gegenständen, die in Bezug zu Jerusalem stehen.

Anders als Goethe, der sowohl den biographischen Hintergrund, den Schauplatz und die realen Fakten als im Roman eingeschmolzen betrachtete und im Wissen all dieser Realien keine nennenswerte Hilfe für ein besseres Textverständnis erblickte, entschieden sich die Leser dafür, »die Poesie in Wirklichkeit [zu] verwandeln«.[4] Diese Faszination scheint noch in Thomas Manns Roman *Lotte in Weimar* (1939) wieder auf, wenn die Romanheldin, die in die Jahre gekommene Lotte Kestner, im Weimarer Hotel Elephant absteigt und es dem Kellner Mager allmählich dämmert, dass ihm eine literarische Berühmtheit, eben »Werthers Lotte«, gegenübersteht. Dem Kellner bleibt nur noch ehrfürchtig zu konstatieren: »Frau Hofrätin, welch buchenswertes Ereignis!«[5]

Staatszimmer mit Prunksekretär und Tafelklavier von Charlotte Kestner

Das alte Giebelhaus in der Mengstraße

Heinrich und Thomas Mann in Lübeck

In der Weltliteratur gibt es kaum ein anderes Buch, das über seinen zentralen Schauplatz derart eng mit einem Haus verbunden ist, wie Thomas Manns 1901 erschienener Roman *Buddenbrooks*. Die Geschichte des Lübecker Hauses in der Mengstraße 4 und das Romangeschehen greifen auf einzigartige Weise ineinander und formen quasi ein neues Haus: das Buddenbrookhaus. Obwohl das Elternhaus von Heinrich (1871–1950) und Thomas Mann (1875–1955) in der Breiten Straße 38 inmitten der Lübecker Altstadt stand, wird heute im Buddenbrookhaus an die ›Jahrhundertfamilie‹ Mann erinnert. Zumindest Heinrich Mann wurde in der Breiten Straße geboren, Thomas Manns Geburtsort war wohl ein Gartenhaus vor den Lübecker Stadttoren, wo die Familie Mann traditionell den Sommer verbrachte. Der Vater der Brüder, Thomas Johann Heinrich Mann, sah sich nach seinem geschäftlichen Aufstieg in der Hansestadt nach einem neuen, repräsentativeren Haus um. 1882 ließ er in der Beckergrube 52 anstelle des alten Giebelhauses vom damaligen Stararchitekten der Hansestadt Julius Grabe ein Haus im Neo-Renaissance-Stil als zukünftigen Familien- und Firmensitz erbauen. 1883 zogen Familie und Firma dort ein. Nach dem Tod des Vaters im Jahr 1891 wurde die Firma entsprechend seinem Testament aufgelöst und sämtlicher Grundbesitz in Lübeck verkauft. Die Witwe zog 1893 nach München, der Sohn Thomas folgte 1894, Heinrich hatte Lübeck schon 1889 verlassen. 1942 wurde das Haus in der Beckergrube durch Bomben zerstört.

Bis zum Tod des Vaters galt das 1758 erbaute Haus in der Mengstraße 4, das die Großmutter der Dichterbrüder, die Konsulin Elisabeth Mann (geb. Marty), bis zu ihrem Tod 1890 bewohnte, als Familiensitz. Nur wenige Tage vor seinem Tod hatte es Thomas Johann Heinrich Mann an eine Versicherungsfirma verkauft. 1893 gelangte das

Das »Landschaftszimmer« im Roman war ursprünglich das Musikzimmer

Haus in städtischen Besitz. In seiner Funktion als Familiensitz wurde es zum Schauplatz in Thomas Manns Roman *Buddenbrooks*. »Ich habe«, schreibt der Autor Jahre später, »in hunderttausend Deutschen Teilnahme für lübeckisches Leben und Wesen geweckt, ich habe die Augen von hunderttausend Menschen auf das alte Giebelhaus in der Mengstraße gelenkt«.[6] Seinen amerikanischen Lesern erläuterte Thomas Mann 1936, welche Rolle das Mengstraßenhaus für seine Biographie und die Familiengeschichte spielt: »Meine Kindheit war gehegt und glücklich. Mit vier Geschwistern wuchs ich auf in einem eleganten Stadthause, das mein Vater sich und den Seinen erbaut hatte, und erfreute mich eines zweiten Heims in dem alten Familienhaus aus dem achtzehnten Jahrhundert, mit dem Spruche ›Dominus providebit‹ am Rokoko-Giebel, welches meine Großmutter väterlicherseits allein bewohnte und das heute als ›Buddenbrook-Haus‹ einen Gegenstand der Fremdenneugier bildet. –«[7]

Nicht nur die imposante Fassade und der spätbarocke Giebel mit den allegorischen Figuren »Zeit« und »Wohlstand«, sondern auch die Lage unmittelbar gegenüber der Kirche St. Marien und am Rand des Marktes zeigen, dass der Hausbesitzer zur städtischen Oberschicht gehört. Schon zur Zeit seiner Erbauung galt das Haus durch seine Kombination aus Geschäfts- und Wohnhaus als selbstbewusster Ausdruck des bürgerlich-hanseatischen Lebensstils in Lübeck. Zwischen 1822 und 1824 wurde es durch den renommierten dänisch-deutschen Architekten Joseph Christian Lille renoviert und erhielt in der ersten Etage, der Beletage, mit dem Vorsaal (›Säulenhalle‹), Esszimmer (›Götterzimmer‹) und Musikzimmer (›Landschaftszimmer‹) noble und elegante Räume, die in den *Buddenbrooks* die eindrucksvolle Bühne für den »Verfall einer Familie« abgeben. Sogar Heinrich Mann, der ansonsten dem lübischen Kaufmann- und Patriziergeist mit Distanz begegnete, beschreibt in seinem Debütroman *In einer Familie* (1894) dieses prächtige Raumensemble, das durch die Erinnerung an die Großmutter sein eigentliches Flair erhält: »Er sah sich als zehn- oder 11-jährigen Knaben im Hause seiner alten Großmutter, in dem sogenannten Sommerzimmer, welches weniger nach seiner Aussicht […] so benannt war, als nach den die Wände zierenden altmodischen Tapeten, auf denen die wechselnden Scenen des sommerlichen Landlebens dargestellt waren. Der kleine Erich […] richtete seine Blicke von dem violetten Abendhimmel nach dem Muster des Claude Lorrain, der in der Reihe der Landschaften immer wiederkehrte, auf die alte Frau ihm gegenüber.«[8]

Während für Heinrich Mann nach seinem Weggang von Lübeck der Kontakt zur Heimatstadt abriss und die Häuser seiner Kindheit und Jugend seitdem nur noch am Rande eine Rolle in seinem Leben spielten, behielt Lübeck für den Bruder Thomas als »geistige Lebensform« und in der Kombination aus Stadtlandschaft, Nähe zum Meer und hanseatischem Patriziertum weiterhin, nun vor allem literarische Bedeutung. Aber auch Heinrich Mann fühlte sich dem Haus und seiner Aura als literarischer Schauplatz verpflichtet, wenn er in *Ein Zeitalter wird besichtigt* (1946) feststellt: »Wenn ich mir die Ehre beimessen darf, habe ich an dem berühmten Buch meinen Anteil gehabt; einfach als Sohn desselben Hauses, der auch etwas beitragen konnte zu dem gegebenen Sto «[9]

Das Haus in der Mengstraße veränderte im Laufe der Zeit immer stärker seine ursprüngliche Gestalt, denn die neuen Besitzer nutzten es jeweils auf andere Weise. Thomas Mann beschrieb diese, den ursprünglichen Charakter des Hauses beeinträchtigenden Veränderungen mit erkennbarem Missfallen in der Novelle *Tonio Kröger*: Das Haus »stand, eingeschlossen von den Nachbarhäusern, die sein Giebel überragte, grau und ernst wie seit dreihundert Jahren, und Tonio Kröger las den frommen Spruch, der in halb verwischten Lettern über dem Eingang stand. Dann atmete er auf und ging hinein. […] Die weite Diele, mit großen, viereckigen Steinfliesen gepflastert, widerhallte von seinen Schritten. Die Küche gegenüber, in der es still war, sprangen wie vor alters in beträchtlicher Höhe die seltsamen, plumpen, aber reinlich lackierten Holzgelasse aus der Wand hervor, die Mägdekammern, die nur durch eine Art freiliegender Stiege von der Diele aus zu erreichen waren. Aber die großen Schränke und die geschnitzte Truhe waren nicht mehr da, die hier gestanden hatten … Der Sohn des Hauses beschritt die gewaltige Treppe und stützte sich mit der Hand auf das weißlackierte, durchbrochene Holzgeländer, indem er sie bei jedem Schritte erhob und beim nächsten sacht wieder darauf niedersinken ließ, wie als versuche er schüchtern, ob die ehemalige Vertrautheit mit diesem alten, soliden Geländer wieder herzustellen sei … Aber auf dem Treppenabsatz blieb er stehen, vorm Eingang zum Zwischengeschoß. An der Tür war ein weißes Schild befestigt, auf dem in schwarzen Buchstaben zu lesen war: Volksbibliothek. | Volksbibliothek? dachte Tonio Kröger, denn er fand, daß hier weder das Volk noch die Literatur etwas zu suchen hatten.«[10]

Das Schicksal des Mengstraßenhauses verfolgte der Autor der *Buddenbrooks* auch im amerikanischen Exil und registrierte mit Trauer den verheerenden alliierten Fliegerangriff auf Lübeck in der Nacht vom 28. auf den 29. März

1942, bei dem das Haus mit Ausnahme der Fassade zerstört wurde. In einer Radiosendung nennt Thomas Mann das ausgebrannte Haus »das Symbol der Überlieferung, aus der ich wirkte«.[11] So tragisch und mit Blick auf die Zerstörung der englischen Stadt Conventry durch die Deutschen doch verständlich der »Untergang« Lübecks sei, als tröstlich empfand Thomas Mann die Aufbewahrung von Geschichte und Kultur der Heimatstadt in der literarischen Schilderung. Im Mai 1955 kehrte Thomas Mann ein Vierteljahr vor seinem Tod noch einmal nach Lübeck zurück, um hier die Ehrenbürgerschaft entgegenzunehmen und gewissermaßen Frieden mit der Stadt zu schließen, die dem Literaturnobelpreisträger die ihrer Meinung nach indiskrete Schilderung ihrer Kaufmannskultur in den *Buddenbrooks* lange nicht nachsehen konnte. Von einem früheren Besuch im Jahr 1953 hat sich ein Foto erhalten, das das Ehepaar Mann vor der Fassade des ausgebrannten Buddenbrookhauses zeigt und das seitdem zu einem Bildsymbol für »die abgerissenen Kulturtraditionen«[12] wurde, für das der Roman und die Ruine des Hauses als Folge der Nazidiktatur stellvertretend stehen.

Das Esszimmer wandelt sich im Roman zum »Götterzimmer«

Neunzig Jahre nach dem Erscheinen der *Buddenbrooks* erwarb die Stadt Lübeck 1991 das Haus mit der Absicht, hier ein Zentrum zur Erinnerung an Heinrich und Thomas Mann zu errichten. Seit 1993 ist ein Literaturmuseum zu besichtigen, das der Schriftstellerfamilie Mann und der Geschichte des Hauses nachgeht. In der Beletage sind das ›Götterzimmer‹ und das ›Landschaftszimmer‹ als Schauplätze der *Buddenbrooks* rekonstruiert worden. Entstanden ist gewissermaßen ein »begehbarer Roman«,[13] wobei Elemente der historischen Räume mit der fiktiven Gestaltung im Roman verknüpft werden und »die Literatur die Regieanweisung für die Herstellung der Räume«[14] liefert.

Sommerfrische für Verliebte

Tucholsky in Rheinsberg

Kurt Tucholsky (1890–1935) verbrachte im Spätsommer 1911 – damals noch Jurastudent, der freilich schon mit Zeitungsartikeln auf sich aufmerksam gemacht hatte – mit seiner damaligen Freundin und späteren ersten Ehefrau Else Weil ein Wochenende in Rheinsberg. Zwei Großstadtmenschen verließen Berlin, um in der nördlichen Mark Brandenburg an eben dem Ort unbeschwerte Tage zu verbringen, wo auch Friedrich der Große von 1736 bis 1740 lebte und bekannte, er sei nirgendwo sonst so glücklich gewesen. Friedrich, der damals noch Kronprinz war, hatte Schloss Rheinsberg von seinem Vater zum Geschenk erhalten, ließ es umbauen und machte es zu einem glanzvollen Musenhof, an dem er die Komponisten Carl Philipp Emanuel Bach, Carl Heinrich Graun, Johann Joachim Quantz oder den Maler Antoine Pesne zu seinen Gästen zählte. In Rheinsberg begann Friedrich II. seinen Briefwechsel mit dem französischen Aufklärer Voltaire und verfasste seine politische Schrift *Antimachiavell*. 1744 schenkte er das Schloss seinem Bruder Heinrich, der Rheinsberg von 1753 bis zu seinem Tod im Jahre 1802 bewohnte und die musisch-kulturelle Rheinsberger Tradition fortführte. Prinz Heinrich ließ den Park erweitern und ein Hecken- sowie ein Schlosstheater bauen, die den Rahmen für Konzerte und Opernaufführungen bildeten. Diese kulturelle Glanzzeit verblasste allerdings im Laufe der Zeit.

Als Kurt Tucholsky und seine Freundin nach Rheinsberg reisten, erkundeten sie eine Region, die keineswegs zu den damals üblichen Reisezielen zählte. 1912 erschien mit *Rheinsberg. Ein Bilderbuch für Verliebte* die literarische Ausbeute dieses unbeschwerten Sommerwochenendes. Das kleine, mit biedermeierlich anmutenden Illustrationen von Kurt Szafranski versehene Rheinsberg-Büchlein wurde schnell ein Bestseller. Verliebte und Verlobte schenkten sich das Buch und bald war es die Lieblingslektüre junger Leu-

Schloss Rheinsberg ist der Schauplatz von Kurt Tucholskys Erzählung *Rheinsberg*

Es kommt nicht darauf an, daß der Staat lebe –
es kommt darauf an, daß der Mensch lebe.
5
Ein geduldeter Intellektueller
1929 – 1932
◁Rundgang

te. Die Handlung ist denkbar einfach: Die Medizinstudentin Claire und ihr Freund Wolfgang entfliehen mit der Eisenbahn dem großstädtischen Berlin. In Rheinsberg verbringen sie »eine Reihe leuchtender Tage«,[15] erkunden den verschlafenen Ort und das berühmte Schloss des Preußenkönigs mit seiner Parklandschaft: »Das Schloß leuchtete weiß, violett funkelten die Fensterscheiben in hellen Rahmen, von staubigen Lichtern rosig betupft, alles spiegelte sich im glatten Wasser. Baumgruppen standen da, rötlich-gelb beschienen mit schwärzlichen Schatten, sie warfen lange, dunkle Flächen auf den Rasen. Träge schob sich der See in kleinen Wellchen an die schilfigen Ufer …«[16] Das Liebespaar macht eine Bootspartie und begegnet einigen skurrilen, wenn auch liebenswerten Einwohnern der Stadt, die mit Kopfschütteln die offen zur Schau gestellte Verliebtheit von Claire und Wolfgang quittieren. Wie es sich für ein Liebespaar gehört, necken sie sich, neigen zu Kapricen und bedienen sich einer Sprache, die einem närrischen Kauderwelsch ähnelt, aber doch für eine Freiheit von Konventionen und Zwängen, eben für ein »voraussetzungsloses Da-sein«,[17] steht. Über der Geschichte schwebt dennoch eine Melancholie, die von der Gewissheit gespeist ist, dass auch dieser Liebe trotz aller Intensität die vollkommene Erfüllung verwehrt bleiben wird. In der »Vorrede zum fünfzigsten Tausend« bekräftigt Tucholsky 1920 – inzwischen ist er eine beachtete kritische Instanz in der Publizistik der Weimarer Republik: »Aber was in dem Buch da ist: das weiß ich schon. | Eine bessere Zeit, und meine ganze Jugend.«[18] Seit dem Erscheinen von Tucholskys Rheinsberg-Buch wurden Ort und Schloss zu einem beliebten Ausflugsziel und üben eine Faszination aus, die bis heute anhält.

1993 wurde im restaurierten Schloss Rheinsberg, das im Krieg schwer beschädigt und in der Nachkriegszeit weiter vernachlässigt wurde, ein Kurt Tucholsky Literaturmuseum eröffnet, das den historischen und literarischen Schauplatz nutzt, um sich dem wechselvollen Leben und höchst produktiven Schaffen eines Literaten, Satirikers, Publizisten, streitbaren Demokraten und Pazifisten zu widmen, der Deutschland wegen des heraufziehenden Nationalsozialismus 1930 verließ und unter dem Eindruck der Geschehnisse in der Heimat weitgehend verstummte. 1935 schied Kurt Tucholsky freiwillig aus dem Leben.

Tucholskys Arbeitsplatz stammt aus der Zeit im schwedischen Exil

Fallada · Marieluise Fleißer · Barlach

RÜCKZUGSORTE UND ZUFLUCHTEN

Nur wenige Tage, nachdem Adolf Hitler am 30. Januar 1933 zum Reichskanzler ernannt worden war, verließen viele Schriftsteller, Künstler, Intellektuelle und Wissenschaftler aus Angst vor Verfolgung durch die Nationalsozialisten Deutschland und gingen ins Exil. Andere blieben im Land und warteten die weitere Entwicklung ab. Doch nach wenigen Wochen herrschte Klarheit, denn die nationalsozialistische Kunstpolitik verfolgte inzwischen mit äußerster Konsequenz das Ziel, Bildende Kunst, Literatur, Musik und Film den ideologischen Zielen von Partei und Staat unterzuordnen. Verlage, Museen, Akademien, Hochschulen und andere kulturelle Institutionen wurden der nationalsozialistischen Kunstdoktrin entsprechend ›gleichgeschaltet‹. Am 10. Mai 1933 verbrannte man auf dem Berliner Opernplatz und auf vielen anderen Plätzen deutscher Städte Bücher und am 16. Mai erschien im *Börsenblatt für den deutschen Buchhandel* erstmals eine »Schwarze Liste«, auf der »schädliches und unerwünschtes Schrifttum« verzeichnet war. Wer dieses Kunstdiktat nicht bedingungslos befürwortete oder jüdischer Abstammung war, erhielt Berufsverbot. Die neu geschaffene »Reichsschrifttumskammer«, in der jeder Autor Mitglied sein musste, wenn er weiterhin veröffentlichen wollte, wachte nicht nur darüber, ob diese Regeln eingehalten wurden, sondern entschied auch nach eigenem Ermessen, wer weiterhin einen Platz im nationalsozialistischen Literaturbetrieb haben durfte.

Öffentliche Anfeindungen in der Presse und regelrechte Hetzkampagnen, aber auch Verhaftung, Drangsalierung und Internierung im Konzentrationslager gehörten bald ebenso zum Alltag wie der erzwungene Rückzug vieler Autoren aus der Öffentlichkeit und ihr Verstummen in der inneren Emigration. Nicht selten war das Dichterhaus der letzte Zufluchtsort, um aus der aggressiven Öffentlichkeit in die Privatsphäre auszuweichen und sich abzuschotten. Die Konsequenzen eines isolierten Lebens ohne Arbeit und Einkommen waren hart und vor Verfolgung war man trotzdem nicht sicher. Hans Fallada, Ernst Barlach und Marieluise Fleißer blieben in Deutschland, obwohl sie zu den angefeindeten Autoren zählten. Während die nationalsozialistische Literaturkritik Hans Fallada immer negativer bewertete und ihn zwischenzeitlich sogar als »unerwünschten« Autor etikettierte, blieb er von unmittelbarer Verfolgung verschont, musste aber bei den Themen seiner Bücher zahlreiche Kompromisse machen. Marieluise Fleißer wurde 1938 auf die »Schwarze Liste« gesetzt und publizierte seitdem nicht mehr. Ernst Barlach wurde am entschiedensten verfolgt, indem seine Theaterstücke nicht mehr gespielt, sein bildhauerisches Werk fast vollständig aus der Öffentlichkeit entfernt und er überdies als Vertreter »entarteter Kunst« diffamiert wurde.

Den Küchentisch traf Fallada, als er mit einer Pistole auf seine Frau schoss

Falladas Remington-Schreibmaschine, ein bei Schriftstellern beliebtes Fabrikat

Bedrohte Idylle

Fallada in Carwitz

Das südmecklenburgische Dorf Carwitz war zwischen 1933 und 1944 nicht nur Wohnort Hans Falladas (eigtl. Rudolf Ditzen, 1893–1947), sondern bot dem Erfolgsautor über zehn Jahre lang auch in persönlicher und politischer Hinsicht Halt und Zuflucht. Obwohl Fallada zu den erfolgreichsten Schriftstellern der Zeit zählte, geriet er immer wieder durch Nervenzusammenbrüche, Alkohol- und Drogenexzesse, Gewalttätigkeiten sowie Aufenthalte in Heilanstalten und Gefängnissen in die Schlagzeilen. Vom Honorar seines Bestsellerromans *Kleiner Mann – was nun?* hatte Fallada im Juli 1933 ein Haus in Carwitz gekauft, zu dem ein großes Grundstück direkt am Carwitzer See gehörte. Diesem Kauf waren Ereignisse vorangegangen, die symptomatisch für Falladas Leben waren, denn der Erfolg von *Kleiner Mann – was nun?* hatte ihn wieder zu Exzessen mit Alkohol und Prostituierten verleitet. Als er dann im April 1933 von einem Nazi-Parteigänger denunziert und elf Tage im Gefängnis festgehalten wurde, entschloss sich Fallada, einen neuen Wohnort weitab von der Metropole Berlin zu suchen.

Er wurde in Carwitz fündig, war sich allerdings bei Unterzeichnung des Kaufvertrags nicht bewusst – offenbar hatte der Alkohol wieder einmal sein Urteilsvermögen getrübt –, dass er ein renovierungsbedürftiges Haus erworben hatte: »Aber in diesem völlig besinnungslosen Zustand habe ich meinen heutigen Besitz, die geliebte Heimat unserer Kinder, gekauft. Wundersam ergeht es einem im Leben.«[1] Der lang gehegte Wunsch, eine eigene Landwirtschaft zu führen, hatte sich vor alle Bedenken geschoben. Seinen Eltern schreibt Fallada am 22. Juli 1933: »Das Haus ist ein richtiges altes Gutshaus, urgemütlich, mit elektrischem Licht, Öfen, mit sieben Zimmern, die durch Ausbau des Dachgeschosses leicht auf 9 erhöht werden können. Es liegt ohne jeden Uferweg mit reichlich 500 Meter Seefront am Carwitzer See, der mit 6 anderen Seen in direkter Verbindung steht. Überall ist Buchen- und Kiefernwald. Zum Haus gehören 6 Morgen Land, Scheune, Stallung, Kuh, Pferdchen und Schweine, Wagen und Dreschmaschine«.[2] Doch die Idylle täuschte. Bevor die Familie nach Carwitz umziehen konnte, musste Fallada die notwendigsten Reparaturen und Renovierungen ausführen lassen. Das etwa aus dem Jahr 1848 stammende Haus blieb in den folgenden Jahren eine ständige Baustelle.

Mitte Oktober 1933 endlich traf die Familie in Carwitz ein, und Fallada befand sich auch in literarischer Hinsicht

in Hochstimmung, weil seine nächsten Romane *Wer einmal aus dem Blechnapf frißt*, *Wir hatten mal ein Kind* und später *Wolf unter Wölfen* im Entstehen waren. »Mein Glück«, schreibt er am 6. September an seinen Verleger Ernst Rowohlt, »können Sie sich schlecht ausmalen«.[3] Aus den Carwitzer Jahren haben sich Fotografien erhalten, die dieses familiäre Glück festhalten; auch eine ›Homestory‹ in der *Berliner Illustrieren* (24. Mai 1934) zeigt ein zufriedenes Familienleben: »Hier wohnt er nun, als Landwirt und Hausvater, mit Frau und Kindern, Knecht und Magd, mit dem Hund Rautendelein, dem Apfelschimmel und der Kuh,

Falladas Haus in Carwitz ist »ein richtiges altes Gutshaus, urgemütlich«

mit Blaumeisen und Spechten und Wasserhühnern«.[4] Doch die Zeiten wurden auch fernab von Berlin schwieriger und Fallada geriet ins Visier der nationalsozialistischen Literaturkritik. 1935 wurde er kurzzeitig von der Reichsschrifttumskammer zum »unerwünschten« Autor erklärt, so dass seine Bücher aus den Buchhandlungen verschwanden. Emigration kam für Fallada nicht infrage. Gegenüber Johannes Kagelmacher äußert er am 20. September 1935: »Das einzige, was noch möglich ist, wäre eine Emigration, natürlich nur gesetzlicher Art, so daß mir die Rückkehr immer noch möglich wäre. Der Gedanke widerstrebt Suse [der Ehefrau Anna Ditzen] und mir sehr, denn was sollen wir schließlich im fremden Lande – Dänemark oder England kämen infrage – Dazu müßte man Carwitz, ja alles Errungene aufgeben – nein, es wäre doch sehr bitter«.[5] Fallada versuchte sich mit den Parteifunktionären zu arrangieren, er nannte das einen »Knix«[6] machen. Er fand Nischen, in denen er unbehelligt blieb, schrieb erfolgreiche Kinderbücher und versuchte sich mit Drehbüchern und Filmvorlagen über Wasser zu halten.

Dennoch boten Carwitz und das Leben aus Schreiben, Landwirtschaft und Familienalltag bald nicht mehr den Halt, um Depressionen aufzufangen. Schreiben wurde zur Sucht und jedes abgeschlossene Projekt endete in einem Zusammenbruch mit den bekannten Begleitumständen Alkohol, Morphium, Aggressivität. 1944 wurde die zerrüttete Ehe mit Anna Ditzen geschieden, nachdem Fallada im Streit auf sie geschossen, allerdings nur den Küchentisch getroffen hatte. Wieder landete er in Gefängnis und Entzug. Dann lernte er die verwitwete, ebenfalls alkoholkranke und drogenabhängige Ursula Losch kennen, die er 1945 heiratete und mit der er endgültig jeglichen Halt verlor. Obwohl Fallada nach Kriegsende mit den Romanen *Der Trinker* und *Jeder stirbt für sich allein* noch einmal an frühere Erfolge anknüpfen konnte, war er inzwischen physisch wie psychisch so zerstört, dass es keinen Ausweg aus diesem Teufelskreis mehr gab. 1947 starb Fallada in Berlin, seine Urne wurde in Carwitz beigesetzt.

Falladas Arbeitszimmer, der »Prunkraum des Hauses«

Das Frieren lernen

Marieluise Fleißer in Ingolstadt

Abgesehen von knapp fünf Jahren in München und vier Jahren in Berlin verbrachte Marieluise Fleißer (1901–1974) ihr ganzes Leben in Ingolstadt. In der katholischen Garnisonsstadt, die nach dem Ende des Ersten Weltkriegs ihre militärische Bedeutung eingebüßt hatte, wurde sie geboren, und hier starb sie. Ingolstadt steht wie ein »fragwürdiges Markenzeichen«[7] über Biographie und Werk dieser Vertreterin einer sozialkritischen Literatur in Bayern. Ihre beiden Theaterstücke *Fegefeuer in Ingolstadt* (1926) und *Pioniere in Ingolstadt* (1928), mit denen Marieluise Fleißer schlagartig bekannt wurde und deretwegen sie in ihrer Heimatstadt als berüchtigt galt, weisen bereits im Titel auf die Herkunft der Autorin hin. Auf dem Titelblatt ihrer ersten Prosasammlung *Ein Pfund Orangen und 9 andere Geschichten* (1929) nannte sie sich »Marieluise Fleisser aus Ingolstadt«. Ingolstadt wurde biographisch wie literarisch für die Autorin zu einer »Lebensform«,[8] die lange von Ausgrenzungen und Anfeindungen begleitet war.

1929, nach der von Bertolt Brecht initiierten Berliner Uraufführung der *Pioniere in Ingolstadt*, rief man nicht nur nach der Zensur, weil man eine Verunglimpfung des Militärs zu erkennen meinte, sondern der Ingolstädter Oberbürgermeister Friedrich Gruber distanzierte sich auch im Namen des Stadtrates von diesem »gemeinen Machwerk«, »Schmähstück« und »Fleißer'schen Schandstück«, in dem Stadt und Einwohner »aufs schwerste beleidigt und verhöhnt werden«.[9] Die Autorin, die solchen Skandalen und politischen Auseinandersetzung nicht gewachsen war, wehrte sich dennoch mit einer Beleidigungsklage, die zu ihren Gunsten entschieden wurde. Seitdem galt sie in Ingolstadt als ›Nestbeschmutzerin‹, und sogar ihr Vater sah sich angeblich gezwungen, seiner Tochter »Hausverbot«[10] zu erteilen. Erst 1961 entkrampfte sich das Verhältnis zwischen Autorin und Heimatstadt. Man würdigte nun ihren Beitrag zum »ursprünglichen Bayerischen Schrifttum« und lobte das »Kolorit des im nördlichen Winkel Oberbayerns in der alten ›Schanz‹ beheimateten Menschenschlags und seiner Lebensart«.[11] Marieluise Fleißer war ungewollt als Heimatschriftstellerin vereinnahmt worden. Eine adäquate Würdigung ihrer literarischen Leistung wurde Marieluise Fleißer in Ingolstadt erst postum zuteil: Fünf Jahre nach ihrem Tod wurde das einstige Skandalstück *Pioniere in Ingolstadt* auch in ihrer Heimatstadt aufgeführt, 1981 stiftete die Stadt einen Literaturpreis mit ihrem Namen, man kümmerte sich um ihren Nachlass und machte 2001, kurz vor ihrem 100. Geburtstag, ihr Elternhaus zu einer Gedenkstätte.

Geboren und aufgewachsen war Marieluise Fleißer in der Kupferstraße 18, wo ihr Vater eine Schmiedewerkstatt und einen Eisenwarenhandel betrieb. Die Familie war in den 1860er-Jahren nach Ingolstadt gekommen und hatte es zu Ansehen und Wohlstand gebracht. In der Kupferstraße wuchs sie auf und erlebte hier ihr »Kinderland«: »Die Kupferstraße war eine schöne Straße zum Spielen [...]. Für mich war es die schönste Straße, eigentlich kam sie mir vor wie ein Saal, über dem bloß kein Dach war. Gerade in der Mitte stand das Haus, das meinem Vater gehörte und meinem Großvater vor ihm. [...] Draußen von der Straße vertrieb einen niemand. Im Rinnstein mußte man schussern und dabei von den Buben Kraftworte lernen, im Bäckerhof auf der Wagendeichsel schaukeln, sich in seinen hundert Winkeln verstecken, oder, wenn man den Durchgang zur Harderstraße benutzte, ins Kesselhaus einer Brauerei hineinspähn. [...] Es war eine intime kleine Welt, die noch nicht versehrt war. Alle traurigen Dinge waren noch Rätsel, die man nicht auf sich selber bezog.«[12]

Die »traurigen Dinge« folgten auf die Kinder- und Jugendjahre, die Studienzeit und das Bohemeleben in München, die Freundschaft und Zusammenarbeit mit Brecht, die ersten literarischen Erfolge, die persönlichen Ausbruchsversuche durch Flucht in problematische Liebesbeziehungen. Sichtbar wurden sie nach eben jenem Skandal, den die Uraufführung von *Pioniere in Ingolstadt* auslöste. Marieluise Fleißer war bereits 1927 von Berlin nach Ingolstadt zurückgekehrt und hatte die Stadt danach nur noch zu Reisen verlassen. 1928 verlobte sie sich mit dem Tabakwarengroßhändler Josef (Bepp) Haindl, mit dem sie 1935 trotz Bedenken eine Ehe einging, die von ständigen Auseinandersetzungen und einem entbehrungsreichen Alltag geprägt war. Bis zu Haindls Tod im Jahr 1958 führte Fleißer das Geschäft in der Theresienstraße. Die Rückkehr nach Ingolstadt, seit 1933 zusätzlich erschwert durch das von der Reichsschrifttumskammer auferlegte Schreibverbot, bedeutete den Verlust fast aller literarischen Kontakte und mündete in ein unfreiwilliges Verstummen. Fleißer lernte in dieser Zeit das »Frieren«,[13] wie sie rückblickend sagte.

Nach 1945 begann sich die literarische Öffentlichkeit allmählich wieder für die Autorin zu interessieren: Die Komödie *Der starke Stamm* erzielte einen Achtungserfolg, neue Erzählungen erschienen und eine Reihe von Preisen und Ehrungen wurden ihr zuteil. Die junge avantgardistische Theaterszene der 1960er- und 1970er-Jahre – allen voran die Berliner Schaubühne um Peter Stein und die Münchener Theaterszene um Rainer Werner Fassbinder – sowie die Wiederentdeckung des Volksstücks brachten Marieluise Fleißer eine Renaissance als Theaterautorin. Mit ihrer Heimatstadt machte sie ihren Frieden, ohne allerdings ihren Hang zum »Konträren«[14] wirklich aufzugeben. Wenige Wochen vor ihrem Tod antwortete sie auf die Frage nach ihrem Verhältnis zu Ingolstadt: »Die sind nicht feindlich gegen mich eingestellt. Aber ich habe doch immer das Gefühl, daß ich ihnen nicht ganz geheuer bin. Wenn ich mal gestorben bin, das ist beruhigender, da weiß man, jetzt kann sie nix mehr anstellen.«[15]

In Marieluise Fleißers Geburtshaus betrieb ihr Vater eine Schmiede und einen Eisenwarenhandel

Eine Art von Emigrantendasein

Barlach in Güstrow

Während eines Studienaufenthaltes in Florenz klagte Ernst Barlach (1870–1938) am 2. November 1909 dem Freund Reinhard Piper: »Hätte ich nur hier den Gang über die Felder [...] – die paar Linien und Flächen, darüber der ungeheure Himmel, auf dem die kleinen und großen Launen des Ungeheuren sich darstellen können, sind mir unentbehrlicher und vielsagender als das ›Florenz da unten‹, ›Berge und Züge, Fernen und Weiten‹, oder wie der ganze Trödel sich benamst. Daß man ins ›Freie‹ kommt, gibt's kaum, überall Mauern und Kulturen, immer Häuser und Kultur – Wälder schlägt man sich überhaupt aus dem Bewußtsein und – damit basta.«[16] Ein Jahr später hatte der Maler, Graphiker und Literat sein »Schneckenhaus wieder nach Norden gezogen«,[17] nun ins mecklenburgische Güstrow, um dem »Krakeel in Berlin«[18] zu entgehen. Barlach fühlte sich zeitlebens Norddeutschland, wo er geboren und aufgewachsen war, verbunden. In Güstrow hoffte er sich wieder ganz auf seine Arbeit konzentrieren zu können: »hier komme ich zu ganz regelmäßigen Stunden Arbeit, in Berlin dagegen nicht, und ich bin alt genug, um dem endlich auftretenden Drang nach einiger Beständigkeit äußerer Umstände nachgeben zu dürfen.«[19] Güstrow sollte bis zu seinem Tod Barlachs Wahlheimat bleiben. Der Ort wurde nicht nur zu seiner künstlerischen Wirkungsstätte, sondern auch zu dem Ort, an dem er die Diffamierung als »entarteter« Künstler durch die nationalsozialistische Kulturpolitik ertrug. Gleichzeitig musste er von hieraus hilflos mit ansehen, wie seine Plastiken und Denkmäler aus den Kirchen, Museen sowie dem öffentlichen Raum entfernt wurden, seine bis dahin mit Erfolg aufgeführten Theaterstücke von den Bühnen verschwanden und seine Bücher nicht mehr gedruckt werden durften.

Wohn- und Atelierhaus von Ernst Barlach

Schon früh hatte sich Barlachs ›Doppelbegabung‹ für das Schreiben und Zeichnen in einer den Künsten gegenüber aufgeschlossenen Familie herausgestellt. Aber der Weg zum erfolgreichen Künstler war weit und verlief keineswegs geradlinig. Barlach opponierte nach Kräften gegen den Kunstbetrieb, entzog sich einer akademischen Kunstausbildung und folgte vielmehr seiner nach und nach wachsenden Begeisterung für die Bildhauerei ohne Rücksicht auf Händler, Museumsdirektoren oder Kunstkritiker. Das Schreiben geriet dabei nie in Vergessenheit und war gleichberechtigter Teil in Barlachs künstlerischem Schaffen. Die Dramen *Der arme Vetter* (1918), *Die echten Sedemunds* (1920), *Die Sündflut* (1924) und *Der blaue Boll* (1926) gelten als bedeutende Beiträge zur expressionistischen Literatur und auch in Güstrow gab er das Schreiben nicht auf, obwohl viele literarische Projekte unvollendet blieben, weil die Bildhauerei ihn ganz in Anspruch nahm.

In Güstrow, wo Barlach den künstlerischen Durchbruch erlebte, entstanden so berühmte Werke wie *Der Schwebende* (1926/27) im Güstrower Dom, *Der Geistkämpfer* (1928) an der Kieler Universitätskirche und das Ehrenmal (1929) im Magdeburger Dom. Preise und Ehrungen wurden ihm zuteil und Ausstellung reihte sich an Ausstellung. Die steigende Nachfrage nach Werken Barlachs machten besonders für Großplastiken neue Werkstattbedingungen notwendig. Erst 1930 entschloss er sich, ein Grundstück am Heidberg im Südosten von Güstrow am Inselsee direkt neben dem Wohnhaus der Freunde Marga und Bernhard Böhmer zu kaufen. Barlach wohnte schon seit einiger Zeit bei den Böhmers. Das junge Bildhauerehepaar hatte ihm nicht nur einen »gepolsterten Winkel« überlassen und ihm ein »Hans-im-Glück-Leben« ermöglicht,[20] sondern ging ihm auch bei der Ausführung seiner Werke zur Hand. Bernhard Böhmer, eine schillernde Figur mit guten Nazi-Kontakten, kümmerte sich außerdem um den Verkauf und sorgte nach 1933 sogar dafür, dass entfernte Kunstwerke – wie der Güstrower *Schwebende* – nicht unwiederbringlich zerstört wurden; Barlach sprach daher von ihm als dem »Direktor der ›Barlach G.m.b.H.‹«.[21] Die Böhmers empfahlen Barlach, auf dem Grundstück ein Atelierhaus zu bauen.

Innerhalb eines Jahres entstand ein von dem Architekten Adolf Kegebein entworfener Klinkerbau mit geschickt aufgeteiltem Atelier- und Wohnbereich, der sich durch Funktionalität und Schlichtheit im Stil neuen Bauens auszeichnet. Barlach hat in diesem Haus nie gewohnt, sondern lebte weiterhin im benachbarten Haus der Böhmers. Im Atelierhaus nutzte er nur die große helle Halle: »seit zwei Wochen«, schreibt er dem Sohn, »arbeite ich nun schon im neuen Atelier, erfahre also auf meine alten Tage, was Arbeit bei gutem Licht und viel Platz bedeutet«.[22]

Die Arbeitsbedingungen wurden für Barlach seit 1933 immer schwieriger, obwohl er anfangs noch versucht hatte, sich mit der nationalsozialistischen Kulturpolitik zu arrangieren. Die Aufträge gingen nach und nach zurück oder wurden vielfach widerrufen. Doch Barlach ließ sich nicht entmutigen und arbeitete unter dem Eindruck von Ausgrenzung, Anfeindung und Bespitzelung mit gewohnter Intensität weiter. Er zog sich zwar aus dem öffentlichen Leben zurück, bekannte aber ungebrochen: »Im Vaterlande zu einer Art von Emigrantendasein genötigt, bleibt mir nur die Wahl zwischen dem Vollzug der wirklichen Emigration oder dem Entschluß, koste es, was es wolle, mein volles Recht auf ungehemmte berufliche Betätigung durchzusetzen.«[23] Obwohl Barlach in dieser Zeit noch zahllose, heute weithin bekannte Plastiken schuf und auch weiterhin schrieb, ging die Verfemung nicht spurlos an ihm vorüber und brach am Ende seine Widerstandskraft. Am 24. Oktober 1938 starb er an Herzschwäche und einer akuten Lungenentzündung.

Barlachs Atelier mit einer Ausstellung seiner Arbeiten

Seghers · Brecht · Schmidt · Jünger · Huchel

RÜCKKEHR UND NEUANFANG

Deutschland war nach der Kapitulation der Wehrmacht am 8. Mai 1945 eine Trümmerlandschaft und viele der großen Städte waren im Bombenkrieg regelrecht ausgelöscht worden. Millionen von Flüchtlingen und Ausgebombten sahen einer ungewissen Zukunft entgegen. Die Versorgung der Bevölkerung mit Nahrung, Kleidung und Unterkünften gehörte zu den drängendsten Problemen, die zu lösen waren. Nur schrittweise normalisierte sich das öffentliche Leben. Im Rahmen des Konzepts der alliierten Siegermächte, durch Demokratisierung, Entnazifizierung und Umerziehung der Nazi-Ideologie dauerhaft den Boden zu entziehen, wurde zwar allmählich wieder ein kulturelles und literarisches Leben möglich, aber der sich abzeichnende Ost-West-Konflikt und die daraus resultierende Teilung Deutschlands wurden zusehends Realität. Gleichzeitig brachen Debatten aus, in denen Emigranten, die nach Deutschland zurückkehrten, und Autoren, die nach 1933 im Land geblieben waren und in »innerer« Emigration verharrten, mit ihren jeweiligen Positionen hart und emotional aufeinandertrafen. Die Frage nach Schuld und Verantwortung für Krieg und Holocaust war nicht nur eine moralische Hypothek, die auf dem Wiederaufbau lastete, sondern auch ein zentrales Thema der deutschsprachigen Nachkriegsliteratur und ihrer Autoren. Viele aus dem Exil zurückkehrende Autoren konnten kaum ihre Ausnahmesituation im Exil erläutern, geschweige denn Verständnis finden. Vielfach fühlte man sich in einem fremden Land angekommen. Rückkehr und Neuanfang waren daher für viele Autoren nicht nur eine persönliche, moralische und politische Zäsur, sondern drohte sogar eine Zeit lang auch die Literatur zu spalten.

Diese Gegensätze lassen sich auch an den Wohnorten ablesen, für die sich Autoren entschieden. Man konnte noch so prominent sein, die Wohnungssuche war schwierig und manchmal sogar ein Politikum. Während Thomas Mann, Alfred Döblin und viele andere Autoren nicht mehr nach Deutschland zurückkehren wollten, ließen sich Bertolt Brecht und Anna Seghers aus politischer Überzeugung in der DDR nieder, weil sie nur in einer sozialistischen Gesellschaft die Zukunft sahen. Wieder andere entschieden sich ebenso bewusst für einen Neuanfang in der Bundesrepublik, in Österreich oder der Schweiz, um im Westen am Aufbau eines offenen und freien Kultur- und Literaturbetriebs mitzuarbeiten oder von diesem zu profitieren. Die Wahl von Lebensorten konnte sich aber auch als falsch herausstellen, wenn – wie im Fall von Peter Huchel – die Erwartungen enttäuscht wurden und das Haus in heimatlicher Landschaft zu einem Ort wurde, an dem einem engagierten Dichter regelrecht ein Exil aufgezwungen wurde und er täglich aufs Neue erfahren musste, dass es »doch für diese Eisenkette am Fuss« keinen »Schlüssel und keine Feile« gibt.[1] Erst nach jahrelangen Bespitzelungen und Demütigungen gestatteten die Behörden Huchel endlich die Ausreise aus der DDR.

Aber Häuser – Dichterhäuser eingeschlossen – sind in der Nachkriegszeit weiterhin persönliche Visitenkarten, verraten etwas über den Lebens- und Arbeitsstil, über persönliche Neigungen wie das Sammeln von Käfern oder das alter Bücher. Damit ein Wohnhaus zu einem Schreibort werden kann, braucht es Voraussetzungen, die als angemessen für eine gelingende literarische Produktion am Schreibtisch, auf dem Balkon oder der Gartenterrasse betrachtet werden. Erst dann kann sich Peter Handkes Ausspruch bewahrheiten: »Nur im Schreiben fühl' ich mich zu Haus«.[2]

Schreibplatz Brechts im großen Arbeitszimmer

Das kleine Arbeitszimmer in Brechts Wohnung in der Berliner Chausseestraße

Nach Flucht und Heimatlosigkeit

Anna Seghers in Berlin-Adlershof

Anna Seghers (eigtl. Netty Radványi, geb. Reiling; 1900–1983) kehrte 1947 aus dem Exil in Mexiko nach Deutschland zurück. »Es gab nur noch eine einzige Unternehmung, die mich anspornen konnte«, heißt es in der autobiographischen Erzählung *Der Ausflug der toten Mädchen*: »die Heimfahrt«.[3] Auf dieser Rückreise nach Deutschland besuchte sie auch ihre zerstörte Heimatstadt Mainz und hielt ihre Eindrücke fest: »Als ich aus der Emigration zurückkam, fuhr ich vom Westen her quer durch Deutschland. Die Städte waren zertrümmert, und die Menschen waren im Innern genauso zertrümmert. Damals bot Deutschland eine ›Einheit‹ von Ruinen, Verzweiflung und Hunger. Aber es gab auch Menschen, die nicht vom Elend betäubt waren und zum erstenmal Fragen aussprachen, die auch alle drückten: Was ist geschehen? Wodurch geschah es? – Daraus ergab sich die nächste Frage: Was muß geschehen, damit das Grauen nie mehr wiederkommt?«[4]

Anna Seghers hatte die Antwort auf diese Frage für sich persönlich gefunden: Sie wolle mit den »Mitteln ihres Berufes« helfen, »ihr Volk zum Begreifen seiner selbst verschuldeten Lage zu bringen und in ihm die Kraft zu einem anderen, einem neuen friedvollen Leben zu erwecken.«[5] Diesem Auftrag meinte sie nur in einem Land gerecht werden zu können, in dem der Faschismus durch den Aufbau einer neuen, explizit sozialistischen Gesellschaftsordnung dauerhaft bekämpft würde. Sie wählte daher Ost-Berlin als ihren zukünftigen Lebens- und Arbeitsort. Am 22. April 1947 traf sie wieder in Berlin ein, in jener Stadt, in der sie erste literarische Erfolge gefeiert hatte, ihr politisches Engagement als Kommunistin begann und aus der sie 1933 nur mit viel Glück mit ihrem Mann, dem Soziologen László Radványi und den Kindern Ruth und Peter über die Schweiz nach Paris emigriert war. Nach der Besetzung Frankreichs durch die deutsche Wehrmacht gelang es der Familie 1941, wiederum nur knapp, nach Mexiko zu fliehen. Als Anna Seghers nach Berlin zurückkehrte, war sie bei der deutschen Leserschaft weitgehend eine Unbekannte. Die Romane und Erzählungen, die sie im Exil geschrieben hatte, waren sämtlich außerhalb Deutschlands erschienen; ihr berühmtester Roman *Das siebte Kreuz* wurde sogar 1942 zuerst auf Englisch in den USA veröffentlicht. Erst nach Seghers' Rückkehr begannen ihre Texte allmählich in deutschen Verlagen herauszukommen, zunächst in Ost-Berlin, in den 1960er-Jahren auch im Westen Deutschlands.

Bertolt Brecht und Helene Weigel halfen Anna Seghers bei der Suche nach einer festen und nicht mehr nur provisorischen Unterkunft in Ost-Berlin, über die sie in dem Essay *Der Besuch* (1956) schreibt: »Wir sahen klarer als vorher die Sprünge in den Wänden, die mit Papier verklebten Scheiben. Durch die Reste von Fenstern sahen wir auf die Trümmer. Die Ruinenstadt verschmolz mit dem Abendhimmel, als ob sie noch immer schwelte und rauchte.«[6] Es folgten mehrere Wohnungswechsel, bis Anna Seghers endlich im April 1955 in einem neu gebauten, dreigeschossigen Mietshaus mit grau verputzter Fassade in der Volkswohlstraße 81 (heute: Anna-Seghers-Straße 81) in Berlin-Adlershof bis zu ihrem Tod eine dauerhafte Bleibe fand.

Anna Seghers war schnell wieder eine viel beachtete und ungewöhnlich produktive Autorin. Sie war außerdem eine einflussreiche und zuweilen politisch unbequeme Funktionärin im Kultur- und Literaturbetrieb der DDR. 1950 gehörte sie zu den Gründungsmitgliedern der Deutschen Akademie der Künste und von 1952 bis 1978 fungierte sie als Präsidentin des Schriftstellerverbandes der DDR. Dennoch entschied sich die mit Preisen und Ehrungen überhäufte Autorin für eine schlichte Wohnung, die noch heute den Einrichtungsstil der 1950er-Jahre im Originalzustand widerspiegelt. Die Kugellampen im Flur oder der Radioapparat (Marke »Stradivari«) im Wohnzimmer sind hierfür schöne, ins Auge springende Beispiele. Das Mobiliar ist einfach und solide. Es stammte in vielen Fällen aus zweiter Hand oder wurde von einem Schreiner gefertigt. Wert legte Anna Seghers dagegen auf die Begegnung mit Freunden und Kollegen, sie pflegte ein offenes Haus. Esstisch und gemütliche Sitzecke mit Couch, großem Tisch und Sesseln im Wohnzimmer boten dafür ausgiebig Gelegenheit. Außerdem verbreitet ein großer Kachelofen mit

Anna Seghers wohnte im oberen Stockwerk eines Mietshauses

IN DIESEM HAUSE WOHNTE
DIE SCHRIFTSTELLERIN
ANNA SEGHERS
VON 1955 BIS 1983

Das Wohnzimmer mit der prall gefüllten Bücherwand

Sitzbank – von ihr als »Holländerofen« bezeichnet – die von Anna Seghers geliebte Ruhe und Gemütlichkeit. In den Regalen fallen die Tausende von Büchern auf, die in bis zu drei Reihen hintereinander stehen. Die in Jahrzehnten zusammengetragene Bibliothek konnte durch viele glückliche Zufälle über die Exilzeit hindurch gerettet und in Adlershof wieder vereinigt werden. Ins Auge fallen weiterhin Gegenstände, die Anna Seghers aus dem Exil mit nach Berlin gebracht hat: kleine Tiere aus Terrakotta, blau-weiße Keramiken, eine Hirtenglocke und eine Landkarte der Karibik von 1656. Diese Andenken an Lateinamerika tauchen auch in ihren Erzählungen, Romanen und Essays wieder auf, in denen die Sehnsucht nach Ferne, Freiheit und Glück häufig Thema sind. Nur wenige Bilder hängen an den Wänden, im Flur Reproduktionen von Bildern des mexikanischen Malers Diego Rivera und im Wohnzimmer eine Lithographie der Bildhauerin und Grafikerin Renée Sintenis.

Zentrum der Wohnung war das Arbeitszimmer mit dem kleinen Balkon, über den Anna Seghers 1972 Lenelore Wolf schrieb: »Zwei Plätze gibt es in dieser mir gleichgültigen Wohnung, die mich freuen, ein Eck im Fenster meines kleinen Schlafzimmers – Ruth sagt Kajüte –, ein Fenstereck, aus dem man weit raus sehn kann und sich einbilden, dahinter läge das Meer und die Schiffe oder sonst was. Und gut ist auch, auf dem kleinwinzigen Balkon zu liegen, und ich guck mir abends die Vögel an und frage mich, warum sie herumfliegen, und ich denke auch, daß so ein Flug die Menschen noch nicht erfunden haben. […] Und vor allem: ich kann viel und hoffentlich zum Teil auch gut schreiben.«[7] Dass Anna Seghers oft auf dem Balkon schrieb, dokumentiert eine Fotografie, die sie konzentriert beim Tippen auf

Im Flur brachte Anna Seghers Teile ihrer Bibliothek unter

ihrer Remington-Schreibmaschine zeigt. Diese Schreibmaschine hatte sie bei ihrer Ankunft in Mexiko von Freunden zum Geschenk erhalten. Wenn nicht auf dem Balkon gearbeitet wurde, benutzte sie einen großen quadratischen Arbeitstisch zum Schreiben. An der dem Tisch gegenüberliegenden Wand hängt das Faksimile eines Briefautographs von Heinrich Heine an seine Mutter vom 27. Mai 1848 (das Original vermachte Anna Seghers der Berliner Staatsbibliothek), in dem es um Folgendes geht: Trotz gesundheitlicher Beschwerden, Schreibblockaden und der deprimierenden Erfahrung des Scheiterns der Märzrevolution von 1848 (»kein Zuckerjahr«) berichtet Heine darin seiner Mutter von einem schönen Maitag, den er in einem »schönen Gartenhaus« in Passy, einem Vorort von Paris, verbringt. Er beschließt den Brief scherzhaft: »Der Papagey schreit, und meine Frau läßt grüßen. | Eur getreuer | H. Heine.«[8] Dieses Heine-Autograph hatte Anna Seghers von ihrem Vater Isidor Reiling, einem Kunst- und Antiquitätenhändler, 1933 kurz vor ihrer Flucht aus Deutschland als Geschenk und ›Notgroschen‹ erhalten. Anna Seghers verwahrte diesen Brief des ebenfalls aus Deutschland vertriebenen und seit 1831 im französischen Exil lebenden Autors durch die Jahre der Emigration und trennte sich nicht von ihm. Heine war einer ihrer Lieblingsdichter, von dem sie sagte, er habe »alle Stationen der Emigration mit uns geteilt: Die Flucht und die Heimatlosigkeit und die Zensur und die Kämpfe und das Heimweh«.[9]

Von ihrem Schreibtisch aus blickte Anna Seghers auf das Autograph eines Heine-Briefs an der Wand über dem Sofa

Der Städtebewohner

Brecht in Berlin

Bertolt Brecht (1898–1956) wählte seine Wohnungen stets mit Bedacht aus, wobei er auf Lage, Ausstattung und Atmosphäre achtete. In einem Gespräch mit Walter Benjamin im Juni 1931 unterschied Brecht zwei Formen von Wohnen: Die eine Form sah er dadurch bestimmt, dass der Wohnende die »Umwelt ›gestaltet‹, sie passend, gefügig und gefügt anordnet« und sich so eine »Welt« schafft, »in der der Wohnende auf seine Weise zu Haus ist«, während die andere Form eine »Haltung« vermittelt, »sich überall nur als Gast zu fühlen«.[10] Beide Formen des Wohnens betrachtete er als dialektisch aufeinander bezogen. Obwohl Brecht das »mitahmende wohnen« dem »gastwohnen«[11] vorzog, wechselte er häufig die Wohnungen, was gerade in der Zeit des Exils meistens unfreiwillig geschah. Brecht war ein »Städtebewohner«, den moderne Architektur interessierte und der in der *Hauspostille* bekannte: »In der Asphaltstadt bin ich daheim«.[12] Während des Exils in Amerika setzte er sich erneut mit moderner Architektur und Städteplanung auseinander, ein Thema, das ihn nach der Rückkehr in das kriegszerstörte Europa weiter beschäftigte. Mit Max Frisch und Hermann Henselmann, einem der führenden Stadtplaner in der DDR und Architekt der Ost-Berliner Stalinallee, diskutierte er darüber, wie Städtebau und Sozialismus miteinander in Einklang zu bringen seien. Dabei kam er wie in dem Gedicht *Große Zeit, vertan* zu dem Schluss: »Was sind schon Städte, gebaut | Ohne die Weisheit des Volkes?«[13]

Geboren wurde Bertolt Brecht in Augsburg. Das Geburtshaus liegt in einem alten Handwerkerviertel, das die Familie jedoch nicht lange bewohnte. Kindheit und Jugend verbrachte Brecht in der Bleichgasse 2, wohin die Familie 1900 umzog. Auch nach seiner Übersiedelung 1924 in das ›boomende‹ Berlin kehrte Brecht regelmäßig nach Augsburg zurück. Mit dem Tod des Vaters im Jahr 1939 (die Mutter war bereits 1920 gestorben) verloren sich die Spuren des Autors und seiner Familie in Augsburg.

Am 28. Februar 1933, einen Tag nach dem Reichstagsbrand, verließ Brecht Berlin fluchtartig und begab sich mit seiner Familie sowie engen Mitarbeitern in ein 15 Jahre währendes Exil. Seit September 1924 hatte Brecht in Berlin gelebt, wo er sich zu einem politischen Schriftsteller und avantgardistischen Theaterautor entwickelte. Es begann eine vielversprechende Karriere, die im August 1928 ihren ersten Höhepunkt mit der *Dreigroschenoper* hatte.

Im Oktober 1948 kehrten Brecht und Helene Weigel in den Ostteil Berlins zurück. Der erste Eindruck war niederschmetternd; Brecht notiert am 27. Oktober 1948 im *Journal*: »Berlin, eine Radierung Churchills nach einer Idee Hitlers. | Berlin, der Schutthaufen bei Potsdam.«[14] Ausgestattet mit österreichischen Pässen hatten sich Brecht und Weigel für die Hauptstadt der DDR als neuen Wohnort neben politischen Gründen auch deshalb entschieden, weil man ihnen hier Unterstützung für den Aufbau eines eigenen Theaters, des späteren Berliner Ensembles, zugesagt hatte. Die Übersiedelung hatte zunächst viel von einem Provisorium, zusätzlich erschwert durch Querelen mit Partei- und Kulturfunktionären. Dennoch zählen die Jahre bis zu Brechts Tod im August 1956 zu seinen produktivsten, man denke nur an die Modellinszenierungen der Theaterstücke *Mutter Courage und ihre Kinder* (1949), *Herr Puntila und sein Knecht Matti* (1949), *Der kaukasische Kreidekreis* (1954) und (nicht mehr selbst zu Ende geführt) *Leben des Galilei* (1957).

Die Erfahrungen von Flucht und Exil hatten sich aber tief in Brechts Biographie eingeschrieben. So heißt es 1949 in dem Gedicht *Ein neues Haus*: »Immer noch | Liegt auf dem Schrank mit den Manuskripten | Mein Koffer.«[15] Anfangs wohnten Brecht und Weigel in einem unzerstörten Seitenflügel des Hotels Adlon am Pariser Platz. Pfingsten 1949 bezog man in Berlin-Weißensee (Berliner Allee 190) eine Wohnung, bevor sich im Februar 1952 in Buckow, etwa 70 Kilometer östlich von Berlin am Schermützelsee ein Anwesen mit zwei Häusern in idyllischer Umgebung fand, das seinen Bewohnern individuelle Entfaltungsmöglichkeiten bot. Buckow wurde weiterhin als Sommerfrische genutzt, als Brecht sich entschieden hatte, wieder nach Berlin umzuziehen. Es waren die weiten Wege von Buckow

Brecht wohnte in der ersten Etage eines Hinterhauses der Chausseestraße

nach Berlin, die Brecht zu einem erneuten Wohnortwechsel veranlassten. Im Juni/Juli 1953 berichtet er der in den Ferien an der Ostsee weilenden Helene Weigel erstmals vom Haus in der Berliner Chausseestraße 125: »Hinterhaus (wie das Vorderhaus sehr alt, zweistöckig, aus den dreißiger Jahren, also sehr hübsch, ziemlich ärmlich, für kleine Leute gebaut), ein riesiger Raum mit sehr großen Fenstern, ein mittelgroßer und ein kleinerer Raum (nicht sehr klein). Küche klein, da muß eine Dusche hinein, Gas und Elektrizität sind da. Klo auf halber Treppe. Unten eine Garage, gehört dazu. Hinter dem Hinterhaus kleiner Garten, der hoffentlich dazu gehört, mit einem bescheidenen Baum. Fenster gehen auf Friedhof hinaus, da ist alles grün und weit.«[16]

Das Haus in der Chausseestraße stammt aus dem Jahr 1843, das Quergebäude im Hinterhof aus der Gründerzeit. Es liegt in einem Wohn- und Geschäftsviertel unmittelbar am Friedhof der Dorotheenstädtischen Gemeinde, wo sich die Gräber von Hegel, Fichte sowie von Heinrich Mann befinden und auf dem inzwischen auch Brecht und Helene Weigel, Hanns Eisler, Paul Dessau, Anna Seghers, Heiner Müller und Christa Wolf ihre letzte Ruhestätte gefunden haben. Gerade die Nähe zu den hier begrabenen Philosophen und Schriftstellern begeisterte Brecht für dieses Haus, in das er im Oktober 1953 einzog. Gegenüber seinem Verleger Peter Suhrkamp spricht er davon, dass ihm diese Nähe durchaus »Heiterkeit« bereite.[17] Brecht bewohnte drei helle und funktional eingerichtete Zimmer in der ersten Etage. Die Zimmer schätzte er wegen der »angenehmen Proportionen« und der hohen Fenster.[18] Hier hatte er ausreichend Platz für seine Bibliothek und sein Archiv mit den Manuskripten. Im Schlafzimmer wurde das Rollbild des nachdenklichen chinesischen Philosophen aufgehängt, das Brecht durch das Exil begleitet und ihn zu dem Gedicht *Der Zweifler* angeregt hatte. Die Wände waren weiß gestrichen, die Fenster ohne Gardinen und die einfachen Möbel hatte Helene Weigel besorgt. Brecht ließ »für verschiedene Arbeiten mehrere Tische aufstellen«[19] und schuf sich damit eine ›Werkstatt‹, die dem Arbeiten und Diskutieren diente.

Wenige Wochen nach Brecht zog auch Helene Weigel im November 1953 in die Chausseestraße 125. Sie bewohnte jedoch eine eigene, ganz anders eingerichtete Wohnung im zweiten Stock des Quergebäudes; heute befinden sich hier die Räume des Brecht-Archivs. Erst Ende 1956, nach Brechts Tod, zog sie in das nach ihren Wünschen umgebaute Erdgeschoss des Hinterhauses um, wo sie bis zu ihrem Tod im Mai 1971 lebte.

Schlafzimmer mit dem chinesischen Rollbild des »Zweiflers«

10° 20′ 53″ ö. L. 52° 42′ 20″ n. Br.

Schmidt in Bargfeld

Als Arno Schmidt (1914–1979) Ende November 1958 mit seiner Frau Alice ein kleines Haus in der Gemeinde Bargfeld am südlichen Rand der Lüneburger Heide etwa 30 Kilometer entfernt von Celle bezog, gestaltete er aus einem Messtischblattauszug eine Postkarte, auf der zwei Pfeile die Lage seines neuen Domizils markierten. Ein kleiner aufgeklebter Zettel präzisierte maschinenschriftlich die neue Adresse: »10° 20′ 53″ ö. L. | 52° 42′ 20″ n. Br.«[20] Nach einer für die Nachkriegszeit typischen Wanderschaft mit vielen Wohnungswechseln kehrten die Schmidts in die Lüneburger Heide zurück, wohin es sie nach Kriegsende schon einmal verschlagen hatte. Arno Schmidt hatte in den fünf Jahren, in denen er im niedersächsischen Cordingen-Benefeld (bei Fallingbostel) gewohnt und als Übersetzer für die englischen Besatzungstruppen gearbeitet hatte, diesen Landstrich als eine »ihm gemäße Landschaft« schätzen gelernt, wo er einmal mehr die für ihn typische Erfahrung einer »gewissen Abgesperrtheit von der Außenwelt«[21] machte: »Kiefernwälder, süß und eintönig, Wacholder und Erica; und an der Seite muß der weiche staubige Sommerweg hinlaufen, damit man weiß, daß man in Norddeutschland ist.«[22] Seit dem Sommer 1957 waren Arno und Alice Schmidt auf Wohnungssuche. Pläne, sich in einem Dorf in der Umgebung von Bremen niederzulassen, zerschlugen sich. Das Ehepaar wurde schließlich von dem Maler Eberhard Schlotter auf ein kleines Haus aufmerksam gemacht, das in Bargfeld zum Verkauf stand. Im Oktober 1958 besichtigten Schmidts das Haus. Alice Schmidt notiert: »Man könnte sichs ja recht hübsch machen«,[23] und bald entschloss sich das Ehepaar zum Kauf, nachdem sich die finanzielle Seite positiv hatte klären lassen und man sich überhaupt davon überzeugt hatte, dass »das Objekt *preisgünstig*«[24] war. In einer *Akte Bargfeld* hat Arno Schmidt

Arno Schmidts Haus in Bargfeld liegt am Rand der Lüneburger Heide

10° 20′ 53″ ö. L. 52° 42′ 20″ n. Br.

ADLER
MURET SANDERS

die Entscheidung für diesen – seinen letzten – Wohnsitz minutiös kartographiert: »*I. Ort:* Bargfeld liegt 20 km NO von Celle (dies Sitz d. zuständigen Behörden) / Einwohnerzahl 350 (≈ 45 Häuser) / Verbindungen: in Eldingen, 3 km S, Bahnstation der Linie Celle Wittingen. – Die Landstraße selbst hört im Ort auf, da weiterhin nur Moor und ödeheide; also keinerlei Durchgangsverkehr; absolute Stille garantiert (und durch 2 Übernachtungen erprobt). / Poststelle beim Gastwirt (dort auch ein öffentlicher Fernsprecher). Ein weiteres Telefon beim Kaufmann. Keine Kirche (!). Schule am andern Ortsende, bei Schlotters; also auch diese Lärmquelle quantité négligeable. / Bei Wahlen 30% SPD =Stimmen. / Kohlenhändler und Wäscherei in Eldingen; kommen ins Dorf. / Flüßchen Lutter (Badegelegenheit schwierig zu finden (Fischteiche? ›Bei 20 Mark Strafe …?‹) ein offizielles Bad in Eldingen). / Die Häuser des Ortes liegen um einen, mit einem ›Eichenkamp‹ bestandenen, Dorfplatz; dies die ›City‹ mit Wirtshaus, Feuerspritze und Ortsbulle. […] | *II. Umgebung und Klima:* weite ›Parklandschaft‹; d. h. Flächen (20% Äcker; 80% Wiesen und Weiden) durchsetzt mit Waldstücken (Bauernwald) von meist 500 x 250 m Größe. Etwa 50% der gesamten Umgebung Wald. / Feuchte Niederungen von prächtigstem Moorcharakter […]; gegen NO sogenannte ›Wilde Moore‹, d. h. solche, in denen Wanderer, ohne irgend Aufsehen zu erregen, versinken können (panzersicher!). In dieser Richtung kann man 50 km gehen, ohne irgend ein Haus zu erblicken! / Heideflecken mit Wacholdern eingesprengt. Waldungen nicht ideal, da allzusehr ›verpitzelt‹, (wie der Schlesier sagt); aber doch die erforderliche Landschaft für Bücher mühelos hergebend. Mond, Nebel & Regen erste Qualität; auch im Trinkwasser war, selbst mit dem bösesten Willen, kein Jauchegeschmack spürbar. / Vieh draußen auf freier Weide. – Im Winter kommen Rehe, Hasen, Füchse bis vors *Haus*«.[25]

Arno Schmidt erhoffte sich von dem Ortswechsel neue Impulse für seine Arbeit, denn in seinem bisherigen Wohnort Darmstadt fühlte er sich von fast allem gestört; hinzu kamen die nervenaufreibenden gerichtlichen Auseinandersetzungen (1955/56) wegen Gotteslästerung und Verbreitung unzüchtiger Schriften nach der Veröffentlichung der Erzählung *Seelandschaft mit Pocahontas.* Daher sprach vieles für Bargfeld: »Was *mich* anbelangt: mit Darmstadt verglichen ist die *Stille* unschätzbar; die *Landschaft*, wenn auch nicht ideal, so doch, vom beruflichen Standpunkt

Arno Schmidts Schreibtischlandschaft

Arno Schmidts berühmte Zettelkästen

aus betrachtet, in jeder Beziehung brauchbar; das *Klima* mir günstig. Der *Wohnraum* besser als in D.; die *Aussicht vom Schreibtisch=Fenster* leidlich, ins Weite = Grüne. – *Nachteile* sind: keine nahe Großbibliothek; Bad & Klo fehlen; die ›Hausarbeit‹ nähme für mich zu; und gleichzeitig müßte ich noch mehr literarisch arbeiten – zumindest für die nächsten 3 – 5 Jahre! – Dennoch: ich würde, falls ich das Geld zusammenbekäme, für Bargfeld stimmen.«[26] Das Haus in Bargfeld wurde umgebaut und den Bedürfnissen Arno Schmidts angepasst. Im Obergeschoss richtete er sich ein Arbeitszimmer ein: »das erste Mal in meinem Leben, daß ich von meinem Platz am Schreibtisch den Mond aufgehen sehe!«, schwärmt er am 18. Januar 1959 in einem Brief an Wilhelm Michels.[27] Er entwarf einen Schreibtisch mit einer großen Holzplatte, aus der ein Viertelkreis ausgesägt wurde und auf dem er nun seine Zettelkästen und die Handbibliothek kreisförmig um sich anordnen konnte. Später musste er krankheitsbedingt seinen Arbeitsplatz ins Erdgeschoss verlegen. 1975, nach dem verheerenden Waldbrand in der Lüneburger Heide, entschloss sich Schmidt, ein feuersicheres Archivgebäude neben dem Wohnhaus zu bauen, um dort seine wertvolle Bibliothek, seine Manuskripte und Zettelkästen zu deponieren. Hier entstand erneut eine »Arbeitslandschaft«[28] mit Blick in die Heide, den Schmidt in den letzten Lebensjahren mehr und mehr genoss.

Die Erwartungen, die Schmidt an den neuen Wohnsitz knüpfte, erfüllten sich. Seine Produktion belebte sich spürbar, und er arbeitete wieder an Übersetzungen, verfasste Radio-Essays und vollendete den Roman *Kaff auch Mare Crisium* (1960), der teilweise in Bargfeld und Umgebung spielt. Auch Schmidts Lebenswerk *Zettels Traum* (1970), viele Erzählungen und sein letzter Roman *Abend mit Goldrand* (1975) verdanken der produktiven Bargfelder Atmosphäre ihre Entstehung. Obwohl sich damit auch die finanzielle Situation Arno Schmidts entspannte und ihm zahlreiche Literaturpreise inzwischen ein Auskommen ermöglichten, forderte die künstlerische Produktion ihren Tribut. Schmidt zog sich zurück und widmete sich mit selbstzerstörerischer Ausschließlichkeit seiner Arbeit, während sich seine Leser für den ›unsichtbaren‹ Autor in Bargfeld interessierten und neugierig in das kleine Dorf mit der Hoffnung ›pilgerten‹, ihn sprechen oder zumindest einen Blick auf ihn werfen zu können, wenn er über sein Anwesen spazierte. Freunde kamen nur noch selten nach Bargfeld, weil Schmidt sich sogar durch sie gestört fühlte. Dagegen konnte auch die lyrische Mahnung des Freundes Alfred Andersch nichts ausrichten:

mensch   arno
das wär doch mal
was anderes

sogar dein zettelkasten würde sich
riesig freuen

alter egoist
du willst bloß
bei deinen manuskripten
bleiben und bei
alices butterkuchen

zugegeben
dem besten der welt[29]

Alice Schmidt klagte ebenfalls über diesen Rückzug in die Einsamkeit: »ich habe es nicht gern gesehen, daß mein Mann Zettels Traum schrieb«, gestand sie Ernst Krawehl am 28. März 1969: »Keine Spaziergänge mehr – kein Sitzen im Garten – kein Sonntag – kaum die Möglichkeit eines Gespräches: auf Fragen nur abwesend nervöse Antworten: bestenfalls. – Im ständigen Gemurmel, wortprobierend, bewegten sich seine Lippen. Völlige Vernachlässigung der eignen Gesundheit. Völlige Gleichgültigkeit gegen alles, was nicht ZT betraf. Er nahm von keinem Brief Kenntnis. Schrieb keinen: jahrelang.«[30] Dieses Leben, zusätzlich belastet durch Schlaftabletten sowie hohen Alkohol- und Kaffeekonsum, hatte Folgen für Arno Schmidts Gesundheit. Seit Mitte der 1950er-Jahre litt er an Herzbeschwerden, im Juli 1972 folgte ein Herzinfarkt, der das Selbstbild von der robusten körperlichen Konstitution auf einen Schlag zerstörte, hatte Schmidt doch immer geglaubt: »Allah hat mir die Knochen eines Ochsen verliehen. Und die Gabe zehn Münsterländer zu vertragen, ohne zweistimmig zu singen!«[31] Im Sommer 1979 erlitt Arno Schmitt einen Gehirnschlag, dem er am 3. Juni erlag. Seine Urne wurde unter einem Findling, den Arno Schmidt selbst ausgesucht hatte, im Garten des Bargfelder Hauses beigesetzt.

Küche im Arno Schmidt-Haus

Subtile Jagden

Jünger in Wilflingen

Im Juli 1950 zog Ernst Jünger (1895–1997) mit seiner Frau Gretha, dem Sohn Alexander und dem Sekretär Armin Mohler von Ravensburg nach Wilflingen um und ließ sich in dem kleinen Dorf am südlichen Rand der Schwäbischen Alb dauerhaft nieder. Ein Zufall war Jünger bei diesem Ortswechsel zu Hilfe gekommen, denn Franz Schenk von Stauffenberg – ein entfernter Verwandter des Hitler-Attentäters – hatte dem Autor in seinem Schloss in Wilflingen eine Bleibe angeboten. Doch die Unterkunft war nur eine Übergangslösung, knapp ein Jahr später bezog Jünger nach dem Tod des Grafen die zum Schloss gehörende ehemalige Oberförsterei. Elf Zimmer und ein großer Garten standen ihm nun in dem neuen Haus, einem stattlichen Barockgebäude aus dem Jahr 1728 zur Verfügung. Er hatte endlich genug Platz für sich und die Familie, besonders aber ausreichend Raum, um seine Bibliothek, seine etwa 40 000 Exemplare umfassende Käfer-Sammlung und zahllose Erinnerungsgegenstände unterzubringen. Auch Jüngers Ehefrau freute sich über den Umzug, wie einem Brief vom 15. April 1951 an Carl Schmitt zu entnehmen ist: »Von Wilflingen ist zu berichten, daß sich der Umzug in die Oberförsterei als sehr glücklich erwies, es ist ein schönes altes Haus mit guter Atmosphäre, und es umgibt uns nicht wie im Schloß der Stauffenberg'sche Reichtum, der mich stets ein wenig bedrückte. Die einfache Luft ist mir lieber, weil sie klarer ist.«[32]

Dieses Haus bedeutete für Jünger einen persönlichen Neuanfang und war gleichzeitig der Beginn einer neuen Phase seiner Autorschaft. Im Essay *Autor und Autorschaft* meditiert er über den »Wohnsitz des Autors«: »Früher große Städte und Residenzen: Paris, Rom, Leipzig, Genfer See. | Nun der leere Betrieb, der Lärm, die Kasernierungen. […] Die Städte sind heute eher Orte zum Studium als zur Produktion.«[33] Der Rückzug in die schwäbische Provinz hatte viele Gründe. Ein Grund aber dominierte diese Entscheidung: Jünger konnte in Wilflingen eine Öffentlichkeit meiden, die in ihm überwiegend den umstrittenen Autor der Kriegsbücher *In Stahlgewittern* (1920) und *Auf den Marmorklippen* (1939) sah. Obwohl sich dieses Jünger-Bild allmählich veränderte, wurden Vorbehalte auch dann noch geäußert, als Jünger im In- und Ausland mit Preisen und Ehrungen ausgezeichnet wurde. Jünger hielt an seiner Entscheidung fest, der Öffentlichkeit fernzubleiben und nur selten bei besonderen, meistens kulturellen Anlässen aufzutreten. Er fand in Wilflingen zu seiner früheren Produktivität zurück, und es gelang ihm in »biblischem Alter« noch ein umfangreiches Werk, das ihn nach wie

vor als provozierenden Grenzgänger – er charakterisierte sich selbst als »Anarchen« – ausweist. »Allmählich wird die Sicht klarer; auch Leben muß gelernt werden«, schreibt er zum Auftakt seines Tagebuchwerkes *Siebzig verweht* (1980–95).[34] Die Wilflinger Oberförsterei blieb 46 Jahre bis zum Lebensende Jüngers Wohnsitz, den er höchstens für Reisen, die ihn auch in weit entfernte Länder führten, verließ: »Nun gut, wenn man seinen Ort kennt und das braucht Zeit, kann man sich einrichten«, heißt es wiederum in *Siebzig verweht*: »Ich wohne in Oberschwaben, wo Land und Leute noch halbwegs in Ordnung sind«.[35] In der Oberförsterei schuf Jünger sich eine geheimnisvolle »Eigenwelt«,[36] die den Rahmen für die täglichen intellektuellen Expeditionen, sei es beim Lesen, Schreiben, Sammeln und Ordnen von Käfern, Gespräch

Die ehemalige Oberförsterei in Wilflingen war jahrzehntelang Wohnsitz Ernst Jüngers

Ernst Jüngers Archiv

mit ›wahlverwandten‹ Freunden, bei der Pflege einer weit verzweigten Korrespondenz oder sei es bei der Arbeit im Garten schuf. Umsichtige Zuwendung erfuhren ebenso die Katzen und Schildkröten in Haus und Garten. Auf täglichen Spaziergängen erkundete Jünger die Umgebung des schwäbischen Dorfes und begab sich dabei – wie er es nennt – auf »Subtile Jagden«, sammelte Käfer und beobachtete Flora und Fauna im Wechsel der Jahreszeiten. Wilflingen war Ausgangspunkt für alle Aktivitäten, die elementarer Teil seiner literarischen Arbeit waren und die er als »Grundlagenarbeit«[37] verstand. Wilflingen war überdies die Kulisse für die Besuche von Bundeskanzler Helmuth Kohl, des spanischen Ministerpräsidenten Felipe González (1990) und des französischen Staatspräsidenten François Mitterrand (1993).

Jüngers Arbeitszimmer, zwischen Schlafzimmer und der Bibliothek gelegen, war das Zentrum seines Lebens, dem Jünger mit eiserner Disziplin und einem durchgeplanten Tagesablauf Form gab. Diesem asketischen Leben, das morgens mit kalten Bädern begann, entspricht die schlichte Möblierung, unter der allein der große Biedermeiersekretär heraussticht. »Eine Wohnung mit alten Möbeln, Büchern und Bildern«, bemerkt Jünger, »hat neben ihrem Kunstwert eine Aura, die auch bei geschlossenen Augen zu spüren ist, ja gerade dann. Die Aura haftet besonders an organischen Stoffen: Holz, Leder, Pergament, Wachs, Wolle, Leinen Seide; sie schaffen die Stimmung, zu der Stein und Metall nur den Akzent setzen.«[38] Armin Mohler, der in den 1950er-Jahren als Sekretär für Jünger arbeitete, beschreibt das Arbeitszimmer als »Apparatur« und »Kraftspeicher«, das die Basis schuf für »jene zwei drei Stunden, in denen am Manuskript geschrieben wird«.[39] An dieser »Apparatur« hat sich in den Jahrzehnten, in denen Jünger in der Oberförsterei lebte und wo er 1997 im Alter von 103 Jahren starb, kaum etwas verändert. Nach seinem Tod wurde das Haus aufgrund der testamentarischen Verfügung des Autors in eine Gedenkstätte umgewandelt, die auch an seinen Bruder, den Lyriker und Erzähler Friedrich Georg Jünger erinnert.

Das Arbeitszimmer nutzte Jünger zum Schreiben und für naturwissenschaftliche Studien

Jüngers Käfersammlung umfasst etwa 40 000 Exemplare

»Du, laß dich nicht verhärten«

Huchel in Wilhelmshorst

Entlassung als Chefredakteur der Literaturzeitschrift *Sinn und Form*, Isolation im Haus in Wilhelmshorst, Überwachung von Post, Telefongesprächen und Besuchern durch die Staatssicherheit, Schikanieren des Sohnes in der Schule, Ausreiseverbot, unausgesprochenes Publikationsverbot, Totschweigen des Namens und Entfernung von Gedichten aus Schulbüchern: Das sind stichwortartig die Demütigungen, die ein deutscher Staat dem Lyriker und Herausgeber Peter Huchel (1903–1981) zufügte und die untrennbar mit einem Wohnhaus verbunden sind, dessen Lage südwestlich von Berlin dem heutigen Besucher eigentlich das Bild einer friedlichen Idylle vermittelt. Einerseits war das Haus, in dem Peter Huchel bis 1971 lebte, ein Ort produktiver Arbeit inmitten eines harmonischen Lebens mit Familie und Freunden. Andererseits war es viele Jahre lang der Ort »schändlicher Isolierung«[40] eines Lyrikers, der der Einsamkeit und Verbitterung tapfer zu trotzen versuchte. Im Gedicht *Unkraut* heißt es: »Auch jetzt, wo der Putz sich beult | und von der Mauer des Hauses blättert, | die Metastasen des Mörtels | in breiten Strängen sichtbar werden, | will ich mit bloßem Finger | nicht schreiben in die porige Wand | die Namen meiner Feinde.«[41] Peter Huchels Haus blieb auch in den Jahren der Ausgrenzung Anziehungspunkt für viele Künstler, Intellektuelle und Oppositionelle, die mit der Politik der DDR in Konflikt geraten waren und sich ebenso wie Huchel nicht hatten korrumpieren oder zum Schweigen bringen lassen. Nach der Ausreise überließ Huchel dem befreundeten Lyriker Erich Arendt einen Teil des Hauses als Zweitwohnung.

Dass Wilhelmshorst literarische und unfreiwillig politische Bedeutung erhielt, hatte damit zu tun, dass Huchel Ende 1950 den Redaktionssitz der Zeitschrift *Sinn und Form*, die er seit 1948 leitete, von Berlin in das abgele-

Peter Huchels Haus in Wilhelmshorst war jahrelang ein Ort der Isolation und Bespitzelung

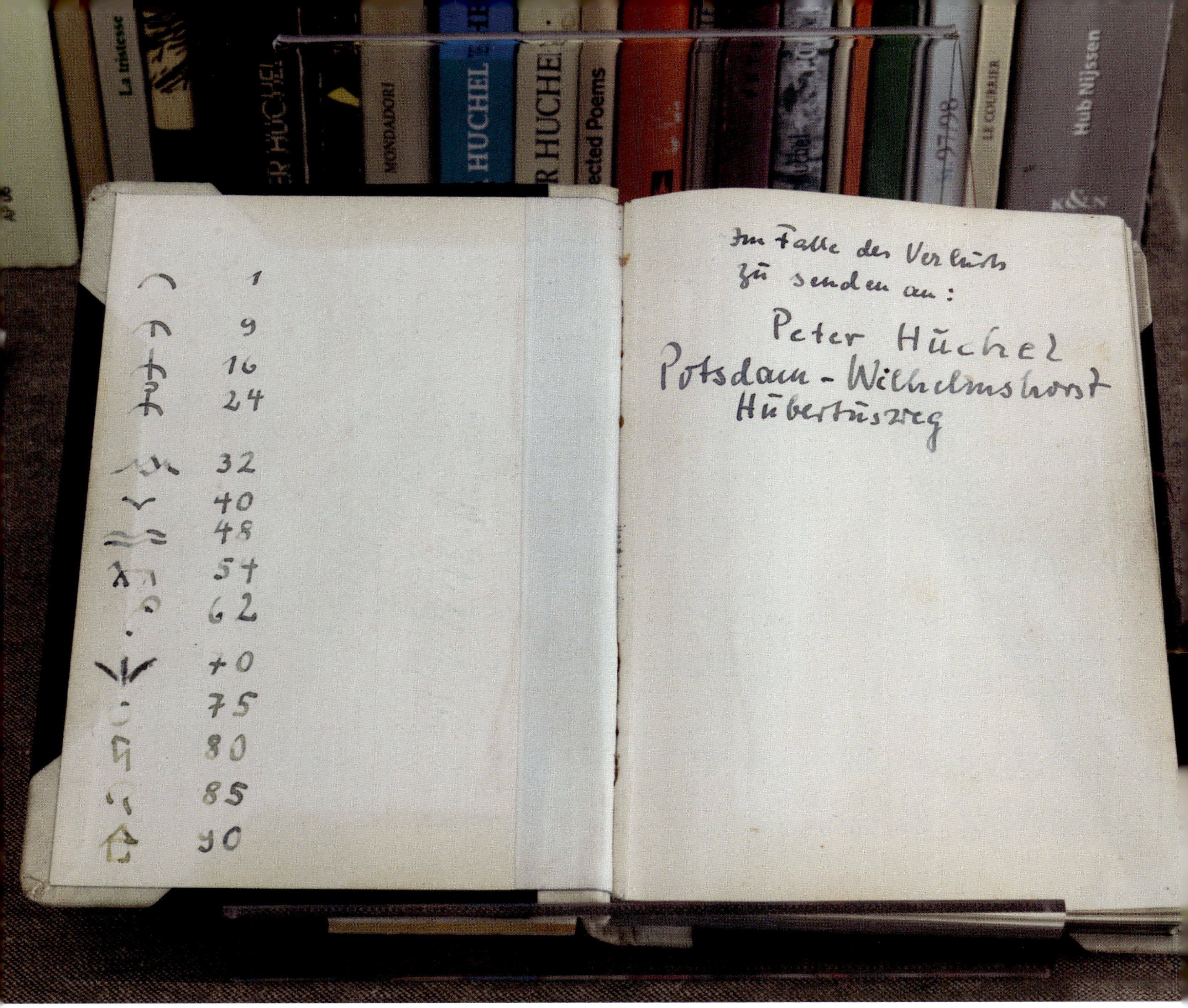

Huchels Notizbuch mit Angabe seiner Wilhelmshorster Anschrift

gene Wilhelmshorst verlegte. *Sinn und Form* war die renommierteste Literaturzeitschrift der DDR, die ihre Gründung einem allgemeinen kulturellen Aufbruch und dem persönlichen Einsatz sowie der Protektion des damaligen Kulturministers, des Lyrikers Johannes R. Becher verdankte. Becher wünschte ausdrücklich Huchel als Chefredakteur, der die in ihn gesetzten Erwartungen erfüllte. Eine Literaturzeitschrift von höchstem Niveau und breit gefächertem Themenspektrum könne – so glaubte man damals – die politische Spaltung Deutschlands überwinden helfen und einen Beitrag zum kulturellen und sozialistisch geprägten Wiederaufbau leisten. Bald schon und noch einmal verschärft durch den Mauerbau 1961 wurden diese Ziele von ideologischen Kontroversen um eine explizit sozialistische Literatur überlagert und schließlich waren die SED-Parteistrategen davon überzeugt, die Zeitschrift und ihre Konzeption, die trotz aller Schwierigkeiten noch immer erkennbar die Handschrift Huchels trug, entspreche nicht mehr der gesellschaftlichen Realität in der DDR. Besonders der gesamtdeutsche Zuschnitt war den Funktionären ein Dorn im Auge. Damit war Peter Huchel als Herausgeber zu einem Problem geworden und man betrieb mit allen Mitteln – publizistischen und verleumderischen – seine Ablösung. Am 31. Dezember 1962 schied Huchel nach endlosen Querelen, Besprechungen, Verwarnungen, Drohungen, Kündigungen und wieder zurückgenommenen Kündigungen als Chefredakteur mit der Zusicherung aus, er dürfe mit seiner Familie nach Italien ausreisen. Aber diese Zusicherung war schon bald Makulatur, Peter Huchel und seine Familie lebten mittellos, von früheren Kontakten abgeschnitten und ausgegrenzt in Wilhelmshorst. Huchels Leben war nun das »des Verfemten, | der hinter der Mauer lebt | mit seinen Kranichen und Katzen.«[42]

Peter Huchel war in Alt-Langerwisch aufgewachsen. In diesem, in unmittelbarer Nähe von Wilhelmshorst gelegenen Dorf lebten seine Großeltern. Über das Haus seiner Kindheit sagt er 1962: »Für mich ist dieses alte Haus, um Augustinus zu zitieren, ›der große Hof des Gedächtnisses, daselbst Himmel und Erde gegenwärtig sind‹, weit und grenzenlos, und in ihm ist alles gegenwärtig«.[43] Auf der Suche nach einer Bleibe für sich, seine zweite Frau Monica Melis und deren Kinder aus erster Ehe, führte ihn der Weg daher selbstverständlich in die Gegend seiner Herkunft. Monica Huchel berichtet: »Eines Tages zeigte mir Huchel die Gegend, wo er aufgewachsen war, Langerwisch bei Wilhelmshorst. Ich dachte, hier möchte ich leben.«[44] Bis man aber ein Haus fand, das allen Wünschen und den Bedürfnissen eines Schriftstellerhaushaltes entsprach, vor allem aber geeignet war, hier die Reaktion der Zeitschrift *Sinn und Form* unterzubringen, dauerte es bis 1954. Die Huchels wechselten bis dahin zweimal ihre Adresse, ehe man im Juni 1954 das geräumige Haus mit großem Garten am Hubertusweg in Wilhelmshorst bezog. Wiederum berichtet Monica Huchel: »Auf unseren Spaziergängen kamen wir am Hubertusweg vorbei und sahen ein großes Haus zwischen hohen Kiefern. Wir fragten herum. Das Haus gehörte der Kreissparkasse Belzig, die es für sechstausend Mark ersteigert hatte. Sie boten es uns für das Vierfach an, was Brecht als praktizierten Kapitalismus bezeichnete.«[45]

Bauherr dieses 1923 errichteten Hauses war Bernhard Hoeft, dessen Forschungen zu dem berühmten Historiker Leopold von Ranke noch heute Anerkennung finden. Hoeft lebte mit seiner Ehefrau bis zum Ende des Zweiten Weltkriegs in diesem Haus. Nachdem die Rote Armee hier ihre Kommandantur eingerichtet hatte, verloren sich die Spuren der Hoefts in Wilhelmshorst. 1953 wurde die Kreissparkasse nach der Zwangsversteigerung des Hauses neue Eigentümerin; von ihr erwarb es Huchel. Den Kaufpreis bestritt Huchel von dem Geld, das er durch die Verleihung des »Nationalpreises der DDR« bekommen hatte und das genau den Kaufpreis abdeckte. Monica Huchel, die als Redakteurin für *Sinn und Form* und als Übersetzerin arbeitete, nahm die Renovierung des Hauses in die Hand: »Im Dach wurde für Huchel ein völlig isoliertes Arbeitszimmer ausgebaut. Im Parterre war die Redaktion, im Nachbarhaus das Archiv [...]. Dazwischen lebte ich mit drei Kindern, renovierte, redigierte, übersetzte und war begeistert von dem, was ich tat.«

Peter Huchels Haus in Wilhelmshorst war nicht nur intellektueller Treffpunkt, es bot auch Unterschlupf für andere, vom DDR-Regime Verfolgte wie Wolf Biermann: »Manchmal kam ich wöchentlich. Oft blieb ich tagelang und schlief und schrieb unter Huchels Dach in der Dachkammer mit der Klingel von unten in der Küche. Spinnweb im Fensterchen. Der Dichter skandierte mit den Fingern auf der Cordhose eine imaginäre Zeile, über die er schon einen Monat grübelte. Der Nachbar gegenüber schrieb Autonummern auf.«[46] Wolf Biermann widmete Peter Huchel eines seiner bekanntesten Lieder:

Du, laß dich nicht verhärten
In dieser harten Zeit
Die all zu hart sind, brechen
Die all zu spitz sind, stechen
und brechen ab sogleich«.[47]

Musil · Bachmann · Lavant · Koeppen · Bernhard · Kempowski · Dürrenmatt

ERINNERUNGSORT, ARCHIV UND MUSEUM

Literatur gilt als ›Träger‹ und ›Speicher‹ von Erinnerung. Diese Aspekte haben nicht nur eine ästhetische Dimension, sondern sie spielen auch eine Rolle im kulturpolitischen Diskurs, wenn darüber nachgedacht wird, in welcher Form Dichterhäuser als Orte der Literatur und der Erfahrungswelt von Autoren bewahrt werden können. Konzeptionen wurden erörtert, wie die im Dichterhaus aufgehobene Erinnerung an die einstigen Bewohner und an die hier entstandene Literatur lebendig bleiben kann. Dichterhäuser sind zwar im weitesten Sinne Museen, sie wollen aber nicht museal sein und müssen sich daher Fragen stellen: Was ist im jeweiligen Dichterhaus überhaupt zu sehen und wie wird uns sein Inhalt gezeigt? Worin besteht der Mehrwert, die Zeugnisse unserer Literaturgeschichte in Dichterhäusern zu archivieren und auszustellen? In den zurückliegenden Jahrzehnten ist intensiv über Funktion und Formen unserer Erinnerungs- und Gedächtniskultur nachgedacht worden. Literatur, ihre Urheber und deren Lebenszeugnisse spielten in dieser Debatte selbstverständlich eine zentrale Rolle. In den Fokus gerieten sie, wenn es darum ging, Konzepte für Literaturausstellungen und -museen, aber eben auch für Dichterhäuser zu entwickeln. Angemessen zu informieren, das Interesse und die Phantasie der Besucher anzuregen, aber auch Räume und Gegenstände erlebbar zu machen, all dies gehört zu den Strategien, die uns im Dichterhaus beim Erinnern helfen, aber auch anregen, sich mit Denk- und Lebenshaltungen von Literaten auseinanderzusetzen. Das Dichterhaus ist sogar selbst ein Exponat und fungiert als regelrechte Gedächtnisstütze, wenn etwa die Spuren eines Dichterlebens verwischt und ein Lebenslauf oder eine Dichterwerkstatt nur noch aus wenigen Überbleibseln zu rekonstruieren sind.

Wieder eine andere Rolle übernimmt das Dichterhaus, wenn ein Autor bereits zu Lebzeiten plant, wie seine persönliche und literarische Hinterlassenschaft aufbewahrt und einem Publikum zugänglich gemacht werden soll. Seit der Mitte des 18. Jahrhunderts machten sich Dichter entsprechende Gedanken. Gleim traf testamentarisch Vorsorge für sein Haus, Bibliothek und die kostbare Gemälde- und Autographensammlung. Goethe forderte 1823 in dem Aufsatz *Archiv des Dichters und Schriftstellers* ein Umdenken im Umgang mit den schriftlichen und materiellen Zeugnissen eines Schriftstellerlebens. Bibliotheken, Archive oder Museen sind seit langer Zeit die Orte, an denen wir die Zeugnisse unserer kulturellen Tradition sammeln, aufbewahren und zeigen. Dichterhäuser spielten unter diesen Institutionen anfangs kaum eine Rolle, denn sie galten lange als Orte der Verehrung einer prominenten Persönlichkeit. Aber inzwischen sind Dichterhäuser mehr als Gedenkstätten. Sie beherbergen Archive, Bibliotheken, Museen und Forschungszentren. Aber auch das Dichterhaus als Archiv, Museum oder wissenschaftliche Einrichtung begegnet uns in verschiedenen Ausprägungen. Im Robert-Musil-Literatur-Museum in Klagenfurt etwa wird zwar zunächst an den namengebenden Dichter im Haus seiner Geburt erinnert, aber man wendet sich außerdem mit Ingeborg Bachmann und Christine Lavant zwei Autorinnen zu, die ebenfalls aus Klagenfurt stammen oder hier wohnten. Aber es geht im Musil-Haus nicht allein um Erinnerung an die literarische Lebensleistung von drei Autoren und Autorinnen, sondern auch um deren wissenschaftliche Erforschung. Auch das Koeppen-Haus in Greifswald ist heute Archiv, Bibliothek und Forschungsinstitut. Walter Kempowski plante sein Haus von Anfang an selbst als Archiv für die unzähligen Autobiographien, Briefe und Tagebücher, die er gesammelt hat und die er in der Summe als eine Chronik des 20. Jahrhunderts betrachtete. Thomas Bernhard dagegen inszenierte einen Bauernhof als exzentrischen musealen Lebens- und Schreibort und löste damit noch über seinen Tod hinaus Staunen und Kopfschütteln zugleich über diese Form vorausschauender Nachlasspflege aus. Das Centre Dürrenmatt in Neuchâtel schließlich ist das derzeit eindrucksvollste Beispiel eines literarischen Erinnerungsortes, zu dem das Haus eines Dichters die Anregung gab. Es ist ein Gebäudeensemble zu bestaunen, das aus dem Wohnhaus Dürrenmatts und einem von dem Stararchitekten Mario Botta konzipierten Museumsneubau besteht.

Das von Mario Botta entworfene Centre Dürrenmatt

Die von Dürrenmatt ausgemalte Toilette, die so genannte »Sixtinische Kapelle«

»der Ort war ungewöhnlich«

Musil, Bachmann und Lavant in Klagenfurt

Im Geburtshaus Robert Musils (1880–1942) in der Klagenfurter Bahnhofstraße wird heute nicht nur an den großen, 1938 ins Schweizer Exil vertriebenen Romancier, sondern auch an Ingeborg Bachmann (1926–1973) und Christine Lavant (eigtl. Christine Habernig, geb. Thonhauser, 1915–1973) erinnert. Klagenfurt war für Musil und Bachmann Geburtsort; Lavant hat hier zwei Jahre unter schwierigen persönlichen Verhältnissen gelebt. Alle drei Autoren hatten ein ambivalentes Verhältnis zu Stadt und Region. Musil kommentierte den Ort seiner Geburt, den er schon nach knapp elf Monaten mit den Eltern verließ, Jahrzehnte später in einer vielsagenden Tagebuchnotiz: »Ich bin am … geboren, was nicht jeder von sich behaupten kann. Auch der Ort war ungewöhnlich: Kl. in K.; verhältnismäßig wenig Menschen kommen dort zur Welt. In gewissem Sinn deutet sich in beidem schon meine Zukunft an.«[1]

Obwohl Ingeborg Bachmann bis 1945 in Klagenfurt lebte, viele biographische und literarische Spuren in der Stadt hinterließ und hier beerdigt ist, hat sie in ihrer autobiographisch gefärbten Erzählung *Jugend in einer österreichischen Stadt* (1959) von Klagenfurt als einer Stadt gesprochen, in die »selten« jemand »aus einer anderen Stadt gezogen« ist, »weil ihre Verlockungen zu gering waren«.[2] Im Haus ihrer Geburt in der Durchlaßstraße mussten die Kinder »die Schuhe ausziehen und in Strümpfen spielen, weil sie über dem Hausherrn wohnen«, aber auch der Umzug der Familie in ein kleines Reihenhaus mit Garten (Henselstraße 26) brachte kaum Veränderung, weil man zwar jetzt in einem »Haus ohne Hausherr«, dafür aber in einer Siedlung wohnte, »die unter Hypotheken zahm und engherzig ausgekrochen ist«.[3] Aber weniger das Milieu prägte Bachmanns Wahrnehmung ihrer Heimatstadt als vielmehr die Auswirkungen einer politischen Katastrophe auf ihre Kinder- und Jugendwelt: »Es hat einen bestimmten Moment gegeben, der hat meine Kindheit zertrümmert«, erläutert sie 1971 in einem Interview: »Der Einmarsch von

Hitlers Truppen in Klagenfurt. Es war etwas so Entsetzliches, daß mit diesem Tag meine Erinnerung anfängt: durch einen zu frühen Schmerz, wie ich ihn in dieser Stärke vielleicht später überhaupt nie mehr hatte. […] Aber diese ungeheure Brutalität, die spürbar war, dieses Brüllen, Singen und Marschieren – das Aufkommen meiner ersten

Musils Geburtshaus in Klagenfurt ist heute Museum, Archiv und Forschungsinstitut

Todesangst.«[4] Dieses traumatische Erleben von Gewalt und Angst hat Bachmanns Leben und Schreiben gezeichnet, aber auch ihren Blick auf die Heimat geschärft, weil ihr Vater Mitglied in der NSDAP und Klagenfurt sowie Kärnten eine Hochburg der Nationalsozialisten waren.

Biographisch orientierte Ausstellungen würdigen im Musil-Haus Leben und Werk dieser Autoren und zeigen Gegenstände aus ihrem Lebens- und Schreiballtag, die exemplarische Lebensstationen oder markante Punkte der literarischen Entwicklung beleuchten. Im Fall von Christine Lavant ist sogar ihr Schreibort mit Originalmöbeln aus ihrer Mansardenwohnung in St. Stefan im Kärntner Lavanttal zu sehen. Es war diese Mansarden-

Im Musil-Haus wird Mobiliar aus Christine Lavants Wohn- und Arbeitszimmer gezeigt

wohnung, in der die verbitterte und kranke, an Schlaflosigkeit leidende Lyrikerin, Erzählerin und Briefschreiberin nächtelang auf dem Sofa im Türkensitz kauernd gesessen und dabei rauchend, Tee trinkend, Kekse essend Gedichte erdacht haben soll. Diese Raumrekonstruktion ruft das Bild einer unglücklichen und selbstquälerischen Frau in Erinnerung, deren Habitus nicht selten barsch, ablehnend und sich selbst ausgrenzend war. Viele Gedichte, besonders die aus dem letzten Lebensjahrzehnt Lavants, bestärken diesen irritierenden Eindruck, faszinieren aber durch eine Sprache, die sich machtvoll und oftmals herrisch gegen die Lebensenge auflehnt: »Fragt nicht, was die Nacht durchschneidet, | denn es ist ja meine Nacht | und mein großer Pfauenschrei | und ganz innen drin die Zunge | mit der Botschaft nur für mich.«[5]

Klagenfurt ist seit 1977 Schauplatz eines der renommiertesten Literaturwettbewerbe im deutschsprachigen Raum und der Gewinn des Ingeborg-Bachmann-Preises hat viele literarischen Karrieren angeschoben. Obwohl der Bachmann-Preis den Namen der berühmten Klagenfurter Lyrikerin trägt, hat er weniger mit ihrer Person – als mit ihrer Verbindung zur »Gruppe 47« zu tun, an deren legendäre Wettbewerbe die Klagenfurter Veranstaltung anknüpft. Ingeborg Bachmann gewann 1952 den Preis der »Gruppe 47« und ihr gelang damit der literarische Durchbruch. Der Klagenfurter Wettbewerb ist heute wiederum eine erfolgreiche Plattform für Nachwuchsautoren, auf der sie sich präsentieren und Kontakte mit Verlagen, Medien und Kritikern knüpfen können. Dagegen wurden erst in den 1970er-Jahren konkrete Schritte unternommen, das Geburtshaus Robert Musils mit neuen Inhalten zu füllen. Es sollte allerdings noch einmal bis 1997 dauern, ehe das denkmalgeschützte, aus dem Jahr 1867 stammende Haus seine heutige Funktion als Erinnerungsstätte für Musil, Bachmann und Lavant, als literarische Begegnungsstätte mit attraktivem Programm, als Anlaufstelle der Interessengemeinschaft österreichischer Autoren sowie als Archiv, Bibliothek und Forschungsinstitut erhielt. Gerade in dieser funktionalen Vielfalt ist das Musil-Haus einzigartig und beschreitet neue Wege sowohl bei der Vermittlung als auch bei der Erforschung österreichischer Literatur.

Rückkehr zum Beginn eines nicht vollendeten Lebens

Koeppen in Greifswald

Wolfgang Koeppen (1906–1996) hatte ebenfalls zeitlebens ein problematisches Verhältnis zu seiner Heimatstadt Greifswald. »Ich glaube«, heißt es 1972 in dem Essay *Nach der Heimat gefragt …*, »ich wollte schon im Mutterleib nicht in Greifswald sein. Dennoch sind Erinnerungen da, die der Empfindung Heimat nahe kommen.«[6] Koeppen erinnert sich im Verlauf dieses kurzen Textes an den Friedhof, wo seine Mutter beerdigt ist, an die Kirchen der Stadt, den Hafen und die Klosterruine Eldena, die der ebenfalls in Greifswald geborene Caspar David Friedrich mehrfach gemalt hat; sein Geburtshaus spart Koeppen bei dieser Spurensuche aus. Erst spät kam Wolfgang Koeppen nach Greifswald zurück, wo er seine Kindheit und Jugend verbracht hatte, bevor er 1925 nach Berlin aufbrach, um dort eine Laufbahn als Feuilletonredakteur einzuschlagen. Nach Exil und Distanzierung vom Nazi-Regime knüpfte er 1945 in München als Romancier und Chronist der jungen Bundesrepublik Deutschland an seine früheren literarischen Aktivitäten an. München wurde zur Wahlheimat und zum Lebensmittelpunkt, hier ist Koeppen gestorben und beerdigt.

1985, noch zu DDR-Zeiten, kam Koeppen zu einer Lesung nach Ost-Berlin und hatte den Wunsch geäußert, Greifswald wiederzusehen. 1990 und 1994 besuchte er die Stadt nochmals, um die Ehrendoktorwürde und die Ehrenbürgerschaft entgegenzunehmen. Er hatte zwar seinen Frieden mit Greifswald gemacht, dennoch betonte er weiterhin die ambivalenten Gefühle, die die Erinnerungen an die Heimatstadt auslösten. Noch in seiner Rede anlässlich der Verleihung der Ehrendoktorwürde am 8. Juni 1990 brachen die alten Wunden auf, die dem unehelichen Sohn einer ins soziale Abseits geratenen Frau zugefügt worden waren: »Ich bin in Greifswald geboren, und es begann ein Leben gegen die Norm. Greifswald und die Gesellschaft zeigten sich mir feindlich, glaubte ich, und ich stellte mich gegen die Gesellschaft feindlich.«[7]

Wolfgang Koeppen wurde am 23. Juni 1906 in einem kleinen, einstöckigen Haus in der Bahnhofstraße 4 geboren. Die Mutter, Marie Koeppen, und die Großmutter, eine verarmte Gutsbesitzerin, lebten hier zusammen. Marie Koeppen verdiente mühsam den Lebensunterhalt als Weißnäherin und später als Souffleuse am Theater. Man war daher gezwungen, Untermieter aufzunehmen. Zu den Untermietern gehörte Reinhold Halben, der als Dozent für Augenheilkunde an der Universität arbeitete. Er war der Vater Wolfgang Koeppens, wovon dieser jedoch erst als 15-jähriger erfuhr. Den Vater nannte er wegen dessen Neigung für die Ballonfliegerei den »Luftschiffer«.[8] Die Mutter zog den Sohn allein groß; eine erste Begegnung zwischen Vater und Sohn, bei der sich der Sohn nicht zu erkennen gab, fand Jahre später in der Berliner Charité statt: »Mein Vater war Arzt, Professor der Augenheilkunde und ein damals berühmter Luftballonsportler. Ich habe ihn erst spät und unter falschem Namen in seiner Praxis kennengelernt. Ich simulierte ein Augenleiden. Er war mir unsympathisch. Aber ich hatte nichts gegen ihn.«[9] 1908, nach dem Tod der Großmutter Emilie Koeppen, verließen Mutter und Sohn Greifswald und zogen ins westpreußische Thorn (Torun) und bald nach Ortelsburg (Szczytno) in Masuren, um bei dem preußischen Baurat Theodor Wille und der Halbschwester Olga Koeppen Unterschlupf zu finden. Wille, Lebensgefährte von Olga Koeppen, übernahm gegenüber dem jungen Wolfgang die Rolle eines ›Onkels‹. Er besaß eine große Bibliothek, die den Jungen mehr interessierte als die Schule, die er oft schwänzte. Bis zu sechs Zeitungen kamen täglich ins Haus: »schon mit acht Jahren begann ich meine Laufbahn als Zeitungsleser«, bekennt Koeppen 1974 in einem Interview.[10] 1914 flohen Mutter und Sohn vor der heranrückenden russischen Armee wieder nach Greifswald; nach entbehrungsreichen acht Monaten konnte man nach Ortelsburg zurückkehren. 1918, nach einem

Zerwürfnis zwischen Marie Koeppen und Wille, zog man wiederum nach Greifswald zurück. Wolfgang brach die Schule ab, arbeitete als Laufbursche in einer Buchhandlung, volontierte am Stadttheater, besuchte Universitätsseminare und war stets auf der Suche nach neuer Lektüre. Nach dem Tod der Mutter verließ Wolfgang Koeppen 1924 Greifswald endgültig. In der autobiographischen Erzählung *Jugend* (1976) erkennt der Ich-Erzähler zwar die Notwendigkeit, die Stadt hinter sich lassen zu müssen, ist sich aber auch darüber im klaren, dass die Erinnerungen einen Neuanfang auf Schritt und Tritt begleiten würden: »Ich haßte die Stadt hinter den Wiesen, die berühmte Silhouette, die der Maler gemalt hatte. Ich sah sie von Ottern gefressen. Aber wird man mich verstehen? Ich darf nicht zugeben, daß es gleichgültig wäre, ob mich keiner versteht oder einer, der natürlich wichtig würde und meine Bemühung nicht ganz vergeblich sein ließe, wenn ich auch selber nicht weiß, ob ich etwas verstanden habe oder überhaupt etwas zu verstehen war.«[11] Greifswald ließ Koeppen nie wirklich los. Die Romane *Die Mauer schwankt* (1934) und *Das Treibhaus* (1953) sind von der

In Koeppens Greifswalder Geburtshaus werden seine Bibliothek und der Nachlass verwahrt

Erinnerung an Kindheit und Jugend durchzogen, bis das Prosafragment *Jugend* diesen Lebensabschnitt und seine Traumata zum Gegenstand eines düsteren und schmerzhaften Selbstgesprächs machte.

Der Verfall, der wie viele andere ostdeutsche Städte auch Greifswald heimgesucht hatte, machte selbst vor Koeppens Geburtshaus in der Bahnhofstraße nicht Halt. Das in den 1980er-Jahren leer stehende Haus schien nicht sanierbar und es drohte der Abriss. Günter Grass und Peter Rühmkorf, die vom desolaten Zustand von Koeppens Geburtshaus hörten, engagierten sich für den Erhalt des Hauses und mobilisierten finanzielle Hilfe. Es gelang eine Stiftung zu gründen, die das einstige Geburtshaus Koeppens restaurierte und es in ein »Literaturzentrum Vorpommern« umwandelte, das gleichzeitig dem Wolfgang-Koeppen-Archiv, das den literarischen Nachlass und die umfangreiche Korrespondenz des Autors verwahrt und erforscht, eine Heimstatt gab. Mit dem Nachlass sind auch Koeppens Bibliothek sowie ein Teil der Möbel aus seiner Münchner Wohnung – darunter Schreibtisch und Schreibmaschine – nach Greifswald gekommen. Man erhält Einblick in ein kompliziertes Schriftstellerleben, aus dem Koeppen sich gern wegträumte: »am nächsten Tag zum Flughafen zu gehen, alles hier zurückzulassen, Frau, Hund, Vogel, unaufgeräumten Schreibtisch, unabgeschlossene Manuskripte, ein nichtvollendetes Leben.«[12]

Ausstellung mit Mobiliar aus Koeppens Münchner Wohnung

Gesamtkunstwerk Bauernhof

Bernhard in Ohlsdorf

Am 6. Januar 1965 kaufte Thomas Bernhard (1931–1989) im oberösterreichischen Ohlsdorf, nicht weit von Gmunden entfernt, einen alten Vierkanthof. Mit diesem urkundlich erstmals 1325 erwähnten, im Lauf der Zeit verfallenen und vor dem Abriss stehenden Bauernhof erfüllte sich Bernhard den lang gehegten Wunsch nach einem eigenen Haus. Vermittelt hatte den Hofkauf der ortsansässige Makler Karl Ignaz Hennetmair, mit dem Bernhard seitdem eine »lebensrettende« Bekanntschaft verband und den er in der Erzählung *Ja* (1978) als »Realitätenvermittler« Moritz porträtierte.[13] Er begleitete den Makler verschiedentlich auf dessen Geschäftstouren, bevor nach zehn Jahren diese Freundschaft in heftigem Streit zerbrach und beide kein Wort mehr miteinander wechselten. Die Begeisterung über den Kauf des Hofes beschreibt Bernhard in dem Essay *Meine eigene Einsamkeit*: »Es ist ein für die Gemeinde Ohlsdorf typischer Vierkanthof, präzisiert: Obernathal Nummer zwei, dreißigmaldreißig Meter, aus Stein gedeckt, mit größeren und kleineren Stallungen für das Rindsvieh, die Schweine und das Geflügel, mit Stadel und Scheune, Selchkammer unter dem Dach und drei Mostkellern unter der Erde. Der Wohntrakt ist zweistöckig und das Untergeschoß von den schönsten Gewölben zusammengehalten, die ich jemals in einem Bauernanwesen gesehen habe. Acht, neun gänzlich trockene Zimmer, Küche und Bad angeschlossen an die Ortswasserleitung, sämtliche im Lauf der Zeit von mir mit der nötigen Mobiliar- und Gerätschaft auszustatten, ein gutes Mittel gegen die geistige Schwindsucht.«[14]

Den stattlichen Kaufpreis bestritt Bernhard aus verschiedenen Quellen: aus dem Geld, das er mit dem Bremer Literaturpreis für seinen Roman *Frost* – Bernhards literarischer Durchbruch – im Dezember 1964 erhalten hatte, aus staatlichen und privaten Darlehen und mithilfe eines üppigen Vorschusses, den Bernhard seinem Verleger Siegfried Unseld durch »Erpressung« abgenötigt hatte, wobei ihm deutlich geworden war, dass »gute Geschäfte machen wenigstens so schön wie Schreiben« ist.[15] Warum er sich aber für den Bauernhof in Ohlsdorf und damit für eine Leben auf dem Land entschieden hatte, ließ Bernhard offen. In der Erzählung *Ja* nennt er später gesundheitliche Gründe und den Wunsch nach einem festen Lebensort, doch führt der Erzähler auch »Hunderte von Nebengründen« an, darunter, dass man sich als Bauer selbst ernähren kann, sollte die Schriftstellerei eines Tages nichts mehr abwerfen.[16]

Bernhard stürzte sich regelrecht auf die Restaurierung des vom Zahn der Zeit arg in Mitleidenschaft gezogenen Gebäudes; diese Renovierungsarbeiten, mit denen Bernhard sehr viel Gespür für Architekturgeschichte und alte bäuerliche Traditionen bewies, dauerten über zehn Jahre und verschlangen erhebliche Geldsummen. Die Notwendigkeit, diese Mittel aufzubringen, stimulierte aber sein Schreiben. In dieser Zeit war die Instandsetzung des Hofes für Thomas Bernhard neben dem Schreiben eine seiner Hauptbeschäftigungen, beinahe ein ›Hauptgeschäft‹, das Parallelen zu Goethes Umbau und Einrichtung seines Weimarer Wohnhauses hat. Ebenso wie Goethe achtete Bernhard genau auf die perfekte Innenausstattung der zahlreichen Räume, erwarb antike Möbel und solche aus der Gegend oder ließ sich Tische, Stühle und Lampen nach eigenen Entwürfen anfertigen. Zum Ausstattungskonzept gehörte außerdem eine Galerie mit alten Porträtgemälden, die den Eindruck einer aristokratischen Ahnengalerie erwecken. Es ist nicht von der Hand zu weisen, dass Bernhard den Hof in Obernathal zu einem ›Gesamtkunstwerk‹ gestaltete, das nicht nur Züge von einem Museum zu Lebzeiten, sondern auch die eines Mausoleums hat, wobei die unzähligen Alltagsgegenstände und die teuren Schuhe, Anzüge und Trachtenkleidung so gut wie nie benutzt wurden. Küche, Gästezimmer, das Anlegen von Vorräten und alles, »was zu einer funktionierenden Landwirtschaft vonnöten«[17] war, waren Teil dieser aufwendigen Inszenierung. Bernhard lebte zurückgezogen und hatte nur selten Besuch, so dass der Aufwand, den er in diesem Haus trieb, absurd scheint. Die Inszenierung ging so weit, dass Bernhard den Hoftraktor mit einem Schild versah, das ihn als Eigentümer des »Bauer von Nathal« (so die regionale Bezeichnung des Hofes) ausweist; zeitweise

Bernhards Arbeitsplatz in der Bibliothek

war Bernhard sogar Mitglied des Österreichischen Bauernbundes.[18] Auf einem Notizblatt nennt er das Anwesen sogar ein »Narrenhaus«.[19] Insofern hat es durchaus seine Berechtigung, wenn Claus Peymann seinen Freund Bernhard einmal als einen »Anarchisten nach Gutsherrenart«[20] bezeichnete, denn Bernhard war stets ein unbequemer Bewohner für Nachbarn und Dorfgemeinschaft, wie es beispielsweise die ständigen, wenn auch von beiden Seiten mit bissigem Humor geführten Auseinandersetzungen mit dem Nachbarn Johann Maxwald wegen des Baus eines Schweinestalls zeigen, weil Bernhard eine Geruchsbelästigung befürchtete. Obwohl in Ohlsdorf wichtige Werke Bernhards, vor allem seine Theaterstücke, entstanden, war der Hof »Denkkerker« und Teil einer demonstrativen Distanzierung vom Literaturbetrieb: »Mein Hof verbirgt, was ich tue. Ich habe ihn zugemauert, ich habe mich eingemauert. Mit Recht. Mein Hof schützt mich. Ist er mir unerträglich, laufe ich, fahre ich weg, denn die Welt steht mir offen.«[21]

Die Erfahrungen als Immobilienbesitzer schlugen sich auch in Bernhards Werk nieder. In der Erzählung *Attaché an der französischen Botschaft* (1967) stellt sich der Erzähler die Aufgabe »alle Grundstücke zu *durchschauen*« und befindet: »Meine Grundstücke sind meine Themen«.[22] Architektur und geschichtliche Aspekte von Bauen und Wohnen spielen ebenso eine Rolle in Bernhards Texten wie die Landschaft Oberösterreichs, ihre Geschichte und ihre regionalen Besonderheiten. Burgen, Gehöfte, Schlösser, Baracken, Kalkwerke oder Gefängnisse bilden häufig die Kulisse für das Handeln von Figuren, die sich wie Bernhard aus der Welt zurückgezogen haben und in extremer Abgeschiedenheit mit einem oftmals sinnentleerten Leben zurechtkommen müssen. Natürlich stehen diese Orte und Räume prototypisch für Bernhards Heimat Österreich, mit der er sich lustvoll-polemisch und keinem Skandal aus dem Wege gehend literarisch und öffentlich auseinandersetzte.

Bereits vor seinem Tod hatte Thomas Bernhard den Wunsch geäußert, man möge den Vierkanthof in Ohlsdorf als Museum erhalten, da er sich sicher sei, dass »nach seinem Tode eine neue Renaissance für seine Werke käme«.[23] Er sollte Recht behalten!

Schulmeister, Schriftsteller, Archivar

Kempowski in Nartum

Betrachtet man Fotos, die Walter Kempowski (1929–2007) in seinem Haus in Nartum zeigen, dann sehen wir ihn meistens, wie er sich über Manuskripte beugt, in Zettelkästen blättert, Fotos betrachtet oder vor den Regalen seines riesigen Archivs steht. Haus Kreienhoop, seit 1974 Lebensmittelpunkt Kempowskis in der Nähe von Bremen, ist ein archivalisches Universum, das seinesgleichen sucht. Das Haus steht pars pro toto für das schriftstellerische Werk Kempowskis, das überwiegend hier entstanden ist und in dem zentrale Abschnitte der jüngeren deutschen Zeit-, Familien-, Gesellschafts- und Mentalitätsgeschichte aus vielen Perspektiven dokumentiert, mit Augenzeugenberichten angereichert und zu einem historischen Panorama arrangiert werden. Kempowski hat konstant darauf hingewiesen, dass Haus, Archiv und literarisches Werk eine Einheit bilden. »Mein Haus ist auch ein Werk von mir«, erläutert er, »ich habe mir darüber genauso viele Gedanken gemacht, wie über jeden meiner Romane.«[24] In allen literarischen Projekten, von *Tadellöser & Wolff* über *Uns geht's ja noch gold*, *Ein Kapitel für sich* und *Haben Sie Hitler gesehen?* bis zu *Echolot* und den Tagebüchern zeigt sich Kempowskis Selbstverständnis, wenn er bekennt, er habe schon als Kind drei Berufswünsche gehabt: »Schulmeister, Schriftsteller, Archivar«.[25]

Aber es sollte Jahrzehnte dauern, bis Kempowski diesen Kindheitstraum verwirklichen konnte. Zwischen der vorzeitigen Entlassung aus dem berüchtigten DDR-Zuchthaus Bautzen, der Übersiedelung nach Westdeutschland, der Ausbildung zum Dorfschullehrer in Göttingen, der Gründung einer Familie, der Tätigkeit als Lehrer in einer niedersächsischen Landschule und dem Erscheinen seines ersten Buches *Im Block* (1969) lagen

Haus Kreienhoop war Walter Kempowskis Wohnhaus, Schreibort und Archiv

In der Wohnhalle versammelte Kempowski gern Kollegen und Literaturinteressierte um sich

dreizehn Jahre. Doch diese Zeit war trotz aller Demütigungen und Entbehrungen für Kempowski auch eine »Art Gedächtnistraining«,[26] in der er das Sammeln von Erinnerungen – eigenen und fremden – als Grundlage für sein literarisches Schreiben verstand sowie erste Zettelkästen und Archive anlegte. Der Dorfschullehrer entwickelte sich zusehends zu einem Schriftsteller, der sich immer öfter vom Unterricht befreien lassen musste, um dem öffentlichen Interesse an seinen Büchern, an seiner Person und der Rolle als ›Chronist des deutschen Bürgertums‹ nachzukommen.

1974 bezog Kempowski Haus Kreienhoop in Nartum, das er nach eigenen Plänen von dem Architekten Christian Krauss hatte bauen lassen und das seitdem den Hintergrund für zahlreiche Fernsehinterviews abgab oder durch ›Homestories‹ bekannt wurde. Das Haus liegt abseits zwischen Feldern und Wiesen am Dorfrand und gestattet einen Blick in die weite norddeutsche Moorlandschaft mit ihrem tiefen Horizont. Ebereschenallee, Obstbäume, Gemüsegarten, Hühnerstall und Schafweide unterstreichen den ländlichen Charakter des Anwesens. »Das Haus entstand genauso,« betont der Hausherr, »wie ich es mir vorgestellt hatte, ein wenig Höhle, ein bißchen Gutshaus, Schule und Kloster.«[27] Entstanden ist ein zweigeschossiges Haus, das an englische Landhäuser erinnert. Die Räume gruppieren sich um einen Innenhof, sind mit Biedermeiermöbeln, teilweise auch funktionalen Möbeln eingerichtet und mit vielen Kunstgegenständen und unterschiedlichsten Sammlungsstücken dekoriert. Sie tragen Bezeichnungen wie Wohnhalle, Saal, Damenzimmer, Omastube oder Teepavillon, treten aber sämtlich hinter den lang gestreckten Büchergang zurück, in dem Kempowskis umfangreiche Bibliothek eine eindrucksvolle Unterkunft fand. Das kleine und schlichte Arbeitszimmer, von Kempowski das »Gehirn« genannt,[28] befindet sich im Obergeschoss. Einerseits vermittelt das Haus den Eindruck eines weltabgewandten, beinahe klosterähnlichen Refugiums, in dem Kempowski seiner archivarischen Leidenschaft ohne Störung durch die Außenwelt und den Literaturbetrieb nachgehen konnte; im Roman *Hundstage* wird das Haus des Schriftstellers Alexander Sowtschick, ein ›alter ego‹ Kempowskis, als »Fluchtburg« bezeichnet.[29] Andererseits öffnete der Autor es doch regelmäßig, um mit großer Begeisterung Seminare für literarisch interessierte Laien, Jugendliche und Studenten abzuhalten oder mit Schriftstellerkollegen zu mehrtägigen Lesungen und Diskussionen zusammenzukommen. Barbara Honigmann berichtet über eines dieser Treffen im Jahr 1985: »Es begannen also die drei Arbeitstage, mancher würde vielleicht sagen, daß es anstrengend gewesen sei, aber ich habe mich irgendwo die ganze Zeit verwöhnt gefühlt, wie die Stunden da hinflossen mit Vorlesen und Lesen und Reden und Diskutieren und Essen und Sitzen und Quatschen und hinterher ganz spät am Abend noch durchs Dorf gehen.«[30]

Parallel zu seinem literarischen Werk, das unaufhörlich neue Erinnerungswelten erschloss, wuchs auch Haus Kreienhoop im Laufe der Zeit, um den Dokumenten, die immer zahlreicher ins Haus kamen, eine dauerhafte Heimstatt geben zu können. Kempowski überlegte: »Ich stelle mir das so vor, daß man hier auf unserm Grundstück ein Extragebäude dafür baut und dort die vielen, wahrscheinlich tausende Biographien archiviert. Man kann sie auswerten und Einzelveröffentlichungen starten.«[31] Der markante, fünf Meter hohe Turm war anfangs Kempowskis Heimatstadt Rostock gewidmet. In seine Wände sind Originalsteine von Stadtmauer, Stadttoren und Kirchen eingelassen, im Boden befindet sich eine Flasche mit Rostocker Erde. Später wurde der Turm zum Archiv für Tagebücher, Fotos, Briefe und Bilder umgewandelt und ist seitdem ein Kosmos »erlebter und erzählter Geschichte«,[32] den Kempowski als Ausgangspunkt oder Materialsteinbruch für seine Projekte, besonders für das *Echolot*, nutzte. Kempowski nannte Haus Kreienhoop selbst ein »Museum mit lebendem Autor«.[33]

Kempowski bezeichnete sein Arbeitszimmer als »Gehirn«

Im Archivturm verwahrte Kempowski Erinnerungsstücke, Autobiographien und Tagebücher

Ein Haus mit eingebauter Bibliothek

Dürrenmatt in Neuchâtel

Friedrich Dürrenmatt (1921–1990) kam 1952 auf der Suche nach einem Wohn- und Arbeitsort eher zufällig nach Neuchâtel. Er befand sich damals ganz am Anfang seiner Schriftstellerkarriere; mit Hörspielen hatte er auf sich aufmerksam gemacht, der Detektivroman *Der Richter und sein Henker* war gerade als Fortsetzungsgeschichte in einer Zeitschrift erschienen und auf der Theaterbühne gelangen ihm erste Erfolge. Das Theaterstück *Der Besuch der Alten Dame*, das Dürrenmatts eigentlicher literarischer Durchbruch war, wurde 1956 erstmals aufgeführt. Obwohl Dürrenmatts junges Schriftstellerleben besonders in finanzieller Hinsicht von vielen Unwägbarkeiten geprägt war, fiel 1952 die Entscheidung, in Neuchâtel ein Haus zu kaufen. Die Lage des Hauses war ein wichtiges Argument für den Kauf, denn sie erinnerte ihn an das Emmental, wo er seine Jugend verbracht hatte: »Ich ging durch den […] Garten, blickte das Vallon hinunter, der See glänzte wie ein gewaltiger Spiegel herauf, ich sah alles wie zum ersten Mal, ich war im Weiten, nicht mehr wie einst in den Labyrinthen und Höhlen meiner Jugend, wo mich das Emmental mit seinen Tannenwäldern umfing.«[34]

Dürrenmatt hat den Kauf des Hauses zeit seines Lebens weder bereut noch korrigiert, obwohl es ihm – wie er betont – nie gelang, »in Neuchâtel heimisch zu werden«.[35] Die Sprachgrenze, auf der Neuchâtel liegt, die Nähe zur französischen Kultur und die kleinbürgerliche Atmosphäre der Stadt ließen den Deutschschweizer Dürrenmatt auf Distanz zur Stadt und ihren Einwohnern gehen. Umgekehrt nahm man in Neuchâtel lange nicht zur Kenntnis, dass hier ein weltberühmter Autor wohnte: »Meine Arbeit hat sich immer unerbittlicher zwischen mich und die Stadt geschoben«, konstatiert er.[36] Man lebte irgendwie miteinander und doch aneinander vorbei, denn »Schriftstellerei trieben in Neuchâtel Lehrer oder sonst ernsthafte Leute als Nebenbeschäftigung. Daß ich nichts war als Schriftsteller, war etwas Suspektes.«[37] Dürrenmatt erweiterte sein Grundstück später durch Zukäufe, um einer Überbauung des Tals entgegenzuwirken und lieferte sich das ein oder andere Scharmützel mit der Gemeinde, wenn es um Landschaftspflege oder Straßenbau ging. Über all dies erzählt er ebenso wie über den einen oder anderen verschrobenen Neuchâteler in dem sarkastischen, aber stets liebevollen Essay *Vallon de l'Ermitage* (1980/83). Die herrliche Lage über dem Neuenburger See mit weitem Blick bis zu

den Alpengipfeln, der günstige Kaufpreis für Grundstück und Haus, den er nur mithilfe von Freunden und Verwandten zahlen konnte, und die Ferne von den Zentren des Literaturbetriebs, die – falls nötig – dennoch gut und ohne großen Aufwand zu erreichen waren, gaben den Ausschlag für die Ansiedelung und sorgten für ein Wohlgefühl. In *Vallon de l'Ermitage* heißt es dazu: »Nicht weit von dieser Idylle wohnen wir nun seit etwas mehr als einem Vierteljahrhundert, oben in einem kleinen Tal über Neuchâtel, im Vallon de l'Ermitage, von einem Brief herbeigelockt, es sei ein Haus mit einer ›eingebauten Bibliothek‹ zu verkaufen. Im Hause arbeitete noch der Schreiner, als wir einzogen, der elektrische Strom war noch nicht angeschlossen, und ich kochte in der Waschküche eine Suppe. Der Weg, der an unserem Haus vorbeiführt, steigt am Waldrand des Chaumont hinauf und verschwindet im Wald. Das kleine Tal wird von einem Felsrücken abgeschlossen, dem Rocher de l'Ermitage, der dem Tal den Namen gab.«[38]

Museumsbau von Mario Botta mit Dürrenmatts Wohnhaus im Hintergrund

Dürrenmatts Bibliothek

1964 baute Dürrenmatt oberhalb des ersten noch ein zweites Haus, das er viele Jahre als Atelier, in den letzten Lebensjahren nur noch als Wohnhaus nutzte und das sich heute in Privatbesitz befindet. Er legte einen weitläufigen, labyrinthartigen Garten mit Swimmingpool an, pflanzte Bäume und gestaltete einen sehr individuellen Lebensraum. Dürrenmatt ließ nie einen Zweifel aufkommen, dass er die landschaftliche Idylle schätzte und die Ruhe als stimulierend für seine Arbeit empfand. »Sein Arbeitszimmer ist eine richtige Schriftstellerwerkstatt«, erinnert sich Horst Bienek: »Ein riesiger Tisch, über und über mit Papieren und Büchern besät, an der Seite eine ganz neue elektrische Schreibmaschine. Hinter ihm Kompaß, Fernglas, Meßuhren und alte physikalische Instrumente, beinahe ein kleines Observatorium, das vielleicht auf naturwissenschaftliche Neigungen des Autors hinweist. Auf den Stühlen, auf dem Boden, überall Schallplatten, meist mit Kreisler- oder Oistrach-Aufnahmen.«[39]

Dürrenmatts Haus ist jedoch nicht nur das Haus eines Schriftstellers, sondern gleichzeitig das eines bildenden Künstlers. Als er während seines Studiums (1943 – 1946) eine Mansarde über der elterlichen Wohnung in Bern bewohnte, malte er diese mit einer Kreuzigungsszene und vielen skurrilen Figuren aus. Mansarde und Bilder sind heute wieder zu besichtigen. Auch die Toilette des Hauses in Neuchâtel, die sogenannte ›Sixtinische Kapelle‹, wurde von Dürrenmatt ausgemalt und gelegentlich schmückte er sogar Hotelzimmer mit Zeichnungen. Eigentlich wollte Dürrenmatt Maler werden, doch das Schreiben drängte sich während des Studiums in Bern vor die andere Begabung. Schließlich entschied er: »Ich könnte nicht hauptberuflich Maler sein, aus dem einfachen Grunde: ich wüßte die meiste Zeit nicht, was ich malen sollte.«[40] Trotzdem malte und zeichnete Dürrenmatt weiter, anfangs nur im Verborgenen. Erst 1978 konnte man Dürrenmatts Bilder in einer Ausstellung und einem Bildband in Augenschein nehmen, die nicht nur seine künstlerische Nähe zum Expressionismus und zu Malern wie Bosch, Brueghel, Piranesi, Goya

oder zu dem mit ihm befreundeten Schweizer Maler Varlin (d. i. Willy Guggenheim), sondern auch die zu seinen literarischen Themen zeigen. In der Einleitung des Bildbandes erläutert er: »Meine Zeichnungen sind nicht Nebenarbeiten zu meinen literarischen Werken, sondern die gezeichneten und gemalten Schlachtfelder, auf denen sich meine schriftstellerischen Kämpfe, Abenteuer, Experimente und Niederlagen abspielen«.[41]

Diese künstlerische Doppelbegabung sollte nach Dürrenmatts Tod bewahrt und einem breiten Publikum bekannt gemacht werden. Dürrenmatt übergab zu Lebzeiten seinen literarischen Nachlass dem Schweizerischen Literaturarchiv in Bern, seine malerische Hinterlassenschaft blieb in seinem Haus. Auf Initiative von Dürrenmatts Ehefrau Charlotte Kerr entstand um das alte Wohnhaus herum ein Museumskomplex, dessen Konzeption und Gestaltung dem aus dem Tessin stammenden Architekten Mario Botta oblag. Botta, ein großer Bewunderer Dürrenmatts, entwarf einen spektakulären Rundbau mit dunkler Schieferfassade, der samt Eingangsturm und Terrasse aus dem Berg herausragt und damit die Struktur von Landschaft und Lebensort Dürrenmatts in die Sprache der Architektur übersetzt. Gleichzeitig greifen die tief in den Berg eingelassenen Ausstellungsräume – im »Bauch« von »Mutter Erde« nennt Botta dieses Konzept –[42] zentrale literarische und bildnerische Motive Dürrenmatts wie Turm, Höhle, Labyrinth oder Treppe auf. Während man im Wohnhaus den biographischen Spuren des Dramatikers folgen kann, widmet sich der Botta-Bau dem bildenden Künstler und schafft einen adäquaten Rahmen für eine Auseinandersetzung mit dem anderen Teil von Dürrenmatts Doppelbegabung. Mario Botta gestaltete das Centre Dürrenmatt als einen Ort, der der überall um sich greifenden Beliebigkeit etwas entgegensetzt und das Dichterhaus nicht als Mausoleum oder Gedenkort, sondern als Archiv, Museum und lebendigen Ort des Diskurses begreift: »Un lieu de réflexion contre la banalisation.«[43]

Das Centre Dürrenmatt präsentiert das bildkünstlerische Schaffen des Dramenautors

Anhang

Anmerkungen

Einleitung

1 Heinrich Heine, *Historisch-kritische Gesamtausgabe der Werke*, hrsg. von Manfred Windfuhr im Auftrag der Landeshauptstadt Düsseldorf, 16 Bde. in 23, Hamburg 1973–1997, Bd. 8,1, S. 176.

2 *Hofmannsthal. Orte. 20 biographische Erkundungen*, hrsg. von Wilhelm Hemecker und Konrad Heumann in Zusammenarbeit mit Claudia Bamberg, Wien 2014, S. 10.

3 Wilhelm Genazino, »Flüchtige Tote. Schriftsteller und ihre Museumslegenden«, in: Heike Gfrereis, *Autopsie Schiller. Eine literarische Untersuchung*, Marbach 2009, S. 137–152, hier S. 138.

4 Heike Gfrereis, »Didaktik des Schweigens. Das Literaturmuseum der Moderne des Deutschen Literaturarchivs Marbach«, in: *Der Deutschunterricht* 61 (2009), H. 2, S. 20–29, hier S. 21.

5 Genazino, »Flüchtige Tote«, S. 138.

6 Peter Seibert, »Gedenkstätten für Bertolt Brecht«, in: *Der Deutschunterricht* 61 (2009), H. 2, S. 38–45, hier S. 39.

7 Vgl. Burghard Dedner (unter Mitwirkung von Rotraud Pöllmann), »Häuser eines Flüchtlings«, in: *Dichter und ihre Häuser. Die Zukunft der Vergangenheit*, hrsg. von Hans Wißkirchen, Lübeck 2002, S. 115–129.

8 Folgende Institutionen sind z. B. zu nennen: Arbeitsgemeinschaft Literarischer Gesellschaften und Gedenkstätten, Arbeitsstelle für literarische Museen, Archive und Gedenkstätten in Baden-Württemberg (im Deutschen Literaturarchiv Marbach), International Committee for Literary Museums. Seit 2001 zertifiziert die deutsche Bundesregierung auch Dichterhäuser als »Kulturellen Gedächtnisort von nationaler Bedeutung«.

9 Vgl. Bodo Plachta, *Künstlerhäuser. Ateliers und Lebensräume berühmter Maler und Bildhauer*, Fotografien Achim Bednorz, Stuttgart 2014.

10 Thomas Bernhard, *Auslöschung. Ein Zerfall*, Frankfurt a. M. 1986, S. 159.

11 Genazino, »Flüchtige Tote«, S. 145.

12 Wißkirchen, *Dichter und ihre Häuser*, S. 5.

13 Ebd.

14 Ebd.

15 *Goethes Werke*, hrsg. im Auftrage der Großherzogin Sophie von Sachsen, 133 Bde. in 143, Weimar 1887–1919, Abt. 1, Bd. 7, S. 211.

16 Hans Wißkirchen (Hrsg.), *Die Welt der Buddenbrooks*, mit Beiträgen von Britta Dittmann, Manfred Eickhölter und Hans Wißkirchen, Frankfurt a. M. 2008, S. 12.

17 Brief an Constantin Georg Naumann, 2. März 1887; *Nietzsche Briefwechsel. Kritische Gesamtausgabe*, hrsg. von Giorgio Colli und Mazzino Montinari, Berlin/New York 1975 ff., Abt. 3, Bd. 5, S. 36.

Ruinen und Spurensuche

1 Wolfram von Eschenbach, *Parzival*, Mittelhochdeutscher Text nach der Ausgabe von Karl Lachmann, Übersetzung und Nachwort von Wolfgang Spiewok, 2 Bde., Stuttgart 1997, Bd. 1, S. 196 (114, 12 f.)

2 Ebd., Bd. 1, S. 198 (115, 11).

3 Vgl. Karl Stankiewitz, *Poeten-Pfade in Bayern. Literarische Wanderungen zwischen Alpen, Spessart und Böhmerwald*, Redaktion Dieter Vogel, Vilsbiburg 2005, S. 112.

4 Oswald von Wolkenstein, *Lieder*, Frühneuhochdeutsch/Neuhochdeutsch, ausgewählte Texte hrsg., übers. und kommentiert von Burghart Wachinger, Melodien und Tonsätze hrsg. und kommentiert von Horst Brunner, Stuttgart 2007, S. 201.

5 Dieter Kühn, *Ich Wolkenstein. Eine Biographie*, Frankfurt a. M. 1977, S. 392.

6 Oswald von Wolkenstein, *Lieder*, S. 203.

7 Ebd., S. 247.

8 *Die Lebenszeugnisse Oswalds von Wolkenstein. Edition und Kommentar*, hrsg. von Anton Schwob und Ute Monika Schwob, 5 Bde., Wien/Köln/Weimar 1999–2013, Bd. 5, S. 311.

9 Oswald von Wolkenstein, *Lieder*, S. 249 f.

10 Christian Juranek, *Das Simplicissimus-Haus in Renchen*, Halle a. d. S. 2002, S. 12.

Der Dichter öffnet sein Haus

1 Gotthold Ephraim Lessing, Sämtliche Schriften, hrsg. von Karl Lachmann, dritte […] Aufl., besorgt durch Franz Muncker, 23 Bde., Berlin/Leipzig 1886–1924, Bd. 17, S. 329 f.

2 Brief an Johann Gottfried Lessing, 27. Juli 1770; ebd., S. 329.

3 Ebd., Bd. 21, S. 80.

4 Brief an Friedrich Nicolai, 17. Mai 1770; ebd., Bd. 17, S. 322.

5 Brief an Karl Lessing, 19. Dezember 1777; ebd., Bd. 18, S. 583.

6 Brief an Johann Joachim Eschenburg, 31. Dezember 1777; ebd., Bd. 18, S. 259.

7 Ebd., Bd. 11, S. 319 f.

8 *Goethes Werke*, hrsg. im Auftrage der Großherzogin Sophie von Sachsen, 133 Bde. in 143, Weimar 1887–1919, Abt. 1, Bd. 35, S. 240.

9 Zit. nach: *Der Freundschaftstempel im Gleimhaus zu Halberstadt. Porträts des 18. Jahrhunderts. Bestandskatalog*, hrsg. vom Gleimhaus Halberstadt, bearb. von Horst Scholke, mit einem Essay von Wolfgang Adam, Leipzig 2000, S. 42.

10 Zit. nach: Wilhelm Körte, *Johann Wilhelm Ludewig Gleims Leben. Aus seinen Briefen und Schriften*, Halberstadt 1811, S. 162.

11 Brief an Anna Louisa Karsch, 2. April 1786; *»Mein Bruder in Apoll«. Briefwechsel zwischen Anna Louisa Karsch und Johann Wilhelm Gleim*, hrsg. von Regina Nörtemann, 2 Bde., Göttingen 1996, Bd. 2, S. 250.

12 Zit. nach: Körte, *Johann Wilhelm Ludewig Gleims Leben*, S. 437.

13 *Briefwechsel zwischen Gleim und Uz*, hrsg. von Carl Schüddekopf, Tübingen 1899, S. 421.

14 So im Anhang zu Gleims Testament (22. 11. 1787), zit. nach: Körte, *Johann Wilhelm Ludewig Gleims Leben*, S. 475.

15 *Goethes Werke*, Abt. 1, Bd. 35, S. 240.

16 Theodor Fontane, *Cécile*, hrsg. von Hans Joachim Funke und Christine Hehle, Berlin 2000, S. 46.

17 *Goethes Werke*, Abt. 1, Bd. 27, S. 296.

18 Brief an Göschen, vor dem 3. März 1798; Johann Gottfried Seume, *Briefe*, hrsg. von Jörg Drews und Dirk Sangmeister unter Mitarbeit von Inge Stephan, Frankfurt a. M. 2002, S. 141.

19 Brief an Klopstock, 18. März 1799; ebd., S. 234.

20 Brief an Christoph Martin Wieland, 21. Dezember 1795; *Wielands Briefwechsel*, [...] besorgt von Siegfried Scheibe, Berlin 1963–2007, Bd. 13,1, S. 155.

21 Johann Gottfried Seume, *Werke in zwei Bänden*, hrsg. von Jörg Drews, Frankfurt a. M. 1993, Bd. 1, S. 165.

22 Seume, *Briefe*, S. 244.

23 Seume, *Werke*, Bd. 1, S. 135 f.

Bei den klassischen »Weltbewohnern«

1 *Goethes Werke*, hrsg. im Auftrage der Großherzogin Sophie von Sachsen, 133 Bde. in 143, Weimar 1887–1919, Abt. 1, Bd. 4, S. 141.

2 Ebd., Abt. 1, Bd. 3, S. 314 (*Zahme Xenien*).

3 Ebd., Abt. 1, Bd. 36, S. 306.

4 Heinrich Heine, *Historisch-kritische Gesamtausgabe der Werke*, hrsg. von Manfred Windfuhr im Auftrag der Landeshauptstadt Düsseldorf, 16 Bde. in 23, Hamburg 1973–1997, Bd. 8,1, S. 125.

5 Georg Bollenbeck, »Weimar«, in: *Deutsche Erinnerungsorte*, hrsg. von Etienne François und Hagen Schulze, 3 Bde., München 2001, Bd. 1, S. 207–224, hier S. 224.

6 Zit. nach: *Weimar im Urteil der Welt. Stimmen aus drei Jahrhunderten*, Berlin/Weimar 1975, S. 434 und 436.

7 Richard Alewyn, »Goethe als Alibi?«, in: *Hamburger Akademische Rundschau* 3 (1948/49), H. 8–10, S. 685–687, hier S. 686.

8 Sophie von La Roche, *Schattenrisse abgeschiedener Stunden in Offenbach, Weimar und Schönebeck im Jahre 1799*, Leipzig 1800, S. 45.

9 Brief an Göschen, 20. März 1797; *Wielands Briefwechsel*, [...] besorgt durch Siegfried Scheibe, Berlin 1963–2007, Bd. 13,1, S. 536.

10 *Goethes Werke*, Abt. 1, Bd. 35, S. 72.

11 Brief an Friedrich Justus Riedel, 24. August 1768; *Wielands Briefwechsel*, Bd. 3, S. 545 f.

12 Brief an Göschen, 25. Juli 1797; ebd., Bd. 14,1, S. 34.

13 Brief an Göschen, 25. Juli 1797; ebd., Bd. 14,1, S. 34.

14 U. a. im Brief an Göschen, 6. Februar 1797; ebd., Bd. 13,1, S. 503.

15 Brief an Heinrich Geßner, 29. und 30. Januar 1797; ebd., Bd. 13,1, S. 492.

16 Jan Philipp Reemtsma, *Osmantinische Aufklärung. Vortrag, gehalten am 26.6.2005 anläßlich der Eröffnung des Museums im Wielandgut Oßmannstedt*, Oßmannstedt 2006, S. 15.

17 Karl August Böttiger, *Literarische Zustände und Zeitgenossen. Begegnungen und Gespräche im klassischen Weimar*, hrsg. von Klaus Gerlach und René Sternke, Berlin 1998, S. 277.

18 Brief an Karl Leonhard Reinhold, 4. und 5. September 1802; *Wielands Briefwechsel*, Bd. 16,1, S. 39.

19 Böttiger, *Literarische Zustände und Zeitgenossen*, S. 277.

20 Arno Schmidt, »Wieland oder die Prosaformen«, in: Ders., *Bargfelder Ausgabe*, Werkgruppe III, Dialoge, Bd. 1, Bargfeld/Zürich 1990, S. 288.

21 Johann Peter Eckermann, *Gespräche mit Goethe in den letzten Jahren seines Lebens*, 22. Originalaufl., nach dem ersten Druck, dem Originalmanuskript des dritten Theils und Eckermanns handschriftlichem Nachlaß neu hrsg. von H[einrich] H[ubert] Houben, Leipzig 1939, S. 36.

22 Ebd., S. 29 f.

23 *Goethes Werke*, Abt. 4, Bd. 19, S. 248.

24 Eckermann, *Gespräche mit Goethe*, S. 322.

25 Denkschrift der Großherzogin Sophie von Sachsen-Weimar, 5. Mai 1885; zit. nach: Gerhard Schmid, »Das Vermächtnis der Goethe-Enkel«, in: *Genius huius Loci. Weimar. Kulturelle Entwürfe aus fünf Jahrhunderten*, Weimar 1992, S. 101–104, hier S. 102.

26 Vgl. Bollenbeck, »Weimar«, S. 214.

27 *Goethes Werke*, Abt. 4, Bd. 8, S. 38 f.

28 Brief an Johann Georg Hamann, 13. Januar 1777; Johann Gottfried Herder, *Briefe. Gesamtausgabe 1763–1803*, [...] bearb. von Wilhelm Dobbek † und Günter Arnold, Weimar 1977 ff., Bd. 4, S. 25.

29 Brief an Johann Heinrich Merck, 7. Oktober 1776; *Wielands Briefwechsel*, Bd. 5, S. 561.

30 Brief an Karl Ludwig von Knebel, 28. und 29. August 1785; Herder, *Briefe*, Bd. 5, S. 135.

31 Brief an Hamann, 20. März 1778; ebd., Bd. 4, S. 9.

32 Brief an Herder, 10. Juli 1776; *Goethes Werke*, Abt. 4, Bd. 3, S. 85 f.

33 Brief an Hamann, 20. März 1778; Herder, *Briefe*, Bd. 4, S. 59 f.

34 Tagebuch von Johann Georg Müller, 7. Oktober 1780; zit. nach: Hans Reisiger, *Johann Gottfried Herder. Sein Leben in Selbstzeugnissen, Briefen und Berichten*, Berlin 1942, S. 226 f.

35 Brief an Hamann, 28. April 1782; Herder, *Briefe*, Bd. 4, S. 216 f.

36 *J.G. von Herder's ausgewählte Werke in einem Bande*, Stuttgart/Tübingen 1844, S. 63.

37 *Epilog zu Schillers »Glocke«* (1815); *Goethes Werke*, Abt. 1, Bd. 16, S. 165.

38 Brief an Christian Gottfried Körner, 5. Januar 1800; *Schillers Werke. Nationalausgabe*, [...] hrsg. von Norbert Oellers, Weimar 1943 ff., Bd. 30, S. 135.

39 Brief an Charlotte Schiller, 4. Dezember 1799; ebd., Bd. 30, S. 122.

40 Brief Goethes an Schiller, 10. Februar 1802; ebd., Bd. 31, S. 101.

41 Brief an Körner, 20. April 1802; ebd., Bd. 31, S. 126.

42 Brief an Johann Gottlieb und Louise Franckh, 21. August 1802; ebd., Bd. 31, S. 158.

43 Brief Goethes an Schiller, 4. Mai 1802; ebd., Bd. 39,1, S. 243.

44 Brief an Karoline Louise von Sachsen-Weimar, 18. November 1813; [Ludwig Urlichs, Hrsg.], *Charlotte von Schiller und ihre Freunde*, 3 Bde., Stuttgart 1860, Bd. 1, S. 667.

45 Brief an Christian Gottlob von Voigt, 24. März 1817; *Goethes Werke*, Abt. 4, Bd. 28, S. 34.

46 Friedrich Nietzsche, *Werke. Kritische Gesamtausgabe*, hrsg. von Giorgio Colli und Mazzino Montinari, Berlin/New York 1967 ff., Abt. 6, Bd. 2, S. 254.

47 Brief an Elisabeth Nietzsche, 7. Juli 1881; Friedrich Nietzsche, *Briefwechsel. Kritische Gesamtausgabe*, hrsg. von Giorgio Colli und Mazzino Montinari, Berlin/New York 1975 ff., Abt. 3, Bd. 1, S. 99.

48 Brief an Franziska und Elisabeth Nietzsche, um den 9. Juli 1881; ebd., Abt. 3, Bd. 5, S. 102.

49 Brief an Heinrich Köselitz, 3. September 1883; ebd., Abt. 3, Bd. 5, S. 444.

50 Paul Deussen, *Erinnerungen an Friedrich Nietzsche*, Leipzig 1901, S. 92.

51 Nietzsche, *Werke*, Abt. 5, Bd. 2, S. 333.

52 H. Urtel, »Im Nietzsche-Archiv«, in: *Hamburger Nachrichten*, 19. Juni 1904,

zit. nach: Angelika Emmrich [u. a.], *Das Nietzsche-Archiv in Weimar*, München/Wien 2000, S. 42.

53 Harry Graf Kessler, *Das Tagebuch 1880–1937*, hrsg. von Roland S. Kamzelak und Ulrich Ott, Bd. 3, hrsg. von Carina Schäfer und Gabriele Biedermann unter Mitarbeit von Elea Rüstig und Tina Schumacher, Stuttgart 2004, S. 73 f.

54 Rolf Dempe, »Bericht über das Nietzsche-Archiv und meine dortige Tätigkeit von 1938 bis 1945 vom 10. November 1954«; zit. nach: Emmrich, *Das Nietzsche-Archiv*, S. 90.

Romantische Lebenswelten

1 Ricarda Huch, *Blütezeit der Romantik*, 2 Bde., Leipzig 1920, Bd. 1, S. 1.

2 Ebd.

3 *Kritische Friedrich-Schlegel-Ausgabe*, hrsg. von Ernst Behler unter Mitwirkung von Jean-Jacques Anstett und Hans Eichner, München/Paderborn/Wien 1958 ff., Bd. 2, S. 182.

4 So die Angabe der Todesursache in der Todesanzeige vom 1. April 1801; Novalis, *Schriften. Die Werke Friedrich von Hardenbergs*, hrsg. von Paul Kluckhohn (†) und Richard Samuel, 4 Bde., Stuttgart 1960–1975, Bd. 4, S. 680.

5 Heinrich Heine, *Historisch-kritische Gesamtausgabe der Werke*, hrsg. von Manfred Windfuhr im Auftrag der Landeshauptstadt Düsseldorf, 16 Bde. in 23, Hamburg 1973–1997, Bd. 3,1, S. 406 f.

6 Brief (Entwurf) an Julius Wilhelm von Oppeln, Ende Januar 1800; Novalis, *Werke, Tagebücher und Briefe Friedrich von Hardenbergs*, hrsg. von Hans-Joachim Mähl und Richard Samuel, 3 Bde., Darmstadt 1999, Bd. 1, S. 719.

7 Ebd., Bd. 1, S. 719 f.

8 Kaufbrief, zit. nach: *Novalis-Gedenkstätte in Weißenfels*, Weißenfels o.J., S. 16.

9 Brief an Christian Friedrich Brachmann, 18. Februar 1790; Novalis, *Schriften*, Bd. 4, S. 79.

10 *Schillers Werke. Nationalausgabe*, […], hrsg. von Norbert Oellers, Weimar 1943 ff., Bd. 34,1, S. 91.

11 Novalis, *Werke, Tagebücher und Briefe*, Bd. 2, S. 241.

12 Ebd., Bd. 1, S. 741.

13 Novalis, *Schriften*, Bd. 4, S. 679 f.

14 Jean Paul, *Sämtliche Werke. Historisch-kritische Ausgabe* […], Weimar 1927 ff., Abt. 3, Bd. 4, S. 401.

15 Ebd., Abt. 2, Bd. 4, S. 111.

16 Caroline Richter an Emanuel, 4. Februar 1804; zit. nach: *Jean Pauls Persönlichkeit in Berichten der Zeitgenossen*, hrsg. von Eduard Berend, mit einem Nachwort von Kurt Wölfel, Weimar 2001, S. 85.

17 Brief an Emanuel, 11. Februar 1803; Jean Paul, *Sämtliche Werke*, Abt. 3, Bd. 4, S. 202.

18 Notiert von Ludwig Rellstab nach einem Besuch bei Jean Paul am 28. August 1821; *Jean Pauls Persönlichkeit in Berichten der Zeitgenossen*, S. 270 f.

19 Dorothea Rollwenzel gegenüber Wilhelm Müller, 17. August 1826; ebd., S. 388.

20 Jean Paul, *Sämtliche Werke*, Abt. 2, Bd. 4, S. 111.

21 Brief an Emanuel, 15. März 1803; ebd., Abt. 3, Bd. 4, S. 208.

22 Jean Paul, *Ideen-Gewimmel*, Texte & Aufzeichnungen aus dem unveröffentlichten Nachlaß hrsg. von Thomas Wirtz und Kurt Wölfel, Frankfurt a. M. 1996, S. 82.

23 Brief an Georg Christian Otto, November 1813; Jean Paul, *Sämtliche Werke*, Abt. 3, Bd. 6, S. 350.

24 Brief an Josef Isaak Schwabacher, 23. Oktober 1822; ebd., Abt. 3, Bd. 8, S. 206.

25 *Jean Pauls Persönlichkeit in Berichten der Zeitgenossen*, S. 147.

26 *Schillers Werke*, Bd. 28, S. 234.

27 U. a. im Brief an Julius Eduard Hitzig, 1. Januar 1809; *E. T.A. Hoffmanns Briefwechsel*, gesammelt und erläutert von Hans von Müller (†) und Friedrich Schnapp, hrsg. von Friedrich Schnapp, 3 Bde., München 1967, Bd. 1, S. 257.

28 Ebd.

29 Friedrich Speyer, »Notizen über Hoffmanns Aufenthalt zu Bamberg (2. September 1822)«; zit. nach: Friedrich Schnapp (Hrsg.), *E. T.A. Hoffmann in Aufzeichnungen seiner Freunde und Bekannten*, Darmstadt 1974, S. 129.

30 Hartmut Steinecke, *E. T.A. Hoffmann*, Stuttgart 1997, S. 33.

31 *E. T.A.* Hoffmann, *Tagebücher*, nach der Ausgabe Hans von Müllers mit Erläuterungen hrsg. von Friedrich Schnapp, Darmstadt 1971, S. 94.

32 Ebd., S. 84.

33 *E. T.A.* Hoffmann, »Fantasiestücke in Callot's Manier«, in: Ders., *Sämtliche Werke in sechs Bänden*, hrsg. von Hartmut Steinecke und Wulf Segebrecht, Frankfurt a. M. 1993, Bd. 2, S. 39.

34 Brief an Julius Eduard Hitzig, 25. Mai 1809; *Hoffmanns Briefwechsel*, Bd. 1, S. 284.

35 Tagebucheintrag vom 18. Mai 1812; Hoffmann, *Tagebücher*, S. 128.

36 Tagebucheintrag vom 16.–20. April 1811; ebd., S. 126.

37 *Hoffmann in Aufzeichnungen seiner Freunde*, S. 227.

38 Sarah Kirsch, *Rückenwind*, Ebenhausen 1977, S. 18.

39 Brief an Gunda von Savigny, 25. August 1814; *Die Andacht zum Menschenbild. Unbekannte Briefe von Bettine Brentano*, hrsg. von Wilhelm Schellberg † und Friedrich Fuchs, Jena 1942, S. 197.

40 Brief an Friedrich Carl von Savigny, Mitte April 1815; ebd., S. 199.

41 Brief an Achim von Arnim, 3. Juli 1819; Bettine von Arnim, *Werke und Briefe in vier Bänden*, hrsg. von Walter Schmitz und Sibylle von Steinsdorff, Frankfurt a. M. 1986–2004, Bd. 4, S. 192.

42 Brief an Achim von Arnim, 6. Juni 1820; ebd., Bd. 4, S. 199.

43 Brief an Gunda von Savigny, 4. November 1847; *Die Andacht zum Menschenbild*, S. 338.

44 David Friedrich Strauß, »Justinus Kerner«, in: *Hallische Jahrbücher für deutsche Wissenschaft und Kunst* 1 (4. 1. 1838), Nr. 4, Sp. 26 f.

45 Gustav Schwab, *Wanderungen durch Schwaben*, 3. Aufl., Leipzig 1851, S. 34 f.

46 Justinus Kerner, *Das Fettgift oder die Fettsäure und ihre Wirkungen auf den thierischen Organismus, ein Beitrag zur Untersuchung des in verdorbenen Würsten giftig wirkenden Stoffes*, Stuttgart 1822.

47 *Franz Anton Mesmer aus Schwaben, Entdecker des thierischen Magnetismus. Erinnerungen an denselben, nebst Nachrichten von den letzten Jahren seines Lebens zu Meersburg am Bodensee*, Frankfurt a. M. 1856.

48 Heinrich Heine, »Der Schwabenspiegel«; *Historisch-kritische Gesamtausgabe der Werke*, Bd. 10, S. 267, 269.

49 Strauß, »Justinus Kerner«, Sp. 27.

50 Zit. nach: *Justinus Kerner 1786–1862. Dichter und Arzt*, bearb. von Friedrich Pfäfflin und Reinhard Tgahrt, Marbach 1986, S. 90.

51 Friedrich Hölderlin, *Sämtliche Werke. Stuttgarter Hölderlin-Ausgabe*, hrsg. von Friedrich Beißner, 8 Bde., Stuttgart 1943 – 1985, Bd. 7,3, S. 69.

52 Brief von Isaac von Sinclair an Johanna Christiane Hölderlin, 6. August 1804; ebd., Bd. 7,2, S. 299.

53 Brief von Friedrich de la Motte-Fouqué an Ludwig Uhland, 9. September 1812; ebd., Bd. 7,2, S. 425.

54 So Georg Herwegh 1839; ebd., Bd. 7,3, S. 198 f.

55 Wilhelm Waiblinger im Tagebuch, 10. August 1822; ebd., Bd. 7,3, S. 7.

56 Brief von Friedrich Wilhelm Joseph von Schelling an Georg Wilhelm Friedrich Hegel, 11. Juni 1803; ebd., Bd. 7,2, S. 262.

57 Brief von Isaac von Sinclair an Johanna Christiane Hölderlin, 6. August 1804; ebd., Bd. 7,2, S. 299.

58 Brief von Ernst Friedrich Zimmer an unbekannten Adressaten, 22. Dezember 1835; ebd., Bd. 7,3, S. 133 f.

59 Ernst Friedrich Zimmer an Hölderlins Schwester Henrike Breunlin, 1. November 1828; ebd., Bd. 7,3, S. 106 f.

60 Ernst Friedrich Zimmer an Hölderlins Schwester Henrike Breunlin, 30. Januar 1830; ebd., Bd. 7,3, S. 113.

61 Vgl. *Hölderlinturm. Dokumente zu Ernst Zimmer und zur Geschichte des Hölderlinturmes*, Sonderausstellung zur Wiedereröffnung 1985, Tübingen 1986.

Rückzüge ins Private, Vertreibung aus der Öffentlichkeit

1 Im Gedicht *Vor vierzig Jahren*; Annette von Droste-Hülshoff, *Historisch-kritische Ausgabe. Werke, Briefwechsel*, hrsg. von Winfried Woesler, 14 Bde. in 28, Tübingen 1978 – 2000, Bd. I,1, S. 23.

2 Brief an Elise Rüdiger, 18. Dezember 1841; ebd., Bd. IX,1, S. 276.

3 *Bei uns zu Lande auf dem Lande*; ebd., Bd. V,1, S. 131.

4 Brief an Philippa Pearsall, 27. August 1844; ebd., Bd. X,1, S. 209.

5 Brief an Elise Rüdiger, 5. September 1843; ebd., Bd. X,1, S. 95.

6 Brief an Christoph Bernhard Schlüter, 4. Juni 1835; ebd., Bd. VIII,1, S. 173.

7 Jenny von Droste-Hülshoff an Wilhelm Grimm, 27. Juli 1929; *Briefwechsel zwischen Jenny von Droste-Hülshoff und Wilhelm Grimm*, hrsg. von Karl Schulte Kemminghausen, Münster 1929, S. 116.

8 Brief an Levin Schücking, 10. Oktober 1842; Droste-Hülshoff, *Werke, Briefwechsel*, Bd. IX,1, S. 371.

9 Brief an Christoph Bernhard Schlüter, 23. März 1841; ebd., Bd. IX,1, S. 211.

10 Brief an Johanna Hassenpflug, 27. April 1845; ebd., Bd. X,1, S. 281.

11 Levin Schücking, *Lebenserinnerungen*, 2 Bde., Breslau 1886, Bd. 1, S. 155.

12 Brief an Elise Rüdiger, 30. Juli 1846; Droste-Hülshoff, *Werke, Briefwechsel*, Bd. X,1, S. 389.

13 *Briefwechsel zwischen Joseph Freiherrn von Laßberg und Ludwig Uhland*, hrsg. von Franz Pfeiffer, Wien 1870, S. 237.

14 Levin Schücking, *Annette von Droste. Ein Lebensbild*, Hannover 1862, S. 144.

15 Brief an Levin Schücking, 15. Dezember 1844 bzw. an Elise Rüdiger, 19. November 1843; Droste-Hülshoff, *Werke, Briefwechsel*, Bd. X,1, S. 116, 111.

16 Brief an Christoph Bernhard Schlüter, 15. April 1846; ebd., Bd. X,1, S. 369.

17 Brief an Elise Rüdiger, 17. Juni 1845; ebd., Bd. X,1, S. 289 f.

18 Brief an Johannes Mährlen, 29. November 1827; Eduard Mörike, *Werke und Briefe. Historisch-kritische Gesamtausgabe*, […] hrsg. von Hubert Arbogast, Hans-Henrik Krummacher, Herbert Meyer und Bernhard Zeller, Stuttgart 1967 ff., Bd. 10, S. 193.

19 Zit. nach: *Eduard Mörike. 1804, 1875, 1975. Gedenkausstellung zum 100. Todestag im Schiller-Nationalmuseum Marbach a. N. Texte und Dokumente*, München 1975, S. 238.

20 Ebd., S. 245.

21 Mörike, *Werke und Briefe*, Bd. 10, S. 260 f.

22 Ebd., Bd. 16, S. 181.

23 Ebd., Bd. 1,1, S. 228.

24 Brief an Wilhelm Hartlaub, 12. August 1840; ebd., Bd. 13, S. 112.

25 Ebd., Bd. 1,1, S. 256.

26 Brief an Gustav Heckenast, 25. Mai 1848; Adalbert Stifter, *Sämtliche Werke*, hrsg. von Gustav Wilhelm, 22 Bde., 2. Aufl., Hildesheim 1972, Bd. 17, S. 284.

27 Ebd., Bd. 18, S. 6.

28 Brief an Emilie von Binzer, 9. Juli 1849; ebd., Bd. 18, S. 7.

29 Ebd., Bd. 16, S. 161.

30 Brief an Gustav Pechwill, 7. Juli 1855; ebd., Bd. 18, S. 272. Im Brief an Amalia Stifter, 21. August 1841, spricht Stifter ebenfalls vom »Hottentottenland«; ebd., Bd. 17, S. 90.

31 Brief an Gustav Heckenast, 2. Februar 1857; ebd., Bd. 19, S. 1.

32 Brief an Joseph Türck, 8. November 1851; ebd., Bd. 18, S. 92.

33 Brief an Gustav Heckenast, 13. Mai 1854; ebd., Bd. 18, S. 224.

34 Brief an Gustav Heckenast, 11. September 1859; ebd., Bd. 19, S. 179.

35 Brief an Joseph Türck, 3. November 1867; ebd., Bd. 22, S. 163.

36 Heine, *Historisch-kritische Gesamtausgabe der Werke*, hrsg. von Manfred Windfuhr im Auftrag der Landeshauptstadt Düsseldorf, 16 Bde. in 23, Hamburg 1973 – 1997, Bd. 15, S. 62.

37 Ebd., Bd. 10, S. 339.

38 Ebd., Bd. 15, S. 61.

39 Ebd., Bd. 6, S. 196.

40 Vgl. Joseph A. Kruse, *Heine und Düsseldorf*, unter Mitw. von Sikander Singh, 2., erw. Aufl., Düsseldorf 1998, S. 42.

41 Jost Hermand hatte seinerzeit einem Forschungsbericht den Titel *Streitobjekt Heine* (Frankfurt a. M. 1975) gegeben.

42 Heine, *Historisch-kritische Gesamtausgabe der Werke*, Bd. VI, S. 182.

43 Hermann Kesten, »Heine – heute. Rede zur Eröffnung des Heine-Hauses in Düsseldorf, Bilker Straße 14 am 13. Dezember 1974«, in: *Nahe Ferne. 25 Jahre Heine-Museum in der Bilker Straße*, eine Ausstellung des Heinrich-Heine-Instituts mit Fotografien von Rolf Purpar, bearb. von Heidemarie Vahl unter Mitw. von Ursula Roth und Marianne Tilch, Düsseldorf 1999, S. 28 – 39, hier S. 39.

44 Ebd.

45 Zit. nach: Ariane Martin, *Georg Büchner*, Stuttgart 2007, S. 20.

46 Vgl. Erich Zimmermann, »Noch einmal: Büchners Geburtshaus«, in: *Georg Büchner Jahrbuch* 4 (1984), S. 305 – 311.

Zwischen Vertiko, Chaiselongue und Schreibtisch

1 Theodor Fontane, *L'Adultera. Novelle*, hrsg. von Gabriele Radecke, Berlin 1998, S. 157.

2 Brief an Saint-René Taillandier, 9. August 1852; Friedrich Hebbel, *Wesselburener Ausgabe. Briefwechsel 1829 – 1863. Historisch-kritische Ausgabe in fünf Bänden*, hrsg. von Otfrid Ehris-

mann, U. Henry Gerlach, Günter Häntzschel, Hermann Knebel, Hagen Thomsen, München 1999, Bd. 2, S. 525.

3 Ebd., Bd. 1, S. 276.

4 Friedrich Hebbel, *Sämtliche Werke*, Historisch-kritische Ausgabe besorgt von Richard Maria Werner, Berlin 1904–1907, 1911–1922, Abt. 1, Bd. 8, S. 112.

5 Ebd., Abt. 1, Bd. 8, S. 110 f.

6 Brief von Johann Jakob Mohr an Emil Kuh, 8. April 1835; *Der junge Hebbel. Wesselburen. Lebenszeugnisse und dichterische Anfänge*, hrsg. von Paul Bornstein, 2 Bde., Berlin 1925, Bd. 1, S. 80.

7 Brief Hebbels an Elise Lensing, 14. Dezember 1836; Hebbel, *Briefwechsel*, Bd. 1, S. 134.

8 Gottfried Benn, *Gedichte in der Fassung der Erstdrucke*, mit einer Einführung hrsg. von Bruno Hillebrand, Frankfurt a. M. 1982, S. 59.

9 Ernst Heilborn, »Fontanopolis«, in: *Velhagen & Klasings Monatshefte* 8 (April 1909), S. 580–585.

10 Theodor Fontane, *Gedichte*, hrsg. von Joachim Krueger und Anita Golz, 3 Bde., Berlin/Weimar 1989, Bd. 2, S. 499 (*Meine Reiselust*).

11 Friedrich Fontane, »Potsdamer Str. Nr. 134c«, in: *Brandenburgische Jahrbücher* 9 (1938), S. 63–68.

12 Kurt Tucholsky, »Fontane und seine Zeit«, in: Ders., *Ausgewählte Werke*, ausgew. und zusammengest. von Fritz J. Raddatz, 2 Bde., Reinbek bei Hamburg 1965, Bd. 2, S. 356–360, hier S. 356.

13 Theodor Fontane, *Wanderungen durch die Mark Brandenburg*, hrsg. von Gotthard Erler und Rudolf Mingau (†), 7 Bde., Berlin/Weimar 1991, Bd. 1, S. 52.

14 Theodor Fontane *Autobiographische Schriften*, hrsg. von Gotthard Erler, Peter Goldammer und Joachim Krueger, 3 Bde. in 4, Berlin/Weimar 1982, Bd. 1: *Meine Kinderjahre*, S. 16.

15 Ebd., Bd. 1, S. 17.

16 Ebd., Bd. 1, S. 18.

17 Ebd., Bd. 1, S. 18.

18 Emilie und Theodor Fontane, *Der Ehebriefwechsel*, hrsg. von Gotthard Erler unter Mitarbeit von Therese Erler, 3 Bde., Berlin/Weimar 1998, Bd. 3, S. 542 f.

19 Fontane, *Wanderungen durch die Mark Brandenburg*, Bd. 1, S. 3.

20 Theodor Fontane, *Von Zwanzig bis Dreißig. Autobiographisches. Nebst anderen selbstbiographischen Zeugnissen*, hrsg. von Kurt Schreinert und Jutta Neuendorff-Fürstenau, München 1973, S. 200.

21 Ebd., S. 208.

22 Theodor Storm, *Briefe*, hrsg. von Peter Goldammer, 2 Bde., Berlin/Weimar 1972, Bd. 2, S. 227.

23 Theodor Storm, *Sämtliche Werke in vier Bänden*, hrsg. von Karl Ernst Laage und Dieter Lohmeier, Frankfurt a. M. 1987, Bd. 1, S. 14.

24 Gertrud Storm, *Vergilbte Blätter aus der grauen Stadt*, Regensburg/Leipzig 1922, S. 67 f., bzw. Dies., *Theodor Storm. Ein Bild seines Lebens*, Berlin 1913, Bd. 2, S. 146.

25 Brief an Friedrich Eggers, 4. Juni 1869; *Theodor Storms Briefe an Friedrich Eggers. Mit einer Lebensskizze von F. Eggers und Gedichtproben*, hrsg. von H. Wolfgang Seidel, Berlin 1911, S. 70 f.

26 Brief an Auguste Raabe, 2. September 1863; Wilhelm Raabe, *Sämtliche Werke*, im Auftrag der Braunschweigischen Wissenschaftlichen Gesellschaft nach dem Tode von Hans Hoppe besorgt von Jost Schillemeit, Göttingen 1961 ff., Erg.-Bd. 2, S. 99.

27 Brief an Auguste Raabe, 29. Juni 1866; ebd., Erg.-Bd. 2, S. 112.

28 Brief an Friedrich Notter, 13. März 1871; ebd., Erg.-Bd. 2, S. 162.

29 Brief an Margarethe Raabe, 30. April 1891; zit. nach: Horst Denkler, *Neues über Wilhelm Raabe* […], Tübingen 1988, S. 101.

30 Brief an Wilhelm Jensen, 13. Februar 1877; Raabe, *Sämtliche Werke*, Erg.-Bd. 3, S. 273.

31 Ebd., Erg.-Bd. 5, S. 427.

32 Brief an Karl Schönhardt, 30. Dezember 1902; ebd., Erg.-Bd. 2, S. 443.

33 Anna-Margarete Ehninger, »Erinnerungen an Wilhelm Raabe, seine Familie und sein Heim«, in: *Wilhelm Raabe. Studien zu seinem Leben und Werk*, hrsg. von Leo A. Lensing und Hans-Werner Peter, Braunschweig 1981, S. 462–503, hier S. 464 f.

34 Brief an Hermann Haessel, 17. Februar 1877; *Briefe Conrad Ferdinand Meyers*, nebst seinen Rezensionen und Aufsätzen hrsg. von Adolf Frey, 2 Bde., Leipzig 1908, Bd. 2, S. 68.

35 Brief an Hermann von Lingg, 1. Juni 1877; ebd., Bd. 2, S. 295.

36 Brief an Johann Rudolf Rahn, 20. Juli 1885; ebd., Bd. 1, S. 258.

37 Brief an Hans Frick-Forrer, 2. Dezember 1887; zit. nach: Alfred Zäch/Gerlinde Wellmann, *Conrad Ferdinand Meyers Jahre in Kilchberg*, Vorwort von Emil Staiger, Kilchberg 1975, S. 22.

38 Brief an Hermann Haessel, 1. Juni 1877; Meyer, *Briefe*, Bd. 2, S. 69.

39 Zäch/Wellmann, *Conrad Ferdinand Meyers Jahre in Kilchberg*, S. 24.

40 Brief an Gerold Vogel, 16. Mai 1882; ebd., S. 11.

41 Paul Heyse an Theodor Storm, 18. September 1885; ebd., S. 12.

42 Adolf Frey, *Conrad Ferdinand Meyer. Sein Leben und seine Werke*, Stuttgart 1900, S. 310 f.

43 Barbara Bondy, »›Ein Kind wie wir anderen auch …‹ Unterhaltung mit dem Bruder Georg Trakls«, in: *Die neue Zeitung* Nr. 28 (2. Februar 1952), S. 9.

44 Ebd.

45 Ebd.

46 Georg Trakl, *Dichtungen und Briefe. Historisch-kritische Ausgabe*, hrsg. von Walther Killy und Hans Szklenar, 2 Bde., Salzburg 1969, Bd. 1, S. 148.

47 *Offenbarung und Untergang*; ebd., Bd. 1, S. 168.

48 Ebd., Bd. 1, S. 18 (*Musik im Mirabell*).

49 Brief an Ludwig von Ficker, Ende (?) November 1913; ebd., Bd. 1, S. 530.

50 Brief an Karl Borromäus Heinrich, etwa 19. Februar 1913; ebd., Bd. 1, S. 503.

Hartnäckige Villenbesitzer oder die Kunst, schön zu wohnen

1 Vgl. Gerhard Kurz, »Wohnen«, in: *Kurzer Aufenthalt. Streifzüge durch literarische Orte*, hrsg. von Ute Harbusch und Gregor Wittkop, Göttingen 2007, S. 10–16.

2 Hermann Hesse, *Sämtliche Werke*, hrsg. von Volker Michels, Frankfurt a. M. 2003, Bd. 12, S. 127

3 Rainer Maria Rilke, *Werke in drei Bänden*, Frankfurt a. M., 1966, Bd. 3, S. 146.

4 Vgl. Wolfgang Frühwald, »Hartnäckige Villenbesitzer? Über reale und fiktive Häuser deutscher Dichter«, in: Schwäbisch Hall-Stiftung (Hrsg.), *Kultur des Eigentums*, zusammengest. von Michael Stürmer und Roland Vogelmann, Berlin/Heidelberg 2006, S. 447–454, hier S. 452.

5 Hermann Kesten, *Meine Freunde die Poeten*, München 1959, S. 66.

6 Tagebucheintrag vom 15. April 1954; Thomas Mann, *Tagebücher 1953–1954*, hrsg. von Inge Jens, Frankfurt a. M. 1995, S. 210.

7 Brief an Gustav Jäger, 9. August 1894; zit. nach: Hans Wollschläger, *Karl May. Grundriß eines gebrochenen Lebens*, Zürich 1976, S. 84.

8 Karl May, *Mein Leben und Streben*, Vorwort, Anmerkungen, Nachwort, Sach-, Personen- und geographisches Namenregister von Hainer Paul, Hildesheim/New York 1975, S. 137 f.

9 So der Untertitel von Wollschlägers Karl May-Biographie.

10 May, *Mein Leben und Streben*, S. 13.

11 *Karl Mays Werke*, hrsg. von Hermann Wiedenroth und Hans Wollschläger, Abt. II, Bd. 4, Nördlingen 1987, S. 643.

12 Zit. nach: Wollschläger, *Karl May*, S. 91.

13 Brief an Eberhard von Bodenhausen, 16. März 1901; Hugo von Hofmannsthal – Eberhard von Bodenhausen, *Briefe der Freundschaft*, hrsg. von Dora Freifrau von Bodenhausen, Düsseldorf 1953, S. 16.

14 Hugo von Hofmannsthal, *Sämtliche Werke. Kritische Ausgabe*, veranstaltet vom Freien Deutschen Hochstift […], Frankfurt a. M. 1975 ff., Bd. XXXVII, S. 315.

15 Brief an Franziska Schlesinger, 25. Juli 1901; zit. nach: Katja Kaluga/Katharina J. Schneider, »Rodaun. Ein unglaublich kleines Haus«, in: *Hofmannsthal. Orte. 20 biographische Erkundungen*, hrsg. von Wilhelm Hemecker und Konrad Heumann in Zusammenarbeit mit Claudia Bamberg, Wien 2014, S. 199–223, hier S. 215 f.

16 Erika Brecht, *Erinnerungen an Hugo von Hofmannsthal*, Innsbruck 1946, S. 8 f.

17 Brief an Thea Sternheim, 19. November 1932; Gottfried Benn, *Ausgewählte Briefe*, mit einem Nachwort von Max Rychner, Wiesbaden 1957, S. 54.

18 Brief an die Gemeinde Erkner vom 3. Dezember 1926, abgedruckt am 10. Dezember 1936 im *Allgemeinen Anzeiger* der Gemeinde Erkner.

19 Zit. nach: Walter Requardt/Martin Machatzke, *Gerhart Hauptmann und Erkner. Studien zum Berliner Frühwerk*, Berlin 1980, S. 241.

20 Rede am 28. August 1935 zur Feier der 50jährigen Zugehörigkeit Hauptmanns zur Insel Hiddensee; Gerhart Hauptmann, *Sämtliche Werke*, hrsg. von Hans-Egon Hass (Centenar-Ausgabe), 11 Bde., Frankfurt a. M./Berlin 1962–74, Bd. 11, S. 1139–1141, hier S. 1140.

21 Zit. nach: Arnold Gustavs, *Gerhart Hauptmann und Hiddensee. Kleine Erinnerungen*, mit Briefen von Gerhart und Margarete Hauptmann und einem Nachwort hrsg. von Gustav Erdmann, 2., durchges. Aufl., Schwerin 1964, S. 150.

22 Hauptmann, *Sämtliche Werke*, Bd. 11, S. 708 f.

23 Zit. nach: *Ida Dehmel. 1870–1942* [Ausstellungskatalog von Elisabeth Höpker-Herberg], Hamburg 1970, S. 35.

24 Zit. nach: Julius Bab, *Richard Dehmel. Die Geschichte eines Lebens-Werkes*, Leipzig 1926, S. 267.

25 Ebd., S. 327.

26 Hesse, *Sämtliche Werke*, Bd. 12, S. 134.

27 Ebd., Bd. 12, S. 115.

28 Ebd., Bd. 12, S. 127.

29 Ebd., Bd. 12, S. 135.

30 Ebd., Bd. 12, S. 127.

31 Ebd., Bd. 12, S. 143.

32 Ebd., Bd. 12, S. 140.

33 Ebd., Bd. 12, S. 69.

34 Ebd., Bd. 12, S. 140.

35 *Hermann Hesse 1877–1962*, bearb. von Volker Michels, Paul Rathgeber, Eugen Würzbach, 2., durchges. Aufl., Marbach 2003, S. 40.

36 Hesse, *Sämtliche Werke*, Bd. 12, S. 148.

37 Ebd., Bd. 12, S. 180.

38 Ebd., Bd. 12, S. 148.

39 Ebd., Bd. 12, S. 150.

40 Ebd., Bd. 12, S. 149.

41 Ebd., Bd. 12, S. 149.

42 Ebd., Bd. 12, S. 150.

43 Zit. nach: *Hermann Hesse in Augenzeugenberichten*, hrsg. von Volker Michels, Frankfurt a. M. 1991, S. 141.

44 Hermann Hesse, *Gesammelte Briefe*, in Zusammenarbeit mit Heiner Hesse und Ursula Michels, hrsg. von Volker Michels, 4 Bde., Frankfurt a. M. 1973–86, Bd. 4, S. 345.

45 Hesse, *Sämtliche Werke*, Bd. 12, S. 181.

Literarische Schauplätze

1 Emilie und Theodor Fontane, *Der Ehebriefwechsel*, hrsg. von Gotthard Erler unter Mitarbeit von Therese Erler, 3 Bde., Berlin/Weimar 1998, Bd. 3, S. 289 f.

2 *Goethes Werke*, hrsg. im Auftrage der Großherzogin Sophie von Sachsen, 133 Bde. in 143, Weimar 1887–1919, Abt. 1, Bd. 28, S. 155.

3 Ebd., Abt. 1, Bd. 28, S. 221.

4 Ebd., Abt. 1, Bd. 28, S. 225.

5 Thomas Mann, *Gesammelte Werke in dreizehn Bänden*, 2., durchges. Aufl., Frankfurt a. M. 1974, Bd. 2, S. 375.

6 Ebd., Bd. 11, S. 548 f.

7 Ebd., Bd. 11, S. 451.

8 Heinrich Mann, *In einer Familie. Roman* mit einem Nachwort von Klaus Schröter, Frankfurt a. M. 2000, S. 83.

9 Heinrich Mann, *Ein Zeitalter wird besichtigt*, mit einem Nachwort von Klaus Schröter und einem Materialienanhang, zusammengestellt von Peter-Paul Schneider, Frankfurt a. M. 1988, S. 238.

10 Thomas Mann, *Gesammelte Werke*, Bd. 8, S. 311 f.

11 Ebd., Bd. 11, S. 1035.

12 Michael Grisko, »Die Karriere des Buddenbrookhauses. Vom Bürgerhaus zum Haus von einiger Bedeutung«, in: *Das Buddenbrookhaus*, hrsg. von Britta Dittmann und Hans Wißkirchen, Lübeck 2008, S. 28–32, hier S. 31.

13 So in einem Artikel mit dem Titel »Bitte umblättern Begehbarer Roman: Das neue Buddenbrookhaus in Lübeck« in der *Frankfurter Allgemeinen Zeitung* vom 8. Juni 2000, S. 53.

14 Hans Wißkirchen, »Das ›neue‹ Buddenbrookhaus als Erinnerungsort und Literaturmuseum«, in: *Dichter und ihre Häuser. Die Zukunft der Vergangenheit*, hrsg. von Hans Wißkirchen, Lübeck 2002, S. 67–82, hier S. 76.

15 Kurt Tucholsky, *Rheinsberg. Ein Bilderbuch für Verliebte und anderes*, hrsg. von Mary Gerold-Tucholsky, Reinbek bei Hamburg 1992, S. 66.

16 Ebd., S. 49.

17 Ebd., S. 70.

18 Ebd., S. 8.

Rückzugsorte und Zufluchten

1 Hans Fallada, »Mit dem Heiraten fängt es an«, in: Ders., *Heute bei uns zu Haus. Ein anderes Buch. Erfahrenes und Erfundenes*, Berlin/Weimar 2002, S. 9 – 43, hier S. 43.

2 Zit. nach: Sabine Lange, *Im Mäckelnbörgischen, in der Welteneinsamkeit. Hans Fallada in Carwitz und Feldberg (1933 – 1945)*, Neubrandenburg 1995, S. 24.

3 Ebd., S. 27.

4 Ebd., S. 37.

5 Ebd., S. 34.

6 Brief an Margarete Ditzen, 13. Februar 1934; zit. nach: Werner Liersch, *Hans Fallada. Sein großes kleines Leben*, Hildesheim 1993, S. 272.

7 Hiltrud Häntzschel, *Marieluise Fleißer. Eine Biographie*, mit zahlreichen Abbildungen, Frankfurt a. M. 2007, S. 19.

8 So in einem Gespräch mit A. Forster, zit. nach: *Materialien zum Leben und Schreiben der Marieluise Fleißer*, hrsg. von Günther Rühle, Frankfurt a. M. 1973, S. 352.

9 Ebd., S. 113.

10 So in *Meine Biographie*; Marieluise Fleißer, *Gesammelte Werke*, hrsg. von Günther Rühle, 4 Bde., Frankfurt a. M. 1972, 1989, Bd. 4, S. 530.

11 So heißt es in der offiziellen Würdigung anlässlich der Verleihung des Kunstförderungspreises, zit. nach: Carl-Ludwig Reichert, *Marieluise Fleißer*, München 2001, S. 168.

12 Fleißer, *Gesammelte Werke*, Bd. 4, S. 465 f.

13 *Materialien*, S. 359.

14 Gespräch mit Günther Rühle; ebd., S. 359.

15 Zit. nach: Michael Töteberg, »Marieluise Fleißer. Die Fröste der Freiheit«, in: *Konturen. Magazin für Sprache, Literatur und Landschaft* 1 (1994), S. 62 – 67, hier S. 63.

16 Ernst Barlach, *Die Briefe 1888 – 1938 in zwei Bänden*, hrsg. von Friedrich Dross, München 1968/69, Bd. 1, S. 321 f.

17 Brief an Charitas Lindemann, 14. Juni 1910; ebd., Bd. 1, S. 344.

18 Brief an Charitas Lindemann, 24. Februar 1910; ebd., Bd. 1, S. 335.

19 Brief an Reinhard Piper, 6. Mai 1910; ebd., Bd. 1, S. 341.

20 Brief an Karl Barlach, 2. Februar 1927; ebd., Bd. 2, S. 87.

21 Brief an Karl Barlach, 2. Juli 1930; ebd., Bd. 2, S. 222.

22 Brief an Hans Barlach, 5. März 1931; ebd., Bd. 2, S. 259.

23 Ernst Barlach, »Als ich von dem Verbot der Berufsausübung bedroht war«, in: Ders.: *Das dichterische Werk in drei Bänden*, München 1956 – 59, Bd. 3, S. 427.

Rückkehr und Neuanfang

1 Brief an Günter Eich, 3. September 1964; Peter Huchel, *Wie soll man da Gedichte schreiben. Briefe 1925 – 1977*, hrsg. von Hub Nijssen, Frankfurt a. M. 2000, S. 407.

2 Zit. nach: Herlinde Koelbl, *Im Schreiben zu Haus. Wie Schriftsteller zu Werke gehen*, Fotografien und Gespräche, München 1998, S. 15.

3 Anna Seghers, *Ausgewählte Erzählungen*, hrsg. und mit einem Nachwort von Christa Wolf, Darmstadt/Neuwied 1983, S. 122.

4 Anna Seghers, »Der Anteil der Literatur an der Bewußtseinsbildung des Volkes [Rede auf dem IV. Deutschen Schriftstellerkongreß 1956]«, in: Dies., *Über Kunstwerk und Wirklichkeit*, bearb. und eingel. von Sigrid Bock, 3 Bde., Berlin/DDR, 1970/71, Bd. 1, S. 90 – 95, hier S. 91 f.

5 Ebd., Bd. 1, S. 92.

6 Ebd., Bd. 3, S. 165.

7 Zit. nach: Marianne Berger, »Die Anna-Seghers-Gedenkstätte in Berlin-Adlershof«, in: *Argonautenschiff. Jahrbuch der Anna-Seghers-Gesellschaft Berlin und Mainz* 1 (1992), S. 207 f., hier S. 207.

8 Heinrich Heine, *Säkularausgabe. Werke, Briefwechsel, Lebenszeugnisse*, hrsg. von der Stiftung Weimarer Klassik und dem Centre National de la Recherche Scientifique in Paris, Paris/Berlin 1970 ff., Bd. 22, S. 276 f.

9 Anna Seghers, »Abschied vom Heinrich-Heine-Klub«; Seghers, *Über Kunstwerk und Wirklichkeit*, Bd. 1, S. 205 – 208, hier S. 207.

10 Walter Benjamin, *Gesammelte Schriften*, unter Mitwirkung von Theodor W. Adorno und Gershom Scholem hrsg. von Rolf Tiedemann und Hermann Schweppenhäuser, Frankfurt a. M. 1972 – 74, Bd. 6, S. 435.

11 So in einem gemeinsam von Benjamin und Brecht verfassten Text mit dem Titel *Über Formen des Wohnens* (1931); Bertolt-Brecht-Archiv, Berlin, 448/133 f.

12 Bertolt Brecht, *Werke. Große kommentierte Berliner und Frankfurter Ausgabe*, hrsg. von Werner Hecht, Jan Knopf, Werner Mittenzwei und Klaus-Detlef Müller, Berlin/Weimar/Frankfurt a. M. 1988 – 2000, Bd. 11, S. 119.

13 Ebd., Bd. 12, S. 311.

14 Ebd., Bd. 27, S. 281.

15 Ebd., Bd. 15, S. 205.

16 Ebd., Bd. 30, S. 181.

17 Brief an Peter Suhrkamp, 8. März 1954, Eingang; ebd., Bd. 30, S. 231.

18 Ebd.

19 Ebd., S. 232.

20 Arno Schmidt, *Der Briefwechsel mit Alfred Andersch*, […] hrsg. von Bernd Rauschenbach, Bargfeld/Zürich 1985, S. 195.

21 Zit. nach: Bernd Rauschenbach, »Mein Leben?!: ist kein Kontinuum! Biogramm Arno Schmidt«; www.arno-schmidt-stiftung.de/Leben/Biogramm.html (Mai 2015).

22 Ebd.

23 Ebd.

24 Arno Schmidt, »Aus der ›Akte Bargfeld‹«, in: *Der Rabe. Magazin für jede Art von Literatur* 12 (1985), S. 77 – 83, hier S. 81.

25 Ebd., S. 77 f.

26 Ebd., S. 81.

27 Arno Schmidt, *Der Briefwechsel mit Wilhelm Michels*, […] hrsg. von Bernd Rauschenbach, Bargfeld/Zürich 1987, S. 104.

28 *Arno Schmidt in Bargfeld*, Text: Bernd Erhard Fischer, Photographien: Angelika Fischer, Berlin 2007, S. 25.

29 Schmidt, *Briefwechsel mit Alfred Andersch*, S. 246.

30 Zit. nach: Wolfgang Martynkewicz, *Arno Schmidt mit Selbstzeugnissen und Bilddokumenten*, 2. Aufl., Reinbek bei Hamburg 1992, S. 111.

31 Zit. nach: Rauschenbach, »Mein Leben?!: ist kein Kontinuum! Biogramm Arno Schmidt«

32 Zit. nach: Helmuth Kiesel, *Ernst Jünger. Die Biographie*, München 2007, S. 589.

33 Ernst Jünger, *Sämtliche Werke*, 2. Abt., Bd. 13, Stuttgart 1981, S. 419.

34 Ernst Jünger, *Siebzig verweht*, 5 Bde., Stuttgart 1980 – 97, Bd. 1, S. 5.

35 Ebd., Bd. 1, S. 104.

36 Heimo Schwilk, *Ernst Jünger. Ein Jahrhundertleben*, München/Zürich 2010, S. 568.

37 Jünger, *Sämtliche Werke*, Abt. 2, Bd. 19, S. 63.

38 Jünger, *Siebzig verweht*, Bd. 2, S. 617 f.

39 *Die Schleife. Dokumente zum Weg von Ernst Jünger*, zusammengestellt von Armin Mohler, Zürich 1955, S. 117–119.

40 Peter Huchel, *Gesammelte Werke in zwei Bänden*, hrsg. von Axel Vieregg, Frankfurt a. M. 1984, Bd. II, S. 382.

41 Ebd., Bd. I, S. 224.

42 Ebd., Bd. I, S. 220.

43 Zit. nach: *Peter Huchel. Leben und Werk in Texten und Bildern*, hrsg. von Peter Walther im Auftrag des Brandenburgischen Literaturbüros, Frankfurt a. M. 1996, S. 22.

44 Zit. nach: Ulrike Edschmid, *Verletzte Grenzen. Zwei Frauen, zwei Lebensgeschichten*, Hamburg/Zürich 1992, S. 134.

45 Ebd., S. 135.

46 Zit. nach: *Peter Huchel. Leben und Werk*, S. 29.

47 Wolf Biermann, *Alle Lieder*, 2. Aufl., Köln [1992], S. 177 (*Ermutigung*).

Erinnerungsort, Archiv und Museum

1 Robert Musil, *Tagebücher*, hrsg. von Adolf Frisé, 2 Bde., Reinbek bei Hamburg 1983, Bd. 1, S. 681.

2 Ingeborg Bachmann, *Werke*, hrsg. von Christine Koschel, Inge von Weidenbaum, Clemens Münster, 4 Bde., 4. Aufl., München 1993, Bd. 2, S. 84.

3 Ebd., Bd. 2, S. 85, 87.

4 Ingeborg Bachmann, *Wir müssen wahre Sätze finden. Gespräche und Interviews*, hrsg. von Christine Koschel und Inge von Weidenbaum, 2. Aufl., München/Zürich 1983, S. 111.

5 Christine Lavant, *Der Pfauenschrei. Gedichte*, Salzburg 1962, S. 5.

6 Wolfgang Koeppen, *Gesammelte Werke in sechs Bänden*, hrsg. von Marcel Reich-Ranicki in Zusammenarbeit mit Dagmar von Briel und Hans-Ulrich Treichel, Frankfurt a. M. 1990, Bd. 5, S. 302.

7 Wolfgang Koeppen, »Es klopft das Herz. Rede zur Verleihung der Ehrendoktorwürde der Universität Greifswald am 8. Juni 1990«, in: *Die Zeit* 27, 29. Juni 1990.

8 So im Entwurf des autobiographischen Texts *Geburtstag von W.K. 23. Juni 1906*, zit. nach: Hiltrud und Günter Häntzschel, *»Ich wurde eine Romanfigur«. Wolfgang Koeppen 1906–1996*, Frankfurt a. M. 2006, S. 16.

9 Wolfgang Koeppen, *»Einer der schreibt«. Gespräche und Interviews*, hrsg. von Hans-Ulrich Treichel, Frankfurt a. M. 1995, S. 197.

10 Heinz Ludwig Arnold, *Gespräche mit Schriftstellern. Max Frisch, Günter Grass, Wolfgang Koeppen, Max von der Grün, Günter Wallraff*, München 1975, S. 112.

11 Koeppen, *Gesammelte Werke*, Bd. 3, S. 98.

12 Wolfgang Koeppen, *Auf dem Phantasieroß. Prosa aus dem Nachlaß*, hrsg. von Alfred Estermann, Frankfurt a. M. 2000, S. 683 (Nachwort).

13 Thomas Bernhard, *Werke*, hrsg. von Martin Huber und Wendelin Schmidt-Dengler, Frankfurt a. M. 2003 ff., Bd. 13, S. 9 f.

14 In: *Neue Presse*, 24. Dezember 1965; zit. nach: Joachim Hoell, *Thomas Bernhard*, München 2000, S. 80.

15 *Thomas Bernhard. Werkgeschichte*, aktualisierte Neuausgabe 1990, hrsg. von Jens Dittmar, Frankfurt a. M. 1990, S. 286.

16 Bernhard, *Werke*, Bd. 13, S. 56.

17 Rudolf Brändle, *Zeugenfreundschaft. Erinnerungen an Thomas Bernhard*, Salzburg/Wien 1999, S. 119.

18 Vgl. Manfred Mittermayer, *Thomas Bernhard*, Frankfurt a. M. 2006, S. 49 f.

19 Karl Ignaz Hennetmair, *Ein Jahr mit Thomas Bernhard. Das notariell versiegelte Tagebuch 1972*, Transkription Johannes Berchtold und Fritz Simhandl, Salzburg 2000, S. 467.

20 Zit. nach: Hoell, *Thomas Bernhard*, S. 83.

21 *Meine eigene Einsamkeit*; zit nach: ebd., S. 80.

22 Bernhard, *Werke*, Bd. 14, S. 58.

23 So eine Gesprächsnotiz von Siegfried Unseld vom 21. Januar 1989; zit. nach: Mittermayer, *Thomas Bernhard*, S. 127.

24 Anon., »Walter Kempowski: ›Mein Haus ist wie ein Buch von mir‹«, in: *Mosaik* (1979), H. 3, S. 28–32, hier S. 28.

25 Walter Kempowski, *Sirius. Eine Art Tagebuch*, München 1990, S. 159.

26 Volker Hage, *Walter Kempowski. Bücher und Begegnungen*, München 2009, S. 96.

27 Zit. nach: Dirk Hempel, *Haus Kreienhoop. Kempowskis zehnter Roman*, Fischerhude 2001, S. 7.

28 Zit. nach: Dirk Hempel/Frauke Reinke-Wöhl, *»Wie eine Schädeldecke«. Walter Kempowskis Haus Kreienhoop*, Bremen 2011, S. 48.

29 Walter Kempowski, *Hundstage. Roman*, München/Hamburg 1988, S. 45.

30 Zit. nach: Dirk Hempel, *Kempowskis Lebensläufe*, hrsg. von der Akademie der Künste, Berlin 2007, S. 94.

31 Walter Kempowski, *Culpa. Notizen zum »Echolot«*, München 2005, S. 7.

32 Hage, *Walter Kempowski*, S. 92.

33 Kempowski, *Sirius*, S. 41.

34 Friedrich Dürrenmatt, *Gesammelte Werke in sieben Bänden*, hrsg. von Josef Görtz, Zürich 1988, Bd. 6, S. 598.

35 Ebd., Bd. 6, S. 587.

36 Ebd., Bd. 6, S. 597.

37 Ebd., Bd. 6. S. 591.

38 Ebd., Bd. 6, S. 578 f.

39 Horst Bienek, *Werkstattgespräche mit Schriftstellern*, München 1965, S. 120 f.

40 Dürrenmatt, *Gesammelte Werke*, Bd. 7, S. 505.

41 Ebd., Bd. 7, S. 490.

42 Zit. nach: *Mario Botta. Centre Dürrenmatt Neuchâtel*, hrsg. von Edwin Erismann, Basel/Boston/Berlin 2000, S. 86.

43 Ebd., S. 9.

Hinweise | Anschriften

Achim und Bettina von Arnim
Künstlerhaus Schloss Wiepersdorf
Bettina-von Arnim-Str. 13
14913 Wiepersdorf
Deutschland
www.schloss-wiepersdorf.de

Ernst Barlach
Ernst Barlach Stiftung
Atelierhaus
Heidberg 15
18273 Güstrow
Deutschland
www.ernst-barlach-stiftung.de

Thomas Bernhard
Thomas-Bernhard-Haus
Obernathal 2
4964 Ohlsdorf
Österreich
www.thomasbernhard.at

Bertolt Brecht
Brechthaus
Auf dem Rain 7
86150 Augsburg
Deutschland
www.augsburg.de/kultur/museen-galerien/brechthaus/

Brecht-Weigel-Haus
Bertolt-Brecht-Str. 30
15377 Buckow
Deutschland
www.brecht-weigelhaus.de

Brecht-Weigel-Gedenkstätte
Chausseestr. 125
10115 Berlin
Deutschland
www.adk.de/brecht-museum/

Georg Büchner
Büchnerhaus
Weidstr. 9
64560 Riedstadt-Goddelau
Deutschland
www.riedstadt.de/stadt/georg-buechner.html

Ida und Richard Dehmel
Dehmelhaus Stiftung
Richard-Dehmel-Straße 1
22587 Hamburg
Deutschland
www.dehmelhaus.de

Annette von Droste-Hülshoff
Burg Hülshoff
Schonebeck 6
48329 Havixbeck
Deutschland
www.burg-huelshoff.de

Haus Rüschhaus
Am Rüschhaus 81
48161 Münster-Nienberge
Deutschland
www.haus-rueschhaus.de

Burg Meersburg
Schlossplatz 10
88709 Meersburg
Deutschland
www.burg-meersburg.de

Fürstenhäusle
Stettener Str. 11
88709 Meersburg
Deutschland
ww.fuerstenhaeusle.de

Friedrich Dürrenmatt
Centre Dürrenmatt Neuchâtel
74, chemin du Pertuis-du-Sault
2000 Neuchâtel
Schweiz
www.cdn.ch

Hans Fallada
Hans-Fallada-Haus Carwitz
Zum Bohnenwerder 2
17258 Feldberger Seenlandschaft
Deutschland
www.fallada.de

Marieluise Fleißer
Fleißer-Haus
Kupferstr. 18
85049 Ingolstadt
Deutschland
www.ingolstadt.de/stadtmuseum/documents/fleisserhaus_mi.htm

Theodor Fontane
Löwen-Apotheke
Karl-Marx-Str. 84
16816 Neuruppin
Deutschland
www.neuruppin.de/kultur-tourismus/kultur/sehenswuerdigkeiten/fontane-haus.html

Fontane-Gedenkstätte
Friedhof II der Französischen Gemeinde
Liesenstr. 7
10115 Berlin
Deutschland
www.franzoesische-kirche.de/vierorte/kirchhoefe.html

Johann Wilhelm Ludwig Gleim
Gleimhaus
Domplatz 31
38820 Halberstadt
Deutschland
www.gleimhaus.de

Johann Wolfgang Goethe
Freies Deutsches Hochstift
Frankfurter Goethe-Museum
Großer Hirschgraben 23–25
60311 Frankfurt am Main
Deutschland
www.goethehaus-frankfurt.de

Goethes Wohnhaus – Goethe-Nationalmuseum
Frauenplan 1
99423 Weimar
Deutschland
www.klassik-stiftung.de/einrichtungen/goethe-nationalmuseum-mit-goethes-wohnhaus/

Gartenhaus
Park an der Ilm
99423 Weimar
Deutschland
www.klassik-stiftung.de/index.php?id=90

Casa di Goethe
Via del Corso, 18
00186 Roma
Italien
www.casadigoethe.it

Johann Jakob Christoph Grimmelshausen
Simplicissimus-Haus
Hauptstr. 59
77871 Renchen
Deutschland
www.simplicissimushaus.de

Heimat- und Grimmelshausenmuseum
Hauptstraße 32
77704 Oberkirch
Deutschland
www.oberkirch.de/de/freizeit/kultur/heimat-und-grimmelshausenmuseum.html

Gerhart Hauptmann
Gerhart-Hauptmann-Museum Erkner
Gerhart-Hauptmann-Str. 1–2
15537 Erkner
Deutschland
www.gerhart-hauptmann.de

Gerhart-Hauptmann-Haus
Kirchweg 13
18565 Kloster auf Hiddensee
Deutschland
www.gerhart-hauptmann.de

Carl- und Gerhart-Hauptmann Haus
in Schreiberhau
ul. 11 Listopada 28
58–580 Szklarska Poręba (Średnia)
Polen
www.gerhart-hauptmann.de

Gerhart-Hauptmann-Haus in Agnetendorf
ul. Michałowicka 32
58–570 Jelenia Góra
Polen
www.gerhart-hauptmann.de

Friedrich Hebbel
Hebbel-Museum
Österstr. 6
25764 Wesselburen
Deutschland
www.hebbelmuseum.de

Heinrich Heine
Heinrich-Heine-Institut
Bilker Str. 12–14
40213 Düsseldorf
Deutschland
www.duesseldorf.de/heineinstitut

Johann Gottfried Herder
Herderhaus
Herderplatz 8
99423 Weimar
Deutschland
www.kirchenladen-weimar.de

Hermann Hesse
Hermann-Hesse-Museum
Marktplatz 30
75365 Calw
Deutschland
www.calw.de/hermann-hesse-museum

Hermann-Hesse-Höri-Museum
Kapellenstr. 8
78343 Gaienhofen
Deutschland
www.hermann-hesse-hoeri-museum.de

Hermann-Hesse-Haus
Hermann-Hesse-Weg 2
78343 Gaienhofen
Deutschland
www.hermann-hesse-haus.de

Museo Hermann Hesse
Torre Camuzzi
6926 Montagnola
Schweiz
www.hessemontagnola.ch

Friedrich Hölderlin
Hölderlinturm
Bursagasse 6
72070 Tübingen
Deutschland
www.hoelderlin-gesellschaft.de

E. T. A. Hoffmann
E. T. A.-Hoffmann-Haus
Schillerplatz 26
96047 Bamberg
Deutschland
www.etahg.de

Hugo von Hofmannsthal
Ketzergasse 471
1230 Wien (Rodaun)
Österreich

Peter Huchel
Peter-Huchel-Haus
Hubertusweg
14552 Michendorf/Wilhelmshorst
Deutschland
www.peter-huchel-haus.de

Jean Paul
Jean-Paul-Museum
Wahnfriedstr. 1
95444 Bayreuth
Deutschland
www.bayreuth.de/museumsuebersicht/jean_paul_museum_309.html

Jean-Paul-Stube in der Rollwenzelei
Königsallee 84
95448 Bayreuth
Deutschland
www.jeanpaulstube.de

Ernst Jünger
Jünger-Haus
Stauffenbergstr. 11
88515 Wilflingen
Deutschland
www.juenger-haus.de

Walter Kempowski
Haus Kreienhoop
Zum Röhrberg 24
27404 Nartum
Deutschland
www.kempowski.de

Justinus Kerner
Kernerhaus
Öhringer Str. 3
74189 Weinsberg
Deutschland
www.justinus-kerner-verein.de

Friedrich Gottlieb Klopstock
Klopstockhaus
Schlossberg 12
06484 Quedlinburg
Deutschland
www.quedlinburg.de/de/museen/article-11805700019.html

Wolfgang Koeppen
Koeppenhaus
Bahnhofstr. 4
17489 Greifswald
Deutschland
www.koeppenhaus.de

Gotthold Ephraim Lessing
Lessinghaus
Lessingplatz
38304 Wolfenbüttel
Deutschland
www.hab.de/de/home/museum-kultur-programm/ihr-besuch/lessinghaus.html

Lotte und Werther
Lottehaus
Lottestr. 8–10
35578 Wetzlar
Deutschland
www.wetzlar.de/index.phtml?La=1&object=tx|370.7756.1&NavID=370.158.1&sub=0

Jerusalemhaus
Schillerplatz 5
35578 Wetzlar
Deutschland
www.wetzlar.de/index.phtml?NavID=370.3&La=1

Heinrich und Thomas Mann
Buddenbrookhaus
Heinrich-und-Thomas-Mann-Zentrum
Mengstr. 4
23552 Lübeck
Deutschland
www.buddenbrookhaus.de

Karl May
Karl-May-Haus
Karl-May-Str. 54
09337 Hohenstein-Ernstthal
Deutschland
www.karl-may-haus.de

Karl-May-Museum Villa Shatterhand
Karl-May-Str. 5
015554 Radebeul
Deutschland
www.karl-may-museum.de

Conrad Ferdinand Meyer
Conrad Ferdinand Meyer-Haus
Alte Landstr. 170
8802 Kilchberg
Schweiz
www.kilchberg.ch/xml_1/internet/de/application/d47/f241.cfm

Eduard Mörike
Mörike-Museum
Turmhahnstr. 2
74196 Neuenstadt-Cleversulzbach
Deutschland
www.moerike-museum.de

Robert Musil, Ingeborg Bachmann, Christine Lavant
Robert-Musil-Literatur-Museum
Bahnhofstr. 50
9020 Klagenfurt
Österreich
www.musilmuseum.at

Friedrich Nietzsche
Nietzsche-Haus
Via da Marias
7514 Sils-Maria
Schweiz
www.nietzschehaus.ch

Nietzsche-Archiv
Humboldtstr. 36
99423 Weimar
Deutschland
www. klassik-stiftung.de/einrichtungen/museen/nietzsche-archiv/

Novalis
Schloss Oberwiederstedt
Schäfergasse 6
06333 Arnstein OT Wiederstedt
Deutschland
www.novalis-gesellschaft.de

Novalis-Haus
Klosterstr. 24
06667 Weißenfels
Deutschland
www.novalis-weissenfels.de

Oswald von Wolkenstein
Burgruine Hauenstein
39040 Seis am Schlern
Italien
www.seiser-alm.it/de/highlights/burgen-schloesser/burgruine-hauenstein.html

Wilhelm Raabe
Raabehaus
Leonhardstr. 29a
38102 Braunschweig
Deutschland
www.braunschweig.de/literaturzentrum/

Friedrich Schiller
Schillers Geburtshaus
Niklastorstr. 31
71672 Marbach am Neckar
Deutschland
www.schillersgeburtshaus.de

Schillers Wohnhaus
Schillerstr. 12
99423 Weimar
Deutschland
www. klassik-stiftung.de/einrichtungen/museen/schillers-wohnhaus/

Schillerhaus
Menckestr. 42
04155 Leipzig
Deutschland
www.stadtgeschichtliches-museum-leipzig.de/site_deutsch/schillerhaus/

Arno Schmidt
Arno-Schmidt-Haus
Zum Kronsberg-Bargfeld
Unter den Eichen 13
29351 Eldingen
Deutschland
www.arno-schmidt-stiftung.de

Anna Seghers
Anna-Seghers-Gedenkstätte
Anna-Seghers-Str. 81
12489 Berlin-Adlershof
Deutschland
www.adk.de/seghers-museum/

Johann Gottfried Seume und Georg Joachim Göschen
Museum Göschenhaus
Schillerstr. 25
04668 Grimma
Deutschland
www.goeschenhaus.de

Seume-Haus
Markt 11
04668 Grimma
Deutschland
www.goeschenhaus.de

Adalbert Stifter
StifterHaus
Zentrum für Literatur und Sprache
in Oberösterreich
Adalbert-Stifter-Platz 1
4020 Linz
Österreich
www.stifter-haus.at

Theodor Storm
Storm-Haus
Wasserreihe 31
25813 Husum
Deutschland
www.storm-gesellschaft.de/museum/

Georg Trakl
Georg-Trakl-Gedenkstätte
Am Waagplatz 1a
5020 Salzburg
Österreich
www.kulturvereinigung.com/de/georg-trakl-haus/

Kurt Tucholsky
Kurt Tucholsky Literaturmuseum
Schloss Rheinsberg
16831 Rheinsberg
Deutschland
www.rheinsberg.de/de/tucholsky-museum/kurt-tucholsky.html

Christoph Martin Wieland
Wieland Museum/Wieland-Gartenhaus
Saudengasse 10/1
88400 Biberach an der Riß
Deutschland
www.wieland-museum.de

Wielandgut
Wielandstr. 16a
99510 Oßmannstedt
Deutschland
www.klassik-stiftung.de/einrichtungen/museen/wielandgut-ossmannstedt/

Wolfram von Eschenbach
Museum Wolfram von Eschenbach
Wolfram-von-Eschenbach-Platz 9
91639 Wolframs-Eschenbach
Deutschland
www.wolframs-eschenbach.de/show-page.php?SiteID=42&lang=1

Literaturhinweise

Allgemeine Literatur

Arbeitsgemeinschaft Literarischer Gesellschaften und Gedenkstätten e.V. (Hrsg.): Literatur vor Ort. Literarische Gesellschaften, Museen und Gedenkstätten. Berlin 2006 (CD-ROM).

Autsch, Sabiene/Grisko, Michael/Seibert, Peter (Hrsg.): Atelier und Dichterzimmer in neuen Medienwelten. Zur aktuellen Situation von Künstler- und Literaturhäusern. Bielefeld 2005.

Biographische Museen. Deutschland. Österreich. Schweiz. Hrsg. von Webmuseen.de. Nürnberg 2011.

Häuser der Erinnerung. Zur Geschichte der Personengedenkstätte in Deutschland. Hrsg. von Anne Bohnenkamp, Constanze Breuer, Paul Kahl und Stefan Rhein. Leipzig 2015.

Braun, Peter: Dichterhäuser. 2. Aufl. München 2003.
– Dichterleben. Dichterhäuser. München 2005.

Leuchtfeuer. 20 kulturelle Gedächtnisorte. Brandenburg, Mecklenburg-Vorpommern, Sachsen, Sachsen-Anhalt, Thüringen. Hrsg. von Hanna Delf von Wolzogen, Volker Probst und Gabriele Rommel. 2., verb. Aufl. Wiederstedt 2010.

Dichterhäuser in der Mark. Berlin 2016 (Die Mark Brandenburg. Zeitschrift für die Mark und das Land Brandenburg, H. 102).

Dwars, Jens-Fietje (Hrsg.): Dichter-Häuser in Sachsen-Anhalt. Kulturhistorische Porträts. Jena 1999.

Gödden, Walter/Nölle-Hornkamp, Iris: Dichter. Stätten. Literatouren. Münster 1992.

Writers' Houses and the Making of Memory. Ed. by Harald Hendrix. New York/London 2008.

Hornbogen, Helmut: Tübinger Dichter-Häuser. Literaturgeschichten aus Schwaben. Ein Wegweiser. 2., erw. Aufl. Tübingen 1992.

Ignasiak, Detlef (Hrsg.): Dichterhäuser in Thüringen. Jena 1996.

Kahl, Paul: Die Erfindung des Dichterhauses. Das Goethe-Nationalmuseum in Weimar. Eine Kulturgeschichte. Göttingen 2015.

Die Werkstatt des Dichters. Imaginationsräume literarischer Produktion. Hrsg. von Klaus Kastberger und Stefan Maurer unter Mitarb. von Georg Hofer und Bernhard Judex. Berlin/Boston 2017.

Dichterhäuser im Wandel – Wie sehen Literaturmuseen und Literaturausstellungen der Zukunft aus? Im Auftrag der Arbeitsgemeinschaft Literarischer Gesellschaften und Gedenkstätten hrsg. von Christiane Kussin. Berlin 2001.

List, Claudia/Steidel, Andreas: Unterwegs zu Dichtern und Denkern – Literaturland Baden-Württemberg. Stuttgart 2014.

Oberhauser, Fred/Kahrs, Axel: Literarischer Führer Deutschland. Unter Mitarbeit von Detlef Ignasiak, Peter Neumann und Gerd Holzheimer. Mit einem Vorwort von Günter de Bruyn. Frankfurt a. M. 2008.

Scheuffelen, Thomas/Dambacher, Eva/Dieke, Hildegard: Land der Dichtung. Dichters Lande. Ein literarischer Wegweiser durch Baden-Württemberg. Stuttgart 1981.

Scheuffelen, Thomas (Hrsg.): »… in Dichters Lande …« Literarische Museen und Gedenkstätten in Baden-Württemberg 1981.

Weiß, Norbert/Wonneberger, Jens: Dresdner Dichterhäuser. 2. Aufl. Berlin 2010.
– Dichterhäuser um Dresden. Berlin 2004.
– Dichterhäuser um Leipzig. Berlin 2006.
– Dichterhäuser in der Oberlausitz. 2., überarb. und erw. Ausg. Dresden 2012.

Wißkirchen, Hans (Hrsg.): Dichter und ihre Häuser. Die Zukunft der Vergangenheit. Lübeck 2002.

zu Arnim:

Barber, Jürgen: Bettine von Arnim (1785–1859) zu Wiepersdorf. Aus Briefen. Frankfurt/Oder [1993].

Bettina und Achim von Arnims Schloß und Park Wiepersdorf. Eine Spurensuche. Fotografie: Angelika Fischer. Text: Bernd Erhard Fischer. Berlin 1991.

Schloß Wiepersdorf. Künstlerhaus in der Mark Brandenburg. Hrsg. von Verena Nolte und Doris Sossenheimer. Göttingen 1997.

zu Barlach:

Barth, Matthias: Ernst Barlach Museen Güstrow. Leipzig 1995.

Ernst Barlach in Güstrow. Text: Bernd Erhard Fischer. Photographien: Angelika Fischer. Berlin 2007.

zu Bernhard:

Thomas Bernhards Häuser. Essay: Wieland Schmied. Fotografie: Erika Schmied. Salzburg/Wien 1995.

Das Bernhardhaus. Ein Begleiter durch das Wohnhaus des Dichters Thomas Bernhard. Hrsg.: Thomas Bernhard Nachlaßverwaltung. Text: Peter Fabjan. [Gmunden 2007].

zu Brecht:

Chausseestraße 125. Die Wohnungen von Bertolt Brecht und Helene Weigel in Berlin Mitte. Fotografiert von Sibylle Bergemann. Hrsg. von der Stiftung Archiv der Akademie der Künste. Berlin 2000.

Brecht & Weigel in Buckow. Text: Bernd Erhard Fischer. Photographien: Angelika Fischer. Berlin 2005.

zu Büchner:

Boehncke, Heiner/Sarkowicz, Hans (Hrsg.): Ein Haus für Georg Büchner. Marburg 1997.

Dedner, Burghard (unter Mitwirkung von Rotraud Pöllmann): Häuser eines Flüchtlings. In: Dichter und ihre Häuser. Die Zukunft der Vergangenheit. Hrsg. von Hans Wißkirchen. Lübeck 2002, S. 115–129.

zu Dehmel:

Richard Dehmel in Blankenese. Text: Carolin Vogel. Photographien: Angelika Fischer. Berlin 2017.

zu Droste-Hülshoff:

Annette von Droste-Hülshoff und ihre literarische Welt am Bodensee. Bearb. von Ulrich Gaier. Marbach 1993.

Gödden, Walter/Grywatsch, Jochen: Annette von Droste-Hülshoff am Bodensee. Ein Reiseführer zu den Droste-Stätten in Meersburg und Umgebung mit Fotografien van Karl Heinz Baltzer. Meersburg 1998.

Annette von Droste-Hülshoff im Rüschhaus. Text: Bodo Plachta. Photographien: Angelika Fischer. Berlin 2009.

zu Dürrenmatt:

Mario Botta. Centre Dürrenmatt Neuchâtel. Hrsg. von Peter Edwin Erismann, Schweizerisches Literaturarchiv. Mit Beiträgen von Friedrich Dürrenmatt, Mario Botta/Roman Hollenstein und Charlotte Kerr Dürrenmatt. Fotografien von Thomas Flechtner. Basel/Boston/Berlin 2000.

zu Fallada:

Hans Fallada in Carwitz. Text: Bernd Erhard Fischer. Photographien: Angelika Fischer. Berlin 2011.

Knüppel, Stefan/Kuhnke, Manfred: Das Hans-Fallada-Haus in Carwitz. Ein Museumsführer. Carwitz 2013.

Lange, Sabine: Im Mäckelnbörgischen, in der Welteneinsamkeit. Hans Fallada in Carwitz und Feldberg (1933–1945). Neubrandenburg 1995.

zu Fleißer:
Fleißer in Ingolstadt. Eine literarische Topographie. Texte von Marieluise Fleißer. Fotos von Helmut Bauer. Hrsg. von der Marieluise-Fleißer-Gesellschaft. Ingolstadt 1998.

zu Gleim:
Scholke, Horst: Gleimhaus Halberstadt. Regensburg 1995.

Gleim-Lesebuch. Im Auftrag des Gleimhauses hrsg. von Diana Stört und Ute Pott. Halberstadt 2004.

zu Goethe:
Güse, Ernst-Gerhard/Oppel, Margarete (Hrsg.): Goethes Gartenhaus. Weimar 2008.

Holler, Wolfgang/Knebel, Kristin (Hrsg.): Goethes Wohnhaus. Mit Beiträgen von Viola Geyersbach, Jochen Klauß, Kristin Knebel, Katharina Krügel, Ulrike Müller-Harang, Gisela Maul, Margarete Oppel, Bettina Werche. Weimar 2011.

Maisak, Petra: Das Goethe-Haus in Frankfurt am Main. Mit einem Vorwort von Christoph Perels. Frankfurt a. M./Leipzig 1999.

Maul, Gisela/Oppel, Margarete: Goethes Wohnhaus in Weimar. Mit Beiträgen von Erich Trunz, Katharina Krügel, Marie-Luise Kahler. 2., aktualis. Aufl. München/Wien 2000.

»… endlich in dieser Hauptstadt der Welt angelangt!« Goethe in Rom. Publikation zur Eröffnung der Casa di Goethe in Rom hrsg. von Konrad Scheurmann und Ursula Bongaerts-Schomer. 2 Bde. Mainz 1997.

Dichterhäuser in Weimar. Gesamtredaktion: Gert-Dieter Ulfers. München/Berlin/London/New York 2005.

zu Grimmelshausen:
Juranek, Christian: Das Simplicissimus-Haus in Renchen. Halle a.d.S. 2002.

zu Hauptmann:
Albrecht, Dietmar: Verlorene Zeit – Gerhart Hauptmann. Von Hiddensee bis Agnetendorf. Orte, Texte, Zeichen. Lüneburg 1997.

Bernhardt, Rüdiger: Gerhart Hauptmann auf Hiddensee. Hamburg 2004.

de Bruyn, Wolfgang/Johanning, Antje: Gerhart Hauptmann und seine Häuser. Hiddensee – Erkner – Schreiberhau – Agnetendorf. Ein literarischer Reiseführer. Kunersdorf 2007.

Erdmann, Gustav: Das Haus am Hange. Carl und Gerhart Hauptmann in Schreiberhau. Frankfurt/Oder 1991.
– Das Gerhart-Hauptmann-Museum in Erkner. Mit einem Beitrag von Sabine Seifert. Berlin 1994.

Gerhart Hauptmann auf Hiddensee. Text: Bernd Erhard Fischer. Photographien: Angelika Fischer. Berlin 2011.

Kühne, Sonja: Gerhart-Hauptmann-Haus in Kloster auf Hiddensee. Berlin 2003.

Schmitz, Walter: Das Haus am Wiesenstein. Gerhart Hauptmanns dichterisches Wohnen. Dresden 2006.

zu Hebbel:
Hebbel in Wesselburen. Hrsg. von Barbara Wellhausen. Heide 1986.

zu Heine:
Kruse, Joseph A.: Heinrich-Heine-Institut Düsseldorf. Braunschweig 1991.
– Heine und Düsseldorf. Unter Mitwirkung von Sikander Singh. 2., erw. Aufl. Düsseldorf 1998.

zu Herder:
Johann Gottfried Herder. Ahndung künftiger Bestimmung. Hrsg. von der Stiftung Weimarer Klassik, Goethe-Nationalmuseum. Stuttgart/Weimar 1994.

Ringert, Christel: Herder in Weimar. Geschichten und Zeugnisse aus seinem Leben. Bucha bei Jena 2003.

zu Hesse:
Eberwein, Eva: Der Garten von Hermann Hesse. Von der Wiederentdeckung einer verlorenen Welt. München 2017.

Scheuffelen, Thomas: Hermann Hesse als Bauherr in Gaienhofen. 3., durchges. Aufl. Marbach 2002.

Hermann Hesse 1877–1962. Bearb. von Volker Michels, Paul Rathgeber, Eugen Würzbach. 3., durchges. Aufl. Marbach 2003.

Hermann Hesse in Montagnola. Text: Mathias Iven. Photographien: Angelika Fischer. Berlin 2007.

zu Hoffmann:
Braun, Peter: E.T.A. Hoffmann in Bamberg. Erinnerungen an ein zerrissenes Leben. Bamberg 2008.

Heinritz, Reinhard: Das E.T.A. Hoffmann-Museum in Bamberg. Einblicke in ein Künstlerleben. Bamberg 2003.

Lewandowski, Rainer: E.T.A. Hoffmanns Bamberg. Ein Führer über E.T.A. Hoffmans Bamberger Jahre in 14 Kapiteln und einer biographischen Einführung. Bamberg 2003.

Schemmel, Bernhard: In Hoffmanno! E.T.A. Hoffmann Haus | Gesellschaft. Ein Beitrag zur Rezeptionsgeschichte. Bamberg 2013.

zu Hofmannsthal:
Hofmannsthal. Orte. 20 biographische Erkundungen. Hrsg. von Wilhelm Hemecker und Konrad Heumann in Zusammenarbeit mit Claudia Bamberg. Wien 2014.

Seng, Joachim: Hugo von Hofmannsthal in Rodaun. In: Kurzer Aufenthalt. Streifzüge durch literarische Orte. Hrsg. von Ute Harbusch und Gregor Wittkop. Göttingen 2007, S. 19 – 24.

zu Huchel:
Mühleisen, Horst: Peter Huchel in Wilhelmshorst 1950 – 1971. Frankfurt/Oder 2001.

Im Kieferngewölbe. Peter Huchel und die Geschichte seines Hauses. Berlin 2012.

zu Jean Paul:
Hausser, Philipp: Die Geschichte eines Hauses. Jean-Paul-Haus in Bayreuth. Bayreuth 1963.
– Jean Paul und Bayreuth. Bayreuth 1969.
– /Eger, Manfred: Jean-Paul-Museum der Stadt Bayreuth. Katalog der ständigen Ausstellung. Bayreuth 1981.

zu Jünger:
Figal, Barbara: Ernst Jünger in Wilflingen. Ein Gang durch das Haus in Photographien und Texten. Mit einem Vorwort von Thomas Scheuffelen. Riedlingen 2001.

Ernst Jünger in Wilflingen. Text: Bernd Erhard Fischer. Photographien: Angelika Fischer. Berlin 2007.

zu Kempowski:
Hempel, Dirk/Reinke-Wöhl, Frauke: »Wie eine Schädeldecke«. Walter Kempowskis Haus Kreienhoop. Bremen 2011.

Walter Kempowski in Nartum. Text: Oliver Matuschek. Photographien: Angelika Fischer. Berlin 2010.

zu Kerner:
Justinus Kerner 1786 – 1862. Dichter und Arzt. Bearb. von Friedrich Pfäfflin und Reinhard Tgahrt. Marbach 1986.

zu Klopstock:
Meixner, Brigitte: Das Klopstockhaus. Literatur- und Memorialmuseum im Geburtshaus des Dichters. Halle/Saale 1999.

zu Koeppen:
Wolfgang Koeppen in Greifswald. Text: Bernd Erhard Fischer. Photographien: Angelika Fischer. 2. Aufl. Berlin 2007.

zu Lessing:

Raabe, Paul: Das Lessinghaus in Wolfenbüttel. Ein Literaturmuseum für einen deutschen Schriftsteller des 18. Jahrhunderts. Wolfenbüttel 1978.
–/Schöne, Günter: Lessing – Erinnerung und Gegenwart. Das Lessinghaus in Wolfenbüttel. Hamburg 1979.

Gotthold Ephraim Lessing in Wolfenbüttel 1770 – 1781. Wolfenbüttel 2004 (CD-ROM).

zu Lotte/Werther:

Pernak, Uwe: Das Jerusalemhaus in Wetzlar. Wetzlar 2002.

Schmidt, Hartmut: Das Lottehaus in Wetzlar. Wetzlar 1999.

zu Mann:

Das Buddenbrookhaus. Mit Fotos von Thomas Radbruch und Texten von Hans Wißkirchen. Hamburg 2001.

Das Buddenbrookhaus. Hrsg. von Britta Dittmann und Hans Wißkirchen. Lübeck 2008.

zu May:

Karl-May-Haus Hohenstein-Ernstthal. Dößel 2007.

Karl May in Radebeul. Text: Bernd Erhard Fischer. Photographien: Angelika Fischer. 2. Aufl. Berlin 2008.

zu Meyer:

Zäch, Alfred/Wellmann, Gerlinde: Conrad Ferdinand Meyers Jahre in Kilchberg. Vorwort von Emil Staiger. Kilchberg 1975.

zu Mörike:

Braun, Helmut/Schwan, Rudolf/Uhlmann, Werner: Zu Cleversulzbach im Unterland. Eduard Mörikes Zeit in Cleversulzbach 1834 – 1843. Stuttgart 2004.

zu Nietzsche:

Bloch, Peter André: Nietzsche-Haus in Sils-Maria. Chur 1983.

Emmrich, Angelika/Föhl, Thomas/Hoffmann, David Marc/D'Iorio, Paolo/Müller-Buck, Renate/Ritschel, Wolfgang/Schuster, Gerhard/Sigismund, Ursula/Ulbricht, Justus H.: Das Nietzsche-Archiv in Weimar. München/Wien 2000.

Raabe, Paul: Spaziergänge durch Nietzsches Sils-Maria. 6. Aufl. Zürich/Hamburg 2005.

zu Novalis:

Das Novalis-Museum Schloss Oberwiederstedt. Hrsg. von der Forschungsstätte für Frühromantik und Novalis-Museum Schloss Oberwiederstedt, Kerrin Klinger/Gabriele Rommel. Wiederstedt 2012.

Novalis-Gedenkstätte in Weißenfels. Weißenfels o.J.

zu Raabe:

Raabe und Braunschweig. 1870 – 1910. Lebenszeugnisse und Werke des Schriftstellers und Zeichners aus den Beständen der Stadt Braunschweig. Bearb. von Gabriele Henkel. Braunschweig 1998.

Raabe-Haus Braunschweig. Museum – Veranstaltungsort – Literaturhaus. Braunschweig 2000.

zu Schiller:

Schillers Geburtshaus in Marbach am Neckar. Bearb. von Albrecht Bergold und Friedrich Pfäfflin. Marbach 1988.

Davidis, Michael/Schmidt, Thomas: Schiller in Marbach. Die Ausstellung im Geburtshaus. Marbach am Neckar 2010.

Güse, Ernst-Gerhard/Maatsch, Jonas (Hrsg.): Schillers Wohnhaus. Mit Beiträgen von Jürgen Beyer, Viola Geyersbach, Ernst-Gerhard Güse, Jochen Klauß und Kristin Knebel. Weimar 2009.

Müller-Harang, Ulrike/Oppel, Margarete/Güse, Ernst-Gerhard/Ahrendt, Dorothee/Tezky, Christina: Dichterhäuser in Weimar. München/Berlin/London/New York 2005.

Tezky, Christina/Geyersbach, Viola: Schillers Wohnhaus in Weimar. Mit Beiträgen von Jürgen Beyer, Jochen Klauß, Susanne Schwabach-Albrecht. München/Wien 1999.

zu Schmidt:

Arno Schmidt in Bargfeld. Text: Bernd Erhard Fischer. Photographien: Angelika Fischer. Berlin 2007.

Ruetz, Michael: Arno Schmidt. Bargfeld. Mit Texten von Arno Schmidt, Jan Philipp Reemtsma, Michael Ruetz [u. a.]. Frankfurt a. M. 1993.

zu Seghers:

Melchert, Monika: Heimkehr in ein kaltes Land. Anna Seghers in Berlin 1947–1952. Berlin 2011.

Anna Seghers in Adlershof. Text: Ernst Stöckmann. Photographien: Angelika Fischer. Berlin 2012.

zu Seume/Göschen:

Göschen & Seume in Grimma. Text: Bernd Erhard Fischer. Photographien: Angelika Fischer. Berlin 2005.

zu Skriptorium:

Hauschild, Stephanie: Skriptorium. Die mittelalterliche Buchwerkstatt. Darmstadt 2013.

zu Stifter:

Jungmair, Otto: Adalbert Stifters Linzer Wohnung. 2. Aufl. auf Basis der Erstauflage 1958 [...]. Linz 2006.

zu Storm:

Eversberg, Gerd: Storm-Haus. Storm-Museum. Storm-Archiv Husum. Braunschweig 1992.

Laage, Karl Ernst: Das Storm-Haus in Husum. Ein Führer durch das Museum. Heide 1980.
– Theodor Storm. Der Dichter und sein Haus. Heide 2012.

Theodor Storm in Husum. Texte: Jochen Missfeldt und Christian Demandt. Photographien: Angelika Fischer. Berlin 2016.

zu Trakl:

Salzburger Literatouren. Literarische Wege durch Stadt und Land Salzburg. Hrsg. von Thomas Friedmann, Peter Fuschelberger, Petra Nagenkögel. Salzburg 2001.

Hanisch, Ernst/Fleischer, Ute: Im Schatten berühmter Zeiten. Salzburg in den Jahren Georg Trakls 1887 – 1914. Salzburg 1986.

zu Tucholsky:

Fuchs, Detlef: Rheinsberg. Musenhof in neuem Glanz. Fotografien von Leo Seidel. München 2016.

zu Wieland:

Bock, Heinrich: Wieland in Biberach und Weimar. Stuttgart 1990.

Gärten in Wielands Welt. Bearb. von Heinrich Bock und Hans Radspieler. 2., durchges. Aufl. Marbach am Neckar 1999.

Christoph Martin Wieland in Oßmannstedt. Text: Bernd Erhard Fischer. Photographien: Angelika Fischer. Berlin 2008.

Manger, Klaus/Reemtsma, Jan Philipp (Hrsg.): Wielandgut Oßmannstedt. München/Wien 2005.

zu Wolfram von Eschenbach:

Museum Wolfram von Eschenbach. Hrsg. von der Stadt Wolframs-Eschenbach. Wolframs-Eschenbach 1994.

Fritsch-Rößler, Waltraud: Das Wolfram von Eschenbach-Museum. Kann man Literatur ausstellen? In: Stefan Neuhaus/Oliver Ruf (Hrsg.): Perspektiven der Literaturvermittlung, Wien/Bozen 2011, S. 393 – 408.

Register

Adam, Wolfgang 254
Adlon, Lorenz (Hotel) 216
Adorno, Theodor W. 260
Alewyn, Richard 50, 255
Alexander der Große 10
Andersch, Alfred 225, 260
Anna Amalia, Herzogin von Sachsen-Weimar-Eisenach 50, 67, 79
Anstett, Jean-Jacques 256
Arbogast, Hubert 257
Arendt, Erich 230
Aristippos 55
Aristophanes 54
Aristoteles 25
Arnim, Achim von 82, 95–97, 256
Arnim, Bettina von (geb. Brentano) 14, 55, 61, 82, 95–97, 256
Arnim, Carl-Otto Ludwig von 96
Arnim, Joachim Erdmann von 96
Arnim(-Bärwalde), Achim von 96
Arnold, Günter 255
Arnold, Heinz Ludwig 261
August der Jüngere, Herzog von Braunschweig-Lüneburg 38
Augustinus 233
Autenrieth, Johann Friedrich 102
Avenarius, Johannes Maximilian 163

Bab, Julius 259
Bach, Carl Philipp Emanuel 190
Bachmann, Mathias 239
Bachmann Ingeborg 236, 238 –240, 261
Baedeker, Walther 168
Bamberg, Claudia 254, 259
Barlach, Ernst 30, 196, 204–207, 260
Barlach, Hans 206, 260
Barlach, Karl 260
Baudelaire, Charles 146
Becher, Johannes R. 232
Bednorz, Achim 254
Behler, Ernst 256
Behrens, Peter 168 f.
Beißner, Friedrich 257
Benjamin, Walter 216, 260
Benn, Gottfried 131, 160, 258 f.
Berchthold, Johannes 261
Berend, Eduard 256
Berger, Marianne 260
Bernhard, Thomas 15, 236, 244 f., 254, 261
Biedermann, Gabriele 256
Bienek, Horst 252, 261
Biermann, Wolf 233, 261
Binzer, Emilie von (geb. von Gerschau) 116, 257
Bock, Sigrid 260
Bodenhausen, Dora von 259
Bodenhausen, Eberhard von 259
Bodmer, Hans Conrad 173
Böhmer, Bernhard 206
Böhmer, Marga (geb. Graeber) 206
Böttiger, Karl August 55, 255
Bollenbeck, Georg 255
Bondy, Barbara 258
Boring, Marie 145
Bornstein, Paul 258
Bosch, Hieronymus 252
Botta, Mario 236, 251, 253, 261
Brachmann, Christian Friedrich 87, 256
Brändle, Rudolf 261
Brandt, Willy 13
Brecht, Bertolt 15, 202, 210, 212, 216–219, 233, 254, 260
Brecht, Berthold Friedrich 216
Brecht, Erika 158 f., 259
Brecht, Wilhelmine Friederike Sofie (geb. Brezing) 216
Brentano, Clemens 55
Brentano, Sophie 55
Breunlin, Henrike (geb. Hölderlin) 104, 257
Briel, Dagmar von 261
Brueghel, Pieter 252
Brunner, Horst 254
Büchner, Caroline (geb. Reuß) 122
Büchner, Ernst 122
Büchner, Georg 14, 108, 122 f., 254, 257
Büchner, Mathilde 122
Büchner, Wilhelm 122
Buff, Charlotte 13, 16, 180, 183, 184
Buff, Heinrich Adam 180, 183
Buff, Magdalena (geb. Feyler) 180
Bursy, Karl 90

Callot, Jacques 94, 256
Campe, Johann Heinrich 139
Camuzzi, Agostino 171–173
Carl August, Herzog von Sachsen-Weimar-Eisenach 56 f., 66
Cassirer, Paul 168
Chamberlain, Eva (geb. Wagner) 90
Chamberlain, Houston Stewart 90
Charpentier, Julie von 87
Churchill, Winston 216
Colli, Giorgio 254 f.
Cotta, Georg von 111
Cotta, Johann Friedrich 74
Crusius, Siegfried Leberecht 74

Dedner, Burghard 254
Dehmel, Ida (geb. Coblenz) 150, 166–170, 259
Dehmel, Richard 150, 166–170, 259
Dempe, Rolf 77, 256
Denkler, Horst 258
Dessau, Paul 218
Deussen, Paul 76, 255
Dittmann, Britta 254, 259
Dittmar, Jens 261
Ditzen, Anna (geb. Issel) 196, 198 f., 201
Ditzen, Elisabeth 198
Ditzen, Lore 198 f.
Ditzen, Margarete 198, 260
Ditzen, Ulrich 198 f.
Ditzen, Ursula (verw. Losch) 201
Ditzen, Wilhelm 198
Dix, Otto 165
Dobbek, Wilhelm 255
Döblin, Alfred 210
Drews, Jörg 254 f.
Dross, Friedrich 260
Droste-Hülshoff, Annette von 14–16, 108, 110–112, 257
Droste-Hülshoff, Clemens August von 110
Droste-Hülshoff, Therese von (geb. von Haxthausen) 110
Droste-Hülshoff, Werner von 112
Dürrenmatt, Friedrich 236, 250–253, 261
Durisch, Giàn Rudolf 76
Durisch, Maria 76

Eckermann, Johann Peter 56, 58, 255
Eco, Umberto 25
Edschmid, Ulrike 261
Eggers, Friedrich 138, 258
Ehninger, Anna-Margarete 139, 258
Ehrismann, Otfrid 257 f.
Eich, Günter 260
Eichner, Hans 256
Eickhölter, Manfred 254
Eisler, Hanns 218
Emanuel 256
Emmrich, Angelika 256
Erdmann, Gustav 259
Erismann, Edwin 261
Erler, Gotthard 258 f.
Erler, Therese 258 f.
Eschenburg, Johann Joachim 38, 254
Estermann, Alfred 261
Euripides 54

Fallada, Hans (d.i. Rudolf Ditzen) 196, 198–201, 260
Fassbinder, Rainer Werner 203
Fichte, Johann Gottlieb 218
Ficker, Ludwig von 146, 258
Fischer, Angelika 260
Fischer, Bernd Erhard 260
Fleißer, Andreas 202
Fleißer, Heinrich 202 f.
Fleißer, Marieluise 14, 196, 202 f., 260
Förster-Nietzsche, Elisabeth 76–79, 166, 255
Fontane, Emilie (geb. Rouanet-Kummer) 132, 134, 178, 258 f.
Fontane, Friedrich 132, 258
Fontane, Louis Henry 134
Fontane, Martha 132
Fontane, Theodor 42, 126, 132–136, 178, 254, 257–259
Forster, A. 260
Franckh, Johann Gottlieb 113, 255
Franckh, Luise (geb. Schiller) 113, 255
François, Etienne 255
Frey, Adolf 144, 258
Frick-Forrer, Hans 144, 258
Friedrich, Caspar David 241 f.
Friedrich II., König von Preußen 190, 193
Friedrich IV., Herzog von Österreich 28
Friedrich Wilhelm I., König von Preußen 190
Friedrich Wilhelm IV., König von Preußen 97
Frisch, Max 216, 261
Frisé, Adolf 261
Frühwald, Wolfgang 258
Fuchs, Friedrich 256
Fuchs, Maria Karolina von 158
Füßli, Johann Caspar 40, 44
Funke, Hans Joachim 254

Galilei, Galileo 216
Genazino, Wilhelm 254
Gerlach, U. Henry 258
Gerlach, Klaus 255
Gerold-Tucholsky, Mary 259
Geßner, Heinrich 54, 255
Gfereis, Heike 254
Gleim, Johann Wilhelm Ludwig 13, 15, 39–41, 46, 236, 254
Gluck, Christoph Willibald Ritter von 92
Görtz, Josef 261
Göschen, Georg Joachim 34, 45–47, 52, 54 f., 74, 254 f.
Goethe, Catharina Elisabeth (geb. Textor) 61, 63 f.
Goethe, Cornelia (geb. Walther, verw. Schellhorn) 61
Goethe, Johann Caspar 61, 63 f., 180
Goethe, Johann Wolfgang 8, 13, 15 f., 39, 41 f., 46, 50, 52, 56–67, 69 f., 74, 76–79, 91, 111, 134, 150, 160, 168, 180, 183 f., 236, 244, 254 f., 259
Goethe, Walther Wolfgang 60, 255
Goethe, Wolfgang Maximilian 60, 255
Goeze, Johann Melchior 37
Goldammer, Peter 258
Golz, Anita 258
Gontard, Carl von 90
Gonzáles, Felipe 228
Goya, Francisco José de 252
Grabe, Julius 186
Graff, Anton 40
Grass, Günter 13, 243, 261
Graun, Carl Heinrich 190
Griesebach, Hans 163
Grillparzer, Franz 13
Grimm, Wilhelm 257
Grimmelshausen, Johann Jakob Christoph von 16, 20, 30
Grisko, Michael 259
Gruber, Friedrich 202
Grün, Max von der 261
Günderrode, Caroline von 97
Gustav II. Adolf, König von Schweden 144
Gustavs, Arnold 165, 259
Gutenberg, Johannes 24

Häntzschel, Günter 258, 261
Häntzschel, Hiltrud 260 f.
Haessel, Hermann 142, 258
Hage, Volker 261
Haindl, Josef 202 f.
Halben, Reinhold 241
Hamann, Johann Georg 255
Handke, Peter 210
Harbusch, Ute 258
Hardenberg, Anton Gottlieb Christoph von 85
Hardenberg, Carl von 87
Hardenberg, Gottlob Friedrich Wilhelm von 85 f.
Hardenberg, Heinrich Ulrich Erasmus von 84–87
Hartlaub, Wilhelm 257
Hass, Hans-Egon 259
Hassenpflug, Johanna 257
Hauff, Wilhelm 102
Hauffe, Friederike (geb. Wanner) 100
Hauptmann, Carl 163
Hauptmann, Gerhart 150, 160–165, 169 f., 259
Hauptmann, Margarete (geb. Marschalk) 163 f., 259
Hauptmann, Marie (geb. Thienemann) 163 f.
Hausmann, Anna 28
Hausmann, Hans 28
Haußmann, Ruth (geb. Wenger, gesch. Hesse) 173, 175
Hebbel, Claus Friedrich 128, 130
Hebbel, Friedrich 126, 128–131, 257 f.
Hecht, Werner 260
Heckenast, Gustav 118, 257
Hegel, Georg Wilhelm Friedrich 102, 218, 257
Hehle, Christine 254
Heilborn, Ernst 258
Heine, Betty (geb. van Geldern) 120 f., 215
Heine, Heinrich 8, 50, 84, 100, 108, 120 f., 215, 254–257, 260
Heine, Mathilde (geb. Mirat) 215
Heine, Samson 120
Heinrich, Karl Borromäus 258
Heinrich, Prinz von Preußen 190
Heinrich I., Herzog von Sachsen 42
Heinrich III., römisch-deutscher Kaiser 20
Hemeker, Wilhelm 254, 259
Hempel, Dirk 261
Hempel, Gottfried 40
Hennetmair, Karl Ignaz 244, 261
Hensel, Luise 121
Henselmann, Hermann 216
Herburger, Günter 101
Herd, Elisabeth 183
Herd, Philipp 183
Herder, Caroline (geb. Flachsland) 69
Herder, Johann Gottfried 50, 60, 66–69, 255
Hermand, Jost 257
Herodes I., König von Judäa 128
Herwegh, Georg 257
Hesse, Bruno 171 f.
Hesse, Hans Heinrich (Heiner) 171 f., 259
Hesse, Hermann 150, 171–175, 258 f.
Hesse, Maria (geb. Bernoulli) 171–173
Hesse, Martin 171 f.
Hesse, Ninon (geb. Dolbin) 173
Hesse, Ruth s. Haußmann, Ruth
Heumann, Konrad 254, 259
Heyse, Paul 144, 258
Hillebrand, Bruno 258
Hindermann, Hans 174
Hirzel, Hans Caspar 39
Hitler, Adolf 79, 196, 216, 226, 238, 246
Hitzig, Julius Eduard 256
Hodler, Ferdinand 158
Hoeft, Bernhard 233
Hölderlin, Friedrich 102–105, 257
Hölderlin, Johanna Christiane (geb. Heyn) 102, 257
Hoell, Joachim 261
Höpker-Herberg, Elisabeth 259
Hoffmann, E.T.A. 82, 92–94, 256
Hoffmann, Marianne Thekla Micha(e)lina (Mischa, geb. Rorer) 92, 94
Hofmann, Ludwig von 166
Hofmannsthal, Franz von 159
Hofmannsthal, Gerty (geb. Schlesinger) 158
Hofmannsthal, Hugo von 150, 158 f., 168, 254, 259
Homer 54
Honigmann, Barbara 249
Hoppe, Hans 258
Horaz (Quintius Horatius Flaccus) 53
Houben, H[einrich] H[ubert] 255
Huber, Martin 261
Huch, Ricarda 82, 256
Huchel, Peter 210, 230–233, 260 f.
Huchel, Monica (geb. Rosenthal) 230, 233
Huchel, Stephan 230, 233
Humboldt, Alexander von 77
Humboldt, Wilhelm von 77
Hutten, Ulrich von 142

Iffland, August Wilhelm 46

Jäger, Gustav 259
Jäger, Martin 28
Jean Paul (d.i. Johann Paul Friedrich Richter) 88–91, 256
Jens, Inge 259
Jensen, Wilhelm 258
Jerusalem, Karl Wilhelm 16, 180, 183 f.
Johann Wilhelm II., Herzog von Jülich und Berg 121
Jünger, Alexander 226
Jünger, Ernst 226–229, 260 f.
Jünger, Friedrich Georg 228
Jünger, Gretha (geb. von Jeinsen) 226
Juranek, Christian 254

Kafka, Franz 178
Kagelmacher, Johannes 201
Kaluga, Kathrin 259
Kamzelak, Roland S. 256
Karl Wilhelm Ferdinand, Herzog von Braunschweig-Lüneburg 36–38
Karoline Louise, Großherzogin von Sachsen-Weimar-Eisenach 255
Karsch, Anna Louisa (geb. Dürbach) 254
Kauffmann, Angelika 69
Kegebein, Adolf 206
Kempowski, Walter 7, 236, 246–249, 261
Kerner, Friederike (geb. Ehmann) 98, 101
Kerner, Justinus 98–101, 113, 256
Kerner, Theobald 101
Kerr, Alfred 91
Kerr, Charlotte 253
Kessler, Harry Graf 50, 77 f., 166, 168, 256
Kesten, Hermann 121, 150, 257 f.
Kestner, Johann Christian 180, 183
Kiesel, Helmuth 260
Killy, Walther 258
Kimbel, Wilhelm 163
Kirsch, Sarah 95, 256

Kleist, Ewald Christian von 40
Kleopatra, Königin von Ägypten 69
Klinger, Max 30, 78
Klopstock, Anna Maria (geb. Schmidt) 44
Klopstock, Friedrich Gottlieb 42–44, 46, 254
Klopstock, Gottlieb Heinrich 44
Klopstock, Karl Otto 42
Kluckhohn, Paul 256
Knebel, Hermann 258
Knebel, Karl Ludwig von 255
Knopf, Jan 260
Knoll, Konrad 27
Kodweiß, Georg Friedrich 73
Koelbl, Herlinde 260
König, Eva s. Lessing, Eva
Koeppen, Emilie 241
Koeppen, Marie 241 f.
Koeppen, Olga 241
Koeppen, Wolfgang 236, 241–243, 261
Körner, Christian Gottfried 255
Körte, Wilhelm 254
Köselitz, Heinrich 255
Kohl, Helmuth 228
Koschel, Christine 261
Krauss, Christian 248
Krawehl, Ernst 225
Kreisler, Fritz 252
Krueger, Joachim 258
Krummacher, Hans-Henrik 257
Kruse, Joseph A. 257
Kühn, Dieter 254
Kühn, Sophie von 84
Kuh, Emil 258
Kunz, Carl Friedrich 94
Kurz, Gerhard 258

Laage, Karl Ernst 258
Labes, Caroline von (geb. Daum, verw. Fredersdorff) 96
Lachmann, Karl 254
Lange, Sabine 260
La Roche, Sophie von (geb. Gutermann von Gutershofen) 52, 55, 255
Laßberg, Jenny von (geb. von Droste-Hülshoff) 110 f., 257
Laßberg, Joseph von 111, 257
Lassen, Nicolaus 160, 164
Lavant, Christine (d. i. Christine Habernig, geb. Thonhauser) 236, 238–240, 261
Lensing, Elise 128, 130, 258
Lensing, Leo A. 258
Leon, Donna 178
Lessing, Eva (geb. Hahn, verw. König) 36, 38
Lessing, Gotthold Ephraim 36–38, 139, 254
Lessing, Johann Gottfried 36, 254
Lessing, Karl 38, 254
Lessing, Traugott 38
Lichtwark, Alfred 170
Liebermann, Max 168, 170
Liersch, Werner 260
Liliencron, Detlev von 168 f.
Lille, Joseph Christian 188
Lindemann, Charitas 260
Lingg, Hermann von 258
Liszt, Franz 50
Lohmeier, Dieter 258
Lorrain, Claude 188
Ludovisi, Ludovico 8
Ludwig III., König von Bayern 27
Luise, Herzogin von Sachsen-Weimar-Eisenach 69
Luksch, Richard 168
Luther, Martin 10, 44, 66

Machatzke, Martin 259
Machiavelli, Niccolò 190
Mähl, Hans-Joachim 256
Mahler, Gustav 170
Mährlen, Johannes 113, 257
Mann, Elisabeth (geb. Marty) 186, 188
Mann, Heinrich 186–189, 218, 259
Mann, Julia (geb. da Silva Bruhns) 186
Mann, Katia (geb. Pringsheim) 189
Mann, Thomas 144, 150, 165, 168, 178, 184, 186–189, 210, 259
Mann, Thomas Johann Heinrich 186, 188
Manzù, Giacomo 30
Margarete von Schwangau 28 f.
Maria Theresia, römisch-deutsche Kaiserin, Erzherzogin von Österreich, Königin von Ungarn und Böhmen 158
Mark, Julia 94
Martin, Ariane 257
Martynkewicz, Wolfgang 260
Marx, Karl 134
Maximilian Julius Leopold, Prinz von Braunschweig-Lüneburg 36
Maxwald, Johann 245
May, Christiane Wilhelmine (geb. Weise) 153 f.
May, Heinrich August 154
May, Johanne Christiane (geb. Kretschmar) 154
May, Karl 15, 150, 153–157, 259
Mayer, Karl 102
Meißner, Johann Christoph 38
Melis, Catharina 233
Melis, Roger 233
Merck, Johann Heinrich 255
Mesmer, Anton 100, 256
Metz, Johann 116
Meyer, Betsy 144
Meyer, Camilla 142, 144
Meyer, Conrad Ferdinand 126, 142–144, 258
Meyer, Herbert 257
Meyer, Johann Heinrich 60
Meyer, Johann Heinrich Ludwig 38
Meyer, Luise (geb. Ziegler) 142, 144
Michels, Ursula 259
Michels, Volker 258 f.
Michels, Wilhelm 224, 260
Mingau, Rudolf 258
Mittenzwei, Werner 260
Mitterand, François 228
Mittermayer, Manfred 261
Mörike, Eduard 102, 108, 113–115, 257
Mörike, Clara 113 f.
Mörike, Charlotte Dorothea (geb. Beyer) 113 f.
Mohler, Armin 226, 228, 261
Mohr, Johann Jakob 130 f., 258
Molière (d.i. Jean-Baptiste Poquelin) 8
Mombert, Alfred 170
Montinari, Mazzino 254 f.
Motte-Fouqué, Friedrich de la 102, 257
Mozart, Wolfgang Amadeus 145 f.
Müller, Hans von 256
Müller, Heiner 218
Müller, Johann Georg 69, 255
Müller, Klaus-Detlef 260
Müller, Wilhelm 256
Münster, Clemens 261
Muncker, Franz 254
Musil, Alfred Edler von 238
Musil, Hermine (Geb. Bergauer) 238
Musil, Robert 236, 238–240, 261
Mussolini, Benito 79

Napoleon I., Kaiser der Franzosen 55, 82, 92, 94, 96, 108, 120, 122
Naumann, Constantin Georg 254
Neuendorff-Fürstenau, Jutta 258
Nicolai, Friedrich 254
Nietzsche, Franziska (geb. Oehler) 76, 255
Nietzsche, Friedrich 16, 50 f., 76–79, 146, 254–256
Nijssen, Hub 260
Nörtemann, Regina 254
Notter, Friedrich 258
Novalis (d.i. Georg Philipp Friedrich von Hardenberg) 84–87, 256

Oehler, Adalbert 78
Oellers, Norbert 255 f.
Oeser, Adam Friedrich 40
Oistrach, Igor 252
Oppeln, Julius Wilhelm von 256
Orlik, Emil 150, 168
Oswald von Wolkenstein 20, 28 f., 254
Oswald von Wolkenstein d.J. 29
Ott, Ulrich 256
Otto, Georg Christian 256

Palladio, Andrea 58
Paul, Hainer 259
Pearsall, Philippa 257
Pechwill, Gustav 257
Pescara, Fernando Francisco de Ávalos, Marqués de 144
Pesne, Antoine 190
Peter, Hans-Werner 258
Peter der Große, Zar von Russland 10
Petrarca, Francesco 10
Peymann, Claus 245
Pfäfflin, Friedrich 256
Pfeiffer, Franz 257
Picasso, Pablo 158
Pindar 8, 10
Piper, Reinhard 204, 260
Piranesi, Giovanni Battista 252
Pisanello, Antonio 29
Plachta, Bodo 254
Pöllmann, Rotraud 254
Preuschen, Hermione von 136
Proust, Marcel 178
Purpar, Rolf 257

Quantz, Johann Joachim 190

Raabe, Auguste 258
Raabe, Bertha (geb. Leiste) 139, 141
Raabe, Margarethe 139, 141, 258
Raabe, Wilhelm 126, 139 – 141, 258
Raddatz, Fritz J. 258
Radecke, Gabriele 257
Radványi, Lázló 212
Radványi, Peter 212
Radványi, Ruth 212, 214
Rahn, Johann Rudolf 258
Ranke, Leopold von 233
Rathenau, Walter 168, 170
Rathgeber, Paul 259
Rau, Ernst 73
Rau, Luise 113
Rauschenbach, Bernd 260
Reemtsma, Jan Philipp 255
Reichert, Carl-Ludwig 260
Reich-Ranicki, Marcel 261
Reiling, Isidor 215
Reimarus, Hermann Samuel 37
Reinhold, Karl Leonhard 55, 255
Reinke-Wöhl, Frauke 261
Reisiger, Hans 255
Rellstab, Ludwig 256
Remington, Eliphalet 196, 215
Requardt, Walter 259
Rheinwald, Carl Eduard 113
Richelieu, Armand-Jean du Plessis 8
Richter, Caroline (geb. Mayer) 88, 256
Riedel, Friedrich Justus 255
Rilke, Rainer Maria 150, 178, 258
Rimbaud, Jean Nicolas Arthur 146
Rivera, Diego 214
Rode, Christian Bernhard 40
Rodin, Auguste 158
Rolland, Romain 173
Rollwenzel, Anna Dorothea 89, 256
Rondanini (Familie) 65
Roth, Ursula 257
Rowling, Joanne K. 178
Rowohlt, Ernst 199
Rüdiger, Elise (geb. von Hohenhausen) 257
Rühle, Günther 260
Rühmkorf, Peter 243
Rüstig, Elea 256
Rychner, Max 259

Saint-René Taillandier (d.i. René Gaspard Ernest Taillandier) 257
Salis-Marschlins, Meta von 77 f.
Samuel, Richard 256
Sangmeister, Dirk 254
Savigny, Friedrich Carl von 96, 256
Savigny, Gunda von (geb. Brentano) 96 f., 256
Schäfer, Carina 256
Schaper, Fritz 87
Schapire, Rosa 170
Schauenburg, Carl von 30
Schauenburg, Hans Reinhard von 30
Scheibe, Siegfried 255
Schelcher, Arnulf 165
Schellberg, Wilhelm 256
Schelling, Friedrich Wilhelm Joseph von 102, 257
Schenk von Stauffenberg, Claus 226
Schenk von Stauffenberg, Franz 226
Schillemeit, Jost 258
Schiller, Carl 74
Schiller, Caroline 74
Schiller, Charlotte (geb. von Lengefeld) 74, 255
Schiller, Elisabetha Dorothea (geb. Kodweiß) 73, 113 f.
Schiller, Ernst 74
Schiller, Friedrich 10, 13, 46, 50, 52, 60 f., 63, 67, 70 – 76, 78 f., 87, 91 f., 111, 113, 183, 254 – 257
Schiller, Johann Caspar 72 f.
Schlaun, Johann Conrad 110 f.
Schlegel, Friedrich 82, 87, 256
Schlesinger, Franziska 259
Schlosser, Cornelia (geb. Goethe) 63
Schlotter, Eberhard 220, 223
Schlüter, Christoph Bernhard 257
Schmid, Gerhard 255
Schmidt, Alice (geb. Murawski) 220, 225
Schmidt, Arno 14, 55, 220 – 225, 255, 260
Schmidt-Dengler, Wendelin 261
Schmitt, Carl 226
Schmitz, Walter 256
Schnapp, Friedrich 256
Schneider, Kaspar 92
Schneider, Katharina J. 259
Schneider, Peter-Paul 259
Schneider, Sascha 156
Schnitzler, Arthur 168
Scholem, Gershom 260
Scholke, Horst 254
Schönhardt, Karl 139, 258
Schreinert, Kurt 258
Schröter, Klaus 259
Schücking, Levin 111 f., 257
Schüddekopf, Carl 254
Schulte-Kemminghausen, Karl 257
Schulze, Hagen 255
Schumacher, Tina 256
Schumann, Clara (geb. Wieck) 121
Schumann, Robert 100, 121
Schwab, Gustav 72, 98, 102, 256
Schwabacher, Josef Isaak 90, 256
Schweppenhäuser, Hermann 260
Schwilk, Heimo 261
Schwob, Anton 254
Schwob, Ute Monika 254
Seibert, Peter 254
Seidel, H. Wolfgang 258
Segebrecht, Wulf 256
Seghers, Anna (d.i. Netty Radványi, geb. Reiling) 14, 50, 210, 212 – 215, 218, 260
Seume, Johann Gottfried 45 – 47, 254 f.
Silcher, Friedrich 100
Simanowiz, Ludovike 70
Simhandl, Fritz 261
Sinclair, Isaac von 102, 257
Singh, Sikander 257
Sintenis, Renée 214
Sophie, Großherzogin von Sachsen-Weimar-Eisenach 60, 254 f., 259
Speyer, Friedrich 256
Spiewok, Wolfgang 254
Staiger, Emil 258
Stalin, Jossif Wissarionowitsch 216
Stankiewitz, Karl 254
Stein, Peter 203
Steinecke, Hartmut 256
Steinsdorff, Sibylle von 256
Stephan, Inge 254
Sternheim, Thea (geb. Bauer) 160, 259
Sternke, René 255
Stifter, Adalbert 108, 116 – 119, 257
Stifter, Amalia (geb. Mohaupt) 116, 118, 257
Storm, Constanze (geb. Esmarch) 137
Storm, Dorothea (geb. Jensen) 137
Storm, Gertrud 137 f., 258
Storm, Johann Casimir 136
Storm, Johannes 138
Storm, Lucie (geb. Woldsen) 136
Storm, Theodor 114, 126, 136 – 138, 144, 258
Stradivari, Antonio 212
Strauß, David Friedrich 98, 101, 256
Strauss, Richard 159
Stürmer, Michael 258
Suhrkamp, Peter 218, 260
Szafranksi, Kurt 190
Szklenar, Hans 258

Tgahrt, Reinhard 256
Thomsen, Hagen 258
Tiedemann, Rolf 260
Tilch, Marianne 257
Tischbein, Johann Heinrich d.Ä. 40
Tischbein, Johann Heinrich d.J. 40, 65
Töteberg, Michael 260
Trakl, Friedrich 145, 258
Trakl, Georg 126, 145 – 147, 258
Trakl, Margarethe 145
Trakl, Maria Catharina (geb. Halik) 145 f.
Trakl, Tobias 145 f.
Treichel, Hans-Ulrich 261
Tucholsky, Else (geb. Weil) 190
Tucholsky, Kurt 16, 134, 178, 190 – 193, 258 f.
Türck, Joseph 257

Uhland, Ludwig 100, 102, 111, 257
Unseld, Siegfried 244, 261
Urlichs, Ludwig 255
Urtel, H. 76, 255
Uz, Johann Peter 41, 254

Vahl, Heidemarie 257
Van de Velde, Henry 50, 78 f., 166, 168 f.
Varlin (d.i. Willy Guggenheim) 253
Vieregg, Axel 261
Vogel, Dieter 254
Vogel, Gerold 258
Vogelmann, Roland 258
Voigt, Christian Gottlob von 255
Voltaire (d.i. François Marie Arouet) 190

Wachinger, Burghart 254
Wagner, Richard 50, 90 f.

Waiblinger, Wilhelm 102, 257
Wallraff, Günter 261
Warburg, Aby (Abraham Moritz) 168
Warburg, Max 168
Walther, Peter 261
Warmuth, Joseph Kaspar 92
Weidenbaum, Inge von 261
Weigel, Helene 212, 216, 218
Weise, Christoph 74
Weiser, Karl Gottlieb 55
Wellmann, Gerlinde 258
Werner, Richard Maria 258
Wiedenroth, Hermann 259
Wieland, Anna Dorothea (geb. von Hillenbrand) 54 f.
Wieland, Christoph Martin 15, 46, 50, 52–55, 60, 66 f., 255
Wiese, Max 134
Wilhelm, Gustav 257
Wilhelm II., deutscher Kaiser 171
Wilhelm Ernst, Großherzog von Sachsen-Weimar-Eisenach 78
Wille, Theodor 241 f.
Winckler, Georg Ernst 184
Windfuhr, Manfred 254–256
Wirth, Renate 88
Wirtz, Thomas 256
Wißkirchen, Hans 254, 259
Wittkop, Gregor 258
Wolf, Christa 218, 260
Wolf, Lenelore 214
Wölfel, Kurt 256
Wolfram von Eschenbach 16, 20, 26 f., 254
Wollschläger, Hans 259
Woesler, Winfried 257
Würzbach, Eugen 259

Xenophon 54

Zäch, Alfred 258
Zeller, Bernhard 257
Ziller, Gustav 156
Zimmer, Ernst Friedrich 102, 104, 257
Zimmermann, Emilie 233
Zimmermann, Erich 257
Zimmermann, Friedrich 233
Zweig, Stefan 168

Bildnachweis

S. 21: Gerhard Knoll (Hrsg.): Das Evangelistar Kaiser Heinrich III. Perikopenbuch aus Echternach. Ms. 6, 21 der Universitätsbibliothek Bremen. Reichert, Wiesbaden: 1981.

S. 28/29: Shutterstock / Eder

S. 238/239: Dieter Resei

S. 240: Robert-Musil-Literatur-Museum / Heimo Strempfl

S. 245: Sepp Dreissinger